ちょっとしたことでうまくいく

発達障害の人が上手に働くための本

對馬陽一郎 著
林 寧哲 監修

SE
SHOEISHA

はじめに

・仕事時間中なのに集中できず、ついついネットで趣味の情報を見てしまう
・コミュニケーションが苦手で仕事の質問すら躊躇《ちゅうちょ》してしまい、勝手な判断で進めて失敗してしまう
・叱られて直そうと決めたのに、今日も気がつくと手が勝手にブラウザーを開いてしまっている――

他人から見ると性格の問題としか思えない、自分の目から見ても心の弱さから来ているように思えるこれらの行動。しかし、それはあなたの性格のせいでも心が弱いためでもなく、もしかすると「発達障害」という生まれつきの障害のせいかもしれません。

ADHD（注意欠陥・多動性障害）やASD（自閉スペクトラム症）などの発達障害については、すでに多くの優れた書籍が出版されています。そうしたハンディーに悩む方々が、少しでもこの社会で生きやすくなるようにと、仕事や生活のヒントを記した書籍も多くあります。この本もそうした多くの本の中の1冊ですが、本書では特にオフィスでの仕事の仕方に的を絞った内容になっています。

一般的にADHDやASDを持つ方は、美術家や漫画家、研究者に向いているといわれています。ですが、すでに仕事に就いている方や、目標を決めて勉強や訓練をされている方にとっては、いまさら方向を変えるのも難しいと思います。

この本では今の仕事や会社で頑張っていきたいという方に向けて、発達障害を持つ方やその傾向のある方が、オフィスでの仕事で直面するさまざまな悩みの解決策について紹介しています。一般的な仕事術の本では、「気をつけて」「見込みを立てて」などとさらっと書かれてしまっている部分。そこにこそ悩んでいるのにという人に、特に読んでいただきたいと思います。

発達障害やそれに近い悩みを持っている方が、仕事の手前でつまずくことがなくなったり楽になっていったりすることで、本来持っている実力や知識を発揮されることを願っています。

2017年5月

特定非営利活動法人さらプロジェクト
對馬 陽一郎

はじめに — 002
本書の特長 — 010
発達障害の種類 — 012

第1章 「先延ばし癖」を何とかしたい！

——先延ばし・集中力対策

仕事の締切りが守れない — 016
事例 やらなければならない仕事をつい先送り。まだ時間があるさ……と思っているうちに、大変なことに — 016
原因 ADHDの先延ばし傾向 — 016
解決法 時間感覚を自分に実感できるものにする — 017
● カウントダウン方式でタスク管理 — 017

長期の仕事になかなか取り掛かれない — 020
事例 大事な仕事なのはわかっているのに、体が拒絶しやる気が出ない — 020
原因 段取り下手が先延ばし傾向を強化する — 020
解決法 まず手をつけることを決めて、それに集中する環境を作る — 021
● 他人を巻き込んで締切りを設定し、自らを追い込む — 022

仕事に集中できない（聴覚編） — 024
事例 エアコンや車の音、周囲の雑談が気になって集中できない — 024
原因 周りの音がすべて意識に入ってくる聴覚過敏 — 024
解決法 雑音カットの方法を考えよう — 025
● 自分にあった耳栓を探そう — 025

仕事に集中できない（視覚編） — 028
事例 目が疲れやすいし、人の動きもいちいち気になる — 028
原因 気にしていないつもりでも、視界の中のムダな情報に惑わされている — 028
解決法 視覚的刺激の少ない環境を作ろう — 028
● 目に入ってくる情報をシンプルに — 030

仕事に集中できない（ADHD編） — 032
事例 仕事に集中できず、携帯を見たりよそ見をしたりしてしまう — 032
原因 重要であっても好きでなければ集中し続けられない — 032
解決法 自分の気の散りやすさを飼いならし、ときには利用するやり方で — 032
● 複数の仕事を用意して、飽きたら別の仕事に切替え — 033
● 「ここまでやったら休憩」と決めて、細かい目標でモチベーション管理 — 034
● 職場がOKなら、音楽や手遊びも有効な方法 — 034

仕事中、ついついネットを見てしまう — 036
事例 仕事中ついついネットで関係ないサイトに夢中になってしまう — 036

原因 ADHDの衝動性に、インターネットの誘惑の多さ — 036
解決法 ネットのない環境を作ろう — 037
● ウィンドウズ10なら「機内モード」を活用 — 037
● 手書きも選択肢に入れてみよう — 037
● テキスト打ちに特化した、仕事集中ツールの決定版「ポメラ」 — 039

第2章 「段取りができない」を何とかしたい！

——スケジュール・業務管理・時間管理対策

予定やスケジュールを忘れてしまう — 042
事例 その日やるべきことや予定をすぐ忘れてしまう — 042
原因 ASDの計画的遂行の困難、ADHDの集中持続の困難がスケジュール管理にも影響する — 042
解決法 「自分にベストのスケジュール帳」にこだわろう — 043
● 手帳にこだわりを持つことで、スケジュールに意識を向ける — 043
● おすすめのスケジュール帳タイプ — 044

約束の時間が守れない — 048
事例 わかっているのに時間が守れない？ 自分で自分がわからない — 048
原因 ADHDの衝動性と過集中 — 049
解決法 自分の行動パターンを把握して、自分で自分に指示を出す — 049
● グーグルカレンダーでスケジュールを一括管理 — 050
● ミニホワイトボードに予定や注意を記入し、常に目につくようにしておく — 052
● 予定に＋30分の自分用予備時間を入れておく — 053
● カウントダウンタイマーで時間を管理する — 054

朝起きられない — 056
事例 就職で一人暮らしを始めた途端、起こしてくれる人がいなくて遅刻続き — 056
原因 発達障害に多い、睡眠障害。朝の眠さから意識を変えにくいのは、特性のせいも — 056
解決法 朝にゆっくり目覚められる余裕と工夫を入れよう — 057
● 朝は目覚めのパターンを作る — 057

パソコンの並行作業で混乱してしまう — 060
事例 事務ではどうしても避けられない並行作業。どんどん散らかっていくデスクトップに大混乱！ — 060
原因 ASDは、頭の中に棚を作るのが苦手。ADHDは、誘惑の多さがNG — 060
解決法 仮想デスクトップで並行作業を視覚的に管理 — 061

● 仮想デスクトップで4つの画面を使い分けられる「Desktops」 061

事務業務の段取りができない 064

事例 イメージと違った事務の仕事 064

原因 事務は"マルチタスク"と"コミュニケーション"のプロフェッショナル 064

解決法 同僚の名前・居場所・仕事・顧客。情報整理がカギとなる 065

● 職場の情報を整理しておこう 066

● 報連相ボードを作る 068

● 依頼をメールでの一括管理にする 069

第3章 「ケアレスミス」を何とかしたい! ——ケアレスミス対策

パソコンの入力作業でミスが多い 072

事例 資料の内容を入力するだけの単純作業。なのに、何度見直してもミスが出てしまう 072

原因 ADHDの不注意、ASDの感覚過敏 072

解決法 客観的に自分の入力データを確かめる方法を考えよう 073

● 入力データを声に出して読み上げる 073

● 紙のデータを写すなら、視点をサポートする方法を考えよう 073

● パソコン上のデータを元に入力するなら、あえてウィンドウを狭くする 074

● エクセルからワードに。デジタルからアナログに。環境を移せば、客観性を生み出せる 074

● エクセルでアクティブな行や列を見やすくする 080

● オフィスの読み上げ機能を使う 080

● 読み上げる速度の変更 085

メールが来ているのに気づかなかった! 086

事例 大切な取引先のメールを、まさかの1週間放置 086

原因 メールはためればためるほど、処理しなくなっていく 086

解決法 メールルールの設定で、大切なメールを見落とさない 087

● メールルールの設定で、特定の条件のメールを目立たせる 087

何度もメールを誤送信してしまう 090

事例 宛先間違いに、敬称・添付ファイルの付け忘れ。メールのミスを頻発してしまう 090

原因 ミスに気づかない不注意と、反射的に送信ボタンを押してしまう癖 090

解決法 メール作成の手順を変える&とっさのやり直しができるように設定を変更 091

● メール作成の手順は、添付↓件名↓文面↓宛先で 091

● 設定を変更して送信ボタンを押してからでも取消しができるようにする 092

● 「Right Inbox for Gmail」での予約送信を利用する 092

第4章
「物忘れ」を何とかしたい！
——メモ取り編

メモが書けない、何を書いたらいいかわからない。
全部書いたら間に合わない —— 098
- 事例 メモの取り方がわからない —— 098
- 原因 言葉のコミュニケーションの苦手と、「大事なポイント」のズレ —— 098
- 解決法 ポイントはその場で考えるのではなく、あらかじめ「用意」しておこう —— 099
  - ● メモのフォーマットを決めておく —— 099

上手にメモが取れない —— 102
- 事例 メモをしていたはずの仕事の手順、どこに書かれているのか行方不明に —— 102
- 原因 整理が苦手なASDとADHD、ノートにその傾向が出てくることも —— 102
- 解決法 メモ帳の使い方にルールづけをしよう —— 103
  - ● 仕事の手順などあとで見返すメモは、必ずタイトルをつけて書く —— 103
  - ● 日付のついたダイアリー式の手帳を活用する —— 105
  - ● デジタル派ならEvernoteを活用してメモを一括管理 —— 105

会議でメモが取れない —— 106
- 事例 流れについていけず、メモが取れないまま終わった会議。一体何が決まったんだ？ —— 106
- 原因 ASDにとって複数人での会話は鬼門 —— 107
- 解決法 会議前にわかっていることを予習する —— 108
  - ● 会議メモは、事前にわかっていることをまとめておく —— 108

どんな方法を使っても、とにかくメモは無理 —— 110
- 事例 学生時代からノートが取れなかった。仕事でもメモが必要なんて…… —— 110
- 原因 並行作業が苦手なASD。集中が難しいADHD。書字障害の可能性大 —— 110
- 解決法 無理なく記録できる環境を整えよう —— 111
  - ● 音声ならボイスレコーダーを活用しよう —— 111
  - ● 目で見る内容ならデジタルカメラで撮影。スマホのカメラなら、さらに便利 —— 112

短期記憶が苦手で、データ入力の効率が悪い —— 114
- 事例 資料を見ながら入力作業。簡単な仕事なのに、効率が悪くてうまくいかない —— 114
- 原因 入力作業には、ワーキングメモリが関わってくる —— 114
- 解決法 資料と作業画面、両方がすぐ視界に入る環境を作ろう —— 115
  - ● デュアルモニター環境で、パソコン業務の効率も2倍になる —— 115
  - ● スマホやタブレットをサブモニター化する —— 116
  - ● データだけ見られれば良いなら、ドロップボックスやメールでもOK —— 120

前日までは覚えていても忘れものをしてしまう ― 122
事例 忘れものが多い。前日に用意していても、朝出るときには忘れてしまう ― 122
原因 ＡＤＨＤの脳は、「意識に置き続ける」ことが苦手 ― 122
解決法 自分が「絶対に気づく」ポイントを押さえる ― 123
● 忘れそうなものはすべて袋やかばんに入れて、玄関のノブにかけておく ― 123
● 必ず持っていくものとセットにしておく ― 123
● 朝イチの予定は、携帯電話やテレビにフセンを貼っておく ― 124

仕事の覚えが悪いと言われてしまう ― 126
事例 仕事がなかなか覚えられない ― 126
原因 発達障害の人は、他人のペースで教わるのが苦手 ― 126
解決法 はじめから完璧は無理！繰り返す中でも着実な向上をしていこう ― 127
● 業務手順習得の基本 ― 128

大事なものをすぐになくしてしまう ― 132
事例 鍵、定期、携帯……毎朝何かを探している生活 ― 132
原因 ＡＤＨＤの不注意と整理の苦手 ― 132
解決法 道具を使って、「気をつけなくてもなくさない」工夫を ― 133
● 縦の置き場所なら散らかりにくい。鉄製ドアなら、マグネットで貼り付けてしまおう ― 134
● 持ち歩くかばんの分だけ合鍵を作り、キーチェーンでかばんと一体化 ― 134

第5章 「片づけられない」を何とかしたい！ ――仕事・情報・ものの整理

仕事の優先順位がわからない ― 136
事例 複数の仕事の優先順位がつけられない ― 136
原因 優先順位をつける力は、スケジューリングする力にリンクしている ― 136
解決法 それぞれの仕事の情報を一覧表に整理してみよう ― 137
● タスクの優先度の基本的なルールを把握する ― 137
● 自分の仕事時間の見込みをつけられるようになるため、データを作ろう ― 140

紙の書類の整理がつかない ― 144
事例 いつの間にかたまってしまった書類の束。整理しようとしても、うまくできない ― 144
原因 手順を考えるのが苦手な発達障害 ― 144
解決法 分類は3種類だけ ― 145
● 3種類の分類で迷わず整理できる ― 145
● スマートフォンを使って、手軽に書類をスキャンする ― 146

デスク・引き出しの整理ができない 150
事例 文房具にパソコンの小物類、細かいものでグチャグチャの引き出し 150
原因 「もの」が好きなASD、「もったいない」のADHD 150
解決法 とりあえず見た目だけでもきれいにする 150
● クリアケースやジップロックを活用し、散らばるものはすべてまとめてしまおう 151
● 「きれいになった状態」を写真に撮っておく 151

パソコンのファイル整理ができない 152
事例 パソコンのファイルの整理ができない。気づけばデスクトップに大量のファイル 152
原因 ファイルやフォルダーの命名が得意でない 152
解決法 ファイルやフォルダーの命名ルールを決めよう 153
● ファイルの命名は、「日付_種類」で 153
● フォルダー分けは、明確・確実に分類できるもので 154

第6章 「職場・仕事の人付き合い」を何とかしたい！ ――報連相・コミュニケーション

報告って、何を言えばいい？ 156
事例 業務の報告をしたら、「何を言っているのかわからない」と言われてしまった 156
原因 相手の求めるポイントがわからない 156
解決法 業務の報告のポイントは、用件・結論・理由・対策案 157
● 経緯は省いて、4点のポイントを簡潔に。詳細は質問されたらで良い 157

雑談の仕方がわからない 160
事例 普通に話しているつもりなのに、なぜか相手を怒らせてしまう 160
原因 思ったことを口にしてしまう衝動性 160
解決法 いくつかのポイントを押さえて、聞き上手を目指す 161
● 基本的なスタンスとして、「相手が主役」を貫こう 161
● 無口キャラ、敬語キャラも悪くない 161
● 発言はしなくても、仕事中に雑談の輪ができていたらなるべく加わろう 162

会議についていけない 164
事例 会議で発言しても、周りに変な顔をされたり苦笑いされたり。何がいけないんだろう？ 164
原因 「今の話題」と「目的」に沿わないと、会議の発言は受け入れられない 164
解決法 発言したいことは、まず一旦文字に書き出そう 165
● 反射的な発言や質問はNG。まず文字で書き出して、発言すべきかを考える 165
● 会議の議題や目的、出席者などを予習して、発言も質問も事前に考えておく 166

● パソコンで議事録を取っているなら、なるべく映写してもらう —— 166

結果は出しているのに評価されない —— 168

事例 一生懸命仕事をしているのに、「サボっているでしょう」と言われてしまう —— 168

原因 見た目と言葉、さりげないアピールがポイント —— 168

解決法 仕事の中で、自然にアピールできるプロセスを入れよう —— 169

● 仕事の手順に〝リアルタイムメモ〟を入れる —— 169

● 予定の掲示と定期報告でさりげないアピール —— 170

電話応対がうまくできない —— 174

事例 新入社員で電話応対が必須だが、何を言ったらいいかわからなくなってしまう —— 174

原因 ASDにとって苦手の集大成、電話応対 —— 174

解決法 手元に電話応対用シートを用意しておこう —— 175

● 電話応対の基本は引き継ぎ。パターンを覚えれば対応できる —— 175

電話応対のメモが取れない —— 180

事例 電話応対のメモがうまく取れない —— 180

原因 電話とメモという並行作業 —— 180

解決法 電話応対の負担を減らすツール類を活用する —— 183

● 専用の電話メモを用意しよう —— 183

● ボイスレコーダーを使って、録音しながら電話応対 —— 183

相談ができない —— 184

事例 相談することに躊躇してしまう —— 184

原因 コミュニケーションの失敗体験が、相談を避ける思考につながる —— 184

解決法 「相談は正しい」ことと認識する —— 185

● 相談は仕事に必要なコミュニケーションの1つ —— 185

● 相談すべきこととすべきでないこと、どう判断すればいいのか？ —— 185

● 相談内容を文字に書き起こして、整理してみる —— 186

報連相のタイミングがわからない —— 188

事例 質問や報告、足りないと言われたり多過ぎと言われたり。一体いつやればいいの？ —— 188

原因 報連相もコミュニケーションの1つ。発達障害のコミュニケーションへの苦手が出る —— 188

解決法 1日1回、定期的に状況報告 —— 189

● フォーマットを決めれば、文章にも悩まない —— 189

Point 1

発達障害の方がオフィスでの仕事で直面するさまざまな悩みの事例を紹介しています。

パソコンのファイル整理ができない

対策

○ファイル名は「日付_種類」で統一

○フォルダー名は、可能なら仕事の種別。難しいなら、年度で分ける

事例

パソコンのファイルの整理ができない。気づけばデスクトップに大量のファイル

事務仕事なので、パソコンをよく使う。もちろん大量のファイルが出てくるのだが、同じパソコンを使っているうちにファイルがたまって、混沌とした状態になってしまった。

特にデスクトップがひどく、壁紙も見えないほどにぎっしりとアイコンが並んでしまっている状態。

お目当てのファイルもなかなか見つからないし何とか整理したいけれど、いちいちファイルを開いて確かめるのも時間がかかるし、何をどうしたらいいのかさっぱりわからない。

原因

ファイルやフォルダーの命名が得意でない

整理整頓が苦手なのは、部屋や机の上ばかりでなくパソコンの中も同様になる。特にデスクトップが散らかりがちなのは、**ファイルの「とりあえず」の置き場所として使われることが多い**ためだ。しかし、発達障害の当事者にとっては、「とりあえず」の置き場所はそのまま恒久の置き場所になってしまう場合が少なくない。

また、ファイルやフォルダーの命名もあまり得意ではないので、その場で適当な名前にしてしまうことが多い。ひどい場合は「Book1.xlsx」とか「新しいフォルダー(2)」のようなファイルやフォルダーが並んでしまっている状態になる。名前に規則性がない

152

Point 2

どのような原因で事例の特性が出るかを、医学的にアプローチしています。

本書の特長

Point 3
医療的なアプローチではなく、現場の人が現場の仕事に対応するために編み出したやり方を解説しています。

ために、あとの検索や整理に苦労してしまうのだ。

解決法 ファイルやフォルダーの命名ルールを決めよう

会社によっては、ファイルの命名規則がはじめから決められていることも多い。クラウド化でデータの共有も進む今、それぞれが勝手にファイルの名前を決めていたら混乱を生んでしまうからだろう。

職場でルールがないとしても、**自分でルールを決めて守っておけば**自分でファイルを探すときはもちろん、同僚から見てもわかりやすくなる。

ファイルの命名は、「日付_種類」で

ファイルの名前をつけるルールとしては、**「日付_種類」**を基本としよう。たとえば、ワードで作った会議の議事録なら、「20170209_議事録.docx」といった名前に統一する。例はもちろん、2017年2月9日の会議の議事録の場合を表している。英数字や記号はすべて半角、区切りも必ず「_」（アンダーバー）と決めておく。

月や日は2桁とし、ひと桁の日付であっても「0213」のように0をつけて2桁にそろえる。こうしておけばファイルを名前順に並べたとき、きれいに日付順に並んでくれる。

パソコンのファイルには、もともと更新の日付も情報として残る。それでもあえて日付をファイル名につけるのは、まずファイルの更新日＝仕事の処理日とは限らないからだ。

たとえば5月11日に会議をしたとしても、その議事録を作るのは

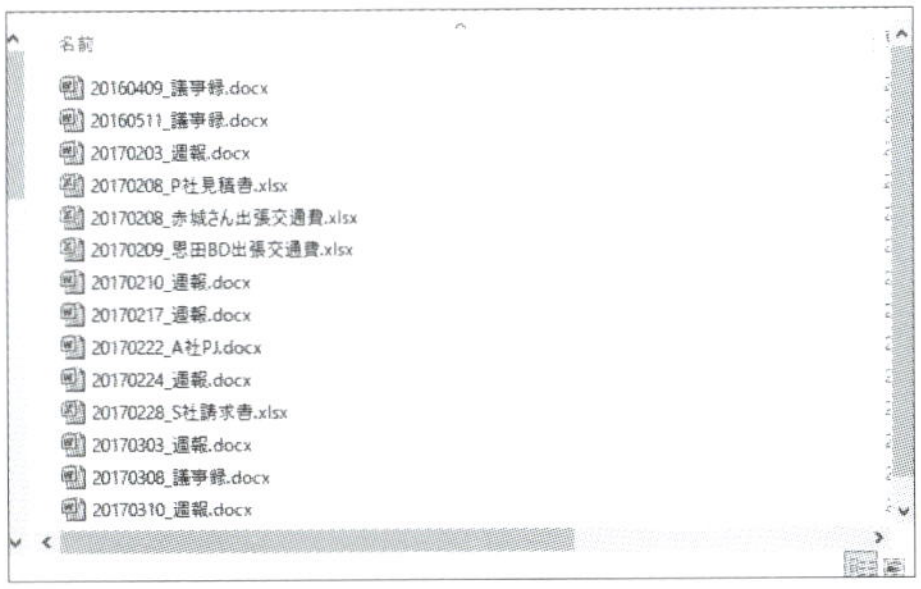

ファイル名を日付にすれば整理がしやすい

153

Point 4
発達障害支援の現場で生み出した「手前」のつまずきをなくしていくためのヒントが満載です。

発達障害の種類

この本では、ADHD／ADD（注意欠陥・多動性障害）、ASD（自閉スペクトラム症）、LD（学習障害）という代表的な発達障害に絞って対策を紹介しています。

発達障害にあまり詳しくなくても、「ADHD」とか「アスペルガー症候群」といった言葉は聞いたことがあるかもしれません。最近、雑誌やテレビでも取り上げられることの多くなった言葉です。

発達障害にもいろいろな種類がありますが、「ADHD」や「アスペルガー症候群」というのは、その発達障害の種類の1つです。

ADHDとASD、ASDとLDなど、複数の発達障害の特徴が当てはまることもあります。この場合、医師から複数の発達障害の診断が下りる場合もあります。

発達障害の診断は難しく、専門医がさまざまな検査を行って慎重に判断するものです。発達障害の傾向があるからといって障害があると決められるものではなく、自己判断はもちろん、専門家以外の人間が見ても判断できるものではありません。

発達障害自体、まだまだ研究が進められている段階で、ADHDやASDといった名称もこれから変化があるかもしれません。映画などで描かれることで知られることになった「アスペルガー症候群」についても、現在の診断ではASDの中に吸収されています。

それぞれの障害について、次ページで簡単に特徴を並べてみます。なお、これらの特徴は一般的なもので、実際には人それぞれで違いがあることを先にお断りしておきます。仮に全部の特徴に当てはまったとしても、その障害であるとは限りませんし、診断が出ている人でも当てはまらない特徴もあります。

ADHD/ADD
（注意欠陥・多動性障害）

特徴

不注意で気が散りやすく、何かを思いつくと衝動的に行動してしまいます。一方でやらなければならないことになかなか手をつけられない、先延ばし傾向も特徴の1つです。なお、ADDは多動性がない以外はADHDと同じ特徴です。

仕事における特性

- 仕事に集中できず、頻繁に休憩したりネットを見たりしてしまう
- 衝動的に思いつきを口にしたり、実行したりして仕事に悪影響を与えてしまう
- 長期的な仕事になかなか手がつかず、締切り間際になるまで取り組めない
- 時間を守れなかったり、時間の見込みを立てて行動したりするのが苦手
- ケアレスミスや忘れものが多い

ASD
（自閉スペクトラム症）

特徴

自閉症・高機能自閉症・アスペルガー症候群などを含めた障害の総称です。PDD（広汎性発達障害）と呼ばれていたものと、ほぼ同じ意味になります。

仕事における特性

- 何かに集中し過ぎて別の大切な用事や約束を忘れる、あるいは無視してしまう
- 年相応の社会性がなく、他人との衝突が多い
- 同僚や上司との距離感がわからず、良い関係を築くことができない
- コミュニケーションが苦手で必要以上に報連相が少なかったり、指示を受けても要点を捉えられなかったりする

LD
（学習障害）

特徴

他の面では問題がないにもかかわらず、ある特定のことだけが極端に苦手になる障害です。何が苦手になるかは人によって異なります。読めなかったり書けなかったりする理由や程度はそれぞれ違いますが、「読めない」「書けない」というくくりで同じ障害として分類されています。

仕事における特性

- 字をうまく読めない。黙読はできても声に出して読むことができない場合や、字そのものをうまく認識できない場合など、人によって違いがある
- 字をうまく書けない。字を書くのに非常に時間がかかる。左右が反転したり部首の配置がバラバラになり、字の形が崩れたりしてしまう。隣に正しい字を置いて書き写すだけでも、困難な場合もある
- 計算がうまくできない。数字や記号をうまく認識できなかったり、2つの数字を並べてもどちらが大きいか判断できなかったりする

第1章

「先延ばし癖」を何とかしたい！

先延ばし・集中力対策

ギリギリになるまでやる気が出ない。どうしても仕事に集中できずに、サボってしまう。発達障害のこの特性は、社会人としては致命的にやっかいだ。そんな悩みの解決には、自分の脳の癖を知って対応しよう。

12

仕事の締切りが守れない

対策

- ○ 締切りまであと何日か。カウントダウン方式でタスク管理
- ○ 自分で細かく締切りを設定し、人と約束することで意識づけ

事例

やらなければならない仕事をつい先送り。まだ時間があるさ……と思っているうちに、大変なことに

「この仕事、頼める?」「はい、やります!」といつも愛想良く応えるのだが、仕事を引き受けては「あとでやろう」とついつい先送り。そのまま忘れてしまって、締切りが過ぎてから「あの仕事どうなった?」と聞かれて、「あっ!」となってしまう。

締切りを忘れていなくても、何となく「まだ大丈夫」と思ってしまい、切羽詰まるまで手をつけられない。毎週出す週報さえ、上司に催促されてようやく出している状態。信頼が完全になくなってしまうのも、もう時間の問題だ。何とかしたいと思うけれど、いざやろうとしても思うように体が動かない。

原因

ADHDの先延ばし傾向

先延ばし傾向はADHDに現れやすい傾向の1つである。これは、ADHDの特徴である**衝動性**(思いついたことに真っ先に手を出してしまう)や**不注意**(気が散りやすい)などに原因があると考えられている。また、最近ADHDには脳の時間処理に問題があることもわかってきた。

理性では重要だとわかっていても、興味があることや目の前の刺激的なことを優先して取り組んでしまう。

また、**先の見通しをうまく立てられないこと**や、**時間感覚への乏しさ**も先送り癖に大きく影響して

いる。締切り日自体は認識していても、そこまでにいたる計画や段取りが立てられない。あと何日、何時間という認識も薄いため、本当にギリギリになるまで追い詰められていることに気づけない。

たとえば、「12時までにやっておいて」と言われても、急げばいいのかゆっくりしていいのか判断がつかなかったりする。それは日付単位でも同じことで、「締切りは来月の4日です」などと言われても自分にどの程度時間が与えられているのか、うまく実感できないのだ。

ADHDに多いのが、追い詰められると急に能力を発揮して、集中して一夜漬けで何とかしてしまうタイプだ。しかし、これによって「追い詰められればできる」という誤った成功体験が根づき、余計に締切り間際まで仕事を進めない習慣がついてしまうこともあるので、好ましくない。

解決法 時間感覚を自分に実感できるものにする

基本的には、自分なりに計画や段取りが立てられるようになるのが一番。しかし、それはすぐにできるようになるものではなく、それができないからみんな悩んでいる。

ここでは、**ADHDの人にも時間感覚を実感させやすくし、タスクの優先度を上昇させる方法**を考えていこう。

カウントダウン方式でタスク管理

締切り日自体は認識しているのに、どうもギリギリまで動けない。その原因の1つには、ADHDの時間感覚の弱さがある。締切り日は知っていても、残

時間感覚を実感させる方法

締切りが実感できない

締切りが実感できる

残り時間がわかれば締切りを実感できる！

された時間について実感がわかないのだ。

しかし、たとえば「締切りまであと1時間です」「締切りまであと3日です」というふうに言ってもらうと、残された時間が実感しやすくなる。追い詰められるとやる気が出てくるのは、「1時間」や「3日」がADHDの人にとっても実感しやすい時間だからだ。

そこでおすすめしたいのが、フリーウェアの**「インフォメーション」**というスケジュール管理ソフトだ（スマートフォン用にも、カウントダウンタイプのタスク管理アプリはいろいろ出ている。代表的なものとして「Days Matter・カウンターダウン」がある）。

仕事とプライベートのタスクを別々に管理していると、片方を忘れて予定を入れてしまうことが必ず出てくる。ADHDの人にとって、タスクは**一元管理**が基本なのだ。

インフォメーションは、タスクごとに「あと○日」という表示でスケジュールを教えてくれる管理ソフトだ。

タスクの1つ1つに休日や祝日を入れる／入れないといった詳細な設定が可能で、毎週・毎月・毎年といった定期的な仕事についても登録ができる。

スタートアップへの登録も行ってくれるので、パソコンを起動すれば自動で立ち上がるようにも設定できる。

終わったタスクについてもしばらくの間は表示してくれるので、締切りを過ぎてしまっている仕事も忘れず管理することが可能となっている。

おすすめの使い方としては仕事関係のタスクだけでなく、公共料金や家賃の払込日、プライベートの約束の日など決まっている予定をすべて入れていくことだ。

おすすめのスケジュール管理ソフト

インフォメーション

- タスクごとに「あと○日」という表示でスケジュールを教えてくれる管理ソフト
- タスクの1つ1つに休日や祝日を入れる／入れないといった詳細な設定が可能で、毎週・毎月・毎年といった定期的な仕事についても登録ができる
- スタートアップへの登録も行ってくれるので、パソコンを起動すれば自動で立ち上がるようにも設定できる
- 終わったタスクについてもしばらくの間は表示してくれるので、締切りを過ぎてしまっている仕事も忘れず管理することができる
- 仕事関係のタスクだけでなく、公共料金や家賃の払込日、プライベートの約束の日など決まっている予定をすべて入れていくのが良い

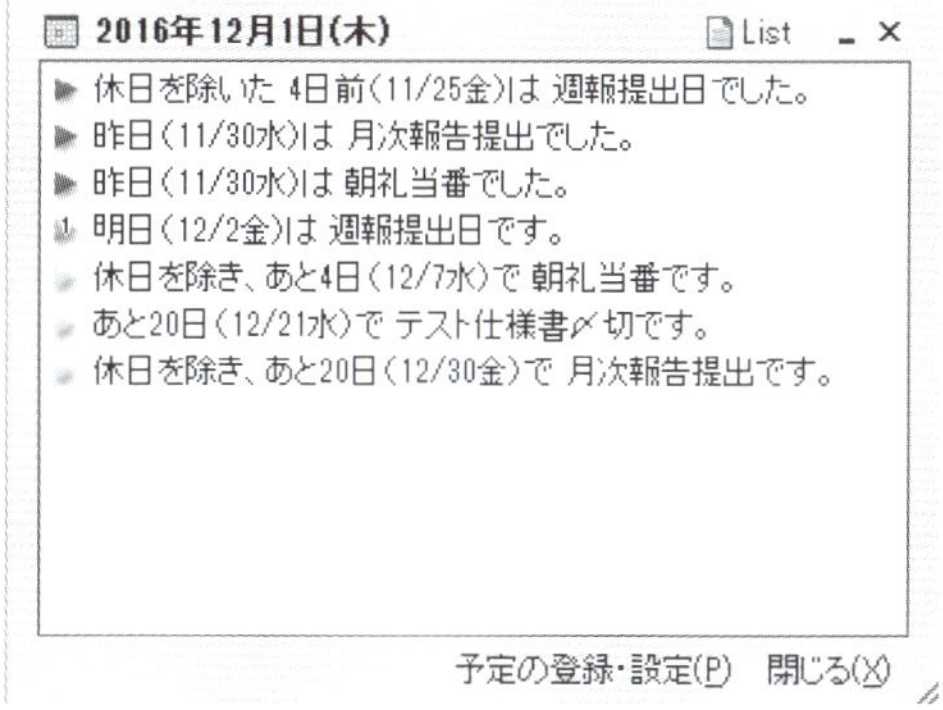

Days Matter・カウンターダウン

- スマートフォン用のカウントダウンタイプのタスク管理アプリ
- 重要な日を一番上にできる

12

長期の仕事になかなか取り掛かれない

対策

○自ら締切りを設定して公言してしまう

事例

大事な仕事なのはわかっているのに、体が拒絶しやる気が出ない

1年がかりの大きなプロジェクトを任された。自分にとっては大きなチャンスだ。環境は十分に整えてもらったし、あとは取り掛かるだけ……のはずなんだけど。

なぜかやる気が出なくて、終わった仕事の書類整理とかどうでもいいことばかりやってしまう。これではまずいとわかっているし、何とか取り掛かろうとするが、いざ始めようとすると頭が真っ白になって働いてくれない。

今日などは無理に始めようとした途端、強烈な眠気に襲われ危うく仕事中に居眠りするところだった。一体どうしたらいいんだろう。

原因

段取り下手が先延ばし傾向を強化する

ADHDに多い先延ばし傾向は、長期的で大がかりな仕事ほど出やすくなる。前節で挙げた時間感覚の弱さもさることながら、**大きな仕事を細かいタスクに分けて段取りを立てるのが苦手**なため、具体的な行動のイメージが浮かばないことも原因の1つだ。

仕事のタスク分けが苦手なのは、ASDにも共通する悩みだ。ASDの場合、相談することが苦手という特徴も加わって、さらに自分自身を追い込んでしまうことが多い。

眠気を感じてしまうのは、理性では「やらなきゃまずい」とアクセルを踏んでいても、本心のほうで興味を持てずにいるからだ。これも、具体的にイメージができる作業に落とし込むことで**「わかる→できる」**と感じさせて、自分の興味を引きつけることができる。

解決法 まず手をつけることを決めて、それに集中する環境を作る

先延ばし癖のあるADHDは、期日に余裕があるときはどうしても仕事へのエネルギーがわいてこない。一方で締切り間際になると、常人以上の集中力を発揮するのも特徴だ。これが本人にとっては、「本気になればできる」と思ってしまうことの拠り所となり、先延ばし癖に拍車を掛ける一因ともなっている。これまでは何とかなってきた、という経験則が先延ばしの習慣を強化させているのである。

Column

発達障害の診断を受けるには？

発達障害で障害者手帳を取得するにしろ、あるいは他の公的サービスを利用するにしろ、まずは医師の診断が必要になることが多い。

発達障害の診断は精神科で行うが、実は精神科であればどこでも診断が受けられるわけではない。現在のところ診断ができるのは、一部の精神科のみだ。発達障害の診断はとても難しく、専門医による慎重な判断を要する。そして、発達障害は最近になってようやく認知されてきたため、まだ専門医の数が十分ではない状況なのだ。特に成人の発達障害の診断ができる病院は、数が限られる。

最寄りの診断ができる病院については、やはり発達障害者支援センターで尋ねてみよう。「診断をしたい」と相談すれば、近隣の診断可能な病院について情報をくれるはずだ。

診断時には知能検査が行われるほか、幼少時からのことについて、さまざまな観点から質問を受けることになる。母子手帳や、小学校時代の通信簿などが残っていれば、用意しておくと良い。「家族の話を聞きたい」と言われることもあるので、可能であれば協力を得られるようにしておこう。

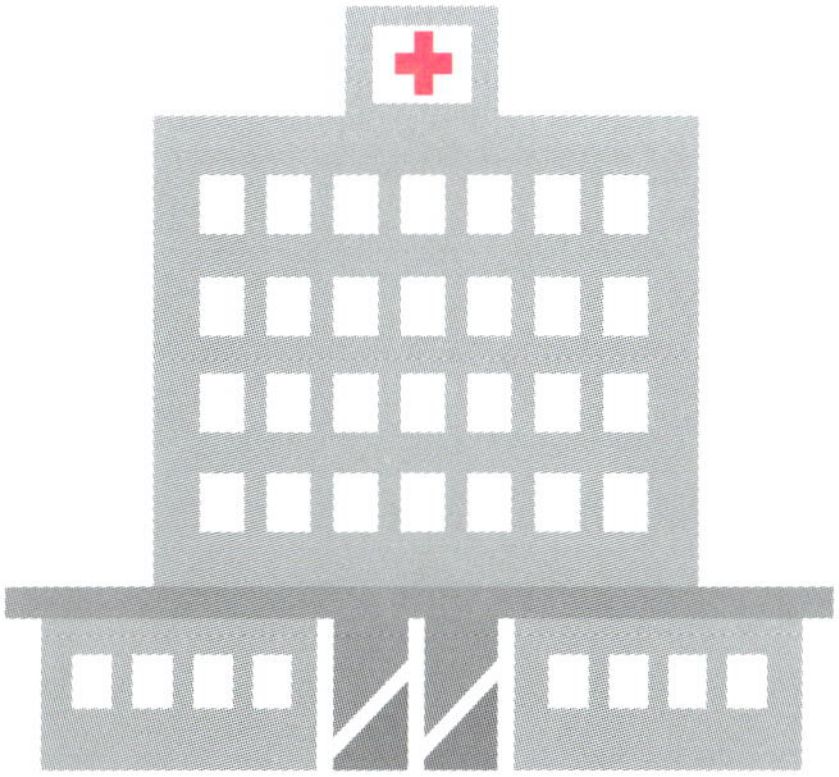

他人を巻き込んで締切りを設定し、自らを追い込む

追い詰められたときのエネルギーは、いつでも自由自在に発揮できるわけではない。しかし、追い詰められているという状況は、ある程度自分自身で作り出せる。

一番単純な方法は、**自ら締切りを設定して周囲に公言してしまうこと**だ。公言する相手は、上司や同僚、顧客など、多ければ多いほど良い。多忙な上司や顧客にアポを取り、たとえば「○月○日に見積書をお持ちしますのでご確認をお願いします」などと約束してしまえば、さらに効果は高くなる。

もちろん、大きな仕事の場合は早めに締切りを設定して公言するだけでは解決にはならない。どうしても締切りは先のことになってしまい、新たな締切りに対してまた先延ばしが出てしまう。

この場合は、**小さなゴールを設定して締切りを作っていく**。どの程度の期間になるかは仕事の内容にもよるだろうが、危機感を発揮させることを第1にするならば1日から1週間間隔で締切りを設定していくべきだろう。

まず仕事の中から、今真っ先に手をつける必要があることをピックアップする。必要な資料を読みきることか、企画書を作ることか、とにかくはじめに着手すべきことを1つだけ選ぶ。全体を見てスケジューリングまでする必要はない。スケジュールを立てているうちに、また先延ばしが出るからだ。もしスケジュールの提出が必要なら、それを最初のゴールにすると良いだろう。

小さなゴールを1つ選んだら、締切りを設定する。自分がその仕事だけに集中して頑張れば、何日でできる仕事だろうか？　1日でできる仕事か、3日くらいはかかりそうか。頑張っても1週間より長くかかりそうな仕事ならば、ゴールをさらに小さくする必要がある。たとえば、「企画書の第1章だけを完成させる」などだ。

ゴールと締切りを決めたら、すぐに上司や顧客に連絡する。「□△案件について企画書を確認していただきたいと思います。○月○日前後のご都合の良い日時に、お時間をいただけますでしょうか」など。約束をしてしまえば、もうあとには引けなくなる。

大事なポイントは、**締切りは可能な限り近い日時で設定すること**だ。近ければ近いほど残りの時間がリアルに感じられ、追い詰められたときの精神状態を作り出すことができる。また、できれば、休日を挟まないように設定する。休日を入れてしまうと、「いざとなれば休みの日にやればいいさ」と自分に余裕を与えてしまい、危機感を鈍らせてしまうからである。

締切りを設定する手順

STEP 1 真っ先にやるべきことをピックアップ

・全体を見てスケジューリングまでしなくても良い

STEP 2 締切りを設定する

・1週間以上かかる仕事は、細分化してゴールを設定する
・締切りはできる限り近い日時にする
・休日を挟まないようにする

STEP 3 上司や顧客に連絡する

・公言する相手は多ければ多いほど良い
・約束をすれば、さらに効果がアップする

12

仕事に集中できない（聴覚編）

対策

○自分に合った耳栓で、不要な音は遮断しよう

事例

エアコンや車の音、周囲の雑談が気になって集中できない

他の人には気にならない音が、どうしても気になってしまう。

エアコンや外の道路の、ゴーッという音。電話の声や、キーボードをたたく音。今日は向かいの席の同僚が風邪をひいているようで、しきりに鼻をすする音もやかましい。

誰も気にしていないようだから私も気にしないふりをしているけれど、どうしてみんなこの状況で仕事ができるんだろう。「仕事が遅い」とよく言われるけれど、静かな図書館や自分の部屋ならもっと集中できるのに、納得がいかない。

原因

周りの音がすべて意識に入ってくる聴覚過敏

ADHDやASDを持つ人は、**頭に入ってくる情報の取捨選択が苦手**といわれている。

人の脳には、雑多な情報の中から自動的に必要なものだけを拾い出してくる機能がある。飲み屋の騒がしい店内でそれぞれのグループが不自由なくお喋りできているのは、自分の話し相手の声だけを脳がピックアップしてくれているからだ。

しかし、ADHDやASDを持つ人は、この機能がうまく働かないことがある。聴覚過敏と診断される人は、取捨選択がうまくできず周囲のあらゆる音を拾ってしまう。

電話で相手の言葉をうまく聞き

取れなかったり、エアコンの音にイライラしてしまったりするとしたら、この聴覚過敏の可能性が高い。不要な音まですべて意識してしまうので、聞きたい音の内容が判別できなくなってしまっているのだ。

聴覚過敏は、自分でも気づいていない場合がある。「音の聞き分け」という点では自覚はなくても、なぜか職場で集中できなかったり、人混みでは疲れやすくなったりするという形で現れることもある。

これは、本来音を選別することが苦手な脳が、不得意なことをするためにフル稼働している状態といえる。

解決法 雑音カットの方法を考えよう

「音の選別」という点で自覚のない人でも、職場で集中できない・人混みで疲れやすいという自覚のある人は一度ここに挙げる方法を試してみてほしい。この方法を試すことで少しでも楽になったなら、これまで仕事の邪魔をしていたのは周りの雑音だったことになる。

音の取捨選択はみんな無意識にやっていることで、努力や精神力の成果ではない。そのため、克服することを考えるよりは、音の問題はうまく道具を使って解決し、仕事に努力を傾けるほうが効率的だ。

自分にあった耳栓を探そう

耳栓にはいろいろな種類があり、それぞれ着け心地や遮音性が異なる。「昔使ったことがあったけれど、耳が痛くて止めてしまった」という人も、いろいろな商品を試して自分に合った耳栓を探してみてほしい。

耳栓はドラッグストアや100円ショップ、ホームセンターなどで販売されている。しかし、多くの種類の中から選ぶのならネット通販が手っ取り早い。アマゾンや

Column

主治医は自分の理解者

診断を受け、専門の主治医を得ることによる一番のメリットは、自分の理解者が得られることだ。自分の努力不足や性格の問題ではなく、障害を障害として受け止めた上でアドバイスをもらうことができる。

必ずしも受けられるものではないが、条件が合えばＡＤＨＤなどに効果のある服薬を処方してもらえる場合もある。「コンサータ」や「ストラテラ」といったＡＤＨＤ治療薬は、相性が合えばＡＤＨＤの不注意や衝動性、多動などに効果があるといわれている。ただ体質に合わない場合もあるので、必ず医師の指示に従って服用しなければならない。

楽天のほか、アスクルやモノタロウといった業務用品の通販サイトに品ぞろえが多い。

　耳栓は商品によって性能も異なり、低音域の生活騒音を消して人の声を通りやすくしているものや、逆に中〜高音域を消して人の声を遮断するタイプもある。もちろん、全域を幅広くカバーするタイプも販売されている。自分が困っている音に合わせて、「耳栓　高音域」のように検索して探すと良い。

　オフィスで気になる騒音は主に低〜中音域と思われるので、そこに強いタイプの耳栓が良いだろう。

　おすすめは、キングジムの**「デジタル耳せん」**。これはノイズキャンセリングイヤホンと同じ仕組みで、集中を乱しやすい低音域の音だけをカットしてくれる電子式の耳栓だ。エアコンの音、外の車の走行音、少し離れた人のザワザワとした話し声などをきれいに消してくれる。

　騒がしいという認識のなかった職場でも、一度「デジタル耳せん」を試してみるとかなり静かになる実感がある。耳栓をはずしてみると、「今までこんなにたくさんの音に囲まれていたのか」と驚かされるほどだ。

　近くの人の声や電話の音はそのまま通してくれるので、これらが聞こえずに困ることもない。

　欠点としては、逆に人や電話の声が気になるというタイプの人には意味がないこと。また、お試しで買うには５０００円前後とやや値が張ることだろうか。

　音楽やイヤホンがＯＫな職場であれば、**ノイズキャンセリングのイヤホン**を使うことで同じ効果が得られる。仕事の邪魔にならない、集中しやすい音楽を入れておくと良いだろう。

耳せん屋.comでは、「使い捨て耳栓詰合わせセット」が販売されている。まずはこれを購入し、自分に合った耳栓を探しても良いかもしれない。

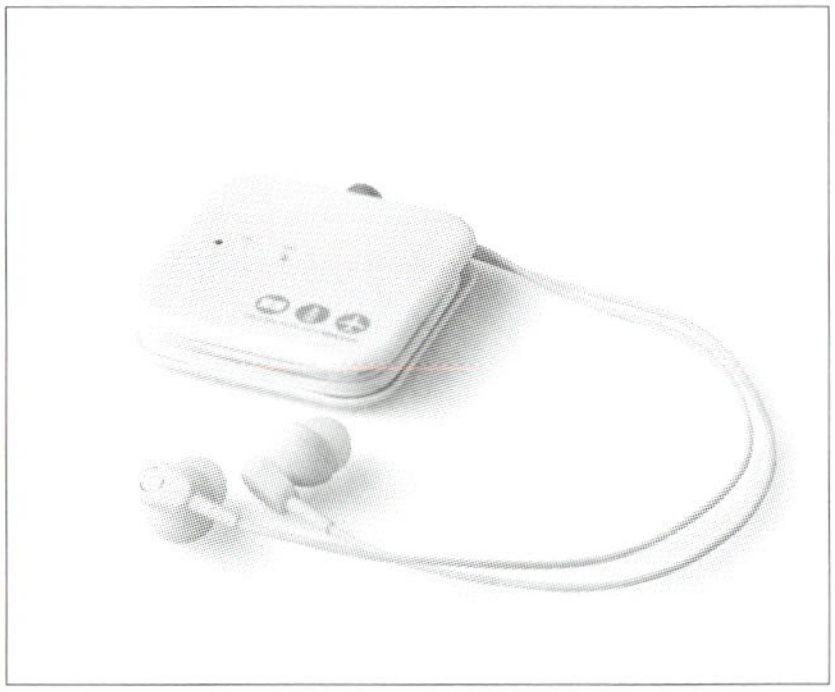

キングジムの「デジタル耳せん」は、低音域の音だけをカットしてくれる。
写真提供：キングジム

耳栓は自分が困っている音に合わせて選ぶ

オフィスで気になる騒音

低音域

エアコン、足音、隣室のテレビ音、
野外の車の走行音など

中音域

同室の人の声、野外の子供の声、
電子音

高音域

サイレン、金属音、楽器、
ジェット機

耳栓はこれらの音に
強いタイプを選ぶ

12

仕事に集中できない（視覚編）

対策

- パソコンのモニターは明るさを抑えて、目が疲れないように調整する
- 机の配置を換えられるなら、壁に面した席がベスト
- 視界を遮る工夫を考える
- 基本は、今やっている仕事の情報以外は何も視界に入らないようにしておくこと

事例　目が疲れやすいし、人の動きもいちいち気になる

パソコンで仕事をしていても、すぐに目が疲れてしまう。本当は少し照明を落としてほしいけれど、他の人は気になっていないみたいだし言いづらい。

人が横切るだけでいちいち目を向けてしまうし、そうでなくても何となくいつも集中できない。自分は集中力がないんだろうか。

原因　気にしていないつもりでも、視界の中のムダな情報に惑わされている

発達障害の特性である情報の取捨選択の弱さは、人によってその出方に違いがある。特に音の情報に弱ければ**聴覚過敏**になり、視覚の情報に弱ければ**視覚過敏**となる。

視覚過敏で代表的な症状としては、人より光をまぶしく感じてしまい目が疲れやすくなることが挙げられる。

また聴覚の場合と同様に、**視界内の無用な情報まで拾ってしまう**のも視覚過敏の特徴だ。視界を横切るさまざまな情報にいちいち反応してしまい、集中を阻害されてしまう。そのため目の前で人が動くたびに注意を向けてしまったり、机に散らばる余分な書類や道具に集中力を乱されたりする。

解決法　視覚的刺激の少ない環境を作ろう

壁に貼られた「健康週間」とい

ったポスターや、隣席にいて電話で怒鳴る同僚。職場には目にも耳にも、集中力を乱す刺激が多い。「集中しやすいように」と机にパーティションがついたかと思えば、一転「情報共有の邪魔」とすべて取り払われてしまったりする。

新卒の新入社員が毎年入ってくれば、席替えも行われることになる。

オフィスというところは、ASDやADHDを持つ人にとっては仕事をするには向かない場所だ。せっかく慣れ始めた頃に環境が変わって、集中できないまま、また1年を過ごすことになったりする。

会社の方針に逆らうこともできないので、ここは自分なりに「静かな」環境を作る方法を考えてみよう。

モニターの明るさの調整法

パソコンの作業で目が疲れてしまう場合は、モニターの明るさを調節する。

Windows 10の場合はデスクトップ上で右クリック→ディスプレイ設定を左クリックし、出てきたメニューの「明るさレベルの調整」で適度な明るさに調整できる

参考

Windows 7の場合はスタート→コントロールパネル→「ハードウェアとサウンド」（もしくは「電源オプション」）→「画面の明るさの調整」（もしくは「電源プランの選択」→チェックの付いているほうの「プラン設定の変更」）。
Windows 8の場合はWindowsキー＋X→「電源オプション」→チェックの付いているほうの「プラン設定の変更」。

目に入ってくる情報をシンプルに

パーティションの設置、机の配置換え、個室……そうした配慮を職場に求めるのは、実際問題難しい。

また、机の上をきれいに片づけておくことも重要だ。しかし、それも一朝一夕に身につくものではないだろう。

即効性のある方法としては、机上で手軽に視界を制限してくれる遮蔽物を用意することだ。

ビジネス用品を取り扱っているところでは、**「卓上パーティション」**というものが販売されている。文字通り、机の上に据え置くためのパーティションだ。会社がパーティションを用意してくれない場合でも、これなら個人で購入して机の上に置いておける。

しかし、職場の方針としてパーティションをはずしているのに、自分でそれをつけてしまうのは会社の方針に逆らっているようで気が進まない――そういう場合も考えられる。

そこで卓上パーティションほど露骨でなく、視界を遮ることができる道具を紹介したい。

たとえばパソコン用に、各社で**「遮光フード」**という商品が出されている。本来の役割としては、光が液晶モニターに当たって画面が見づらくなるのを防ぐためのものだ。

遮光フードはパソコンのモニターの周囲を覆ってくれるもので、パソコン周りの視界を隠してくれる。少し広めに周りを覆ってくれる商品を選ぶのが良いだろう。ノート用の遮光フードであれば、折り畳んでコンパクトに収納も可能になっている。

山善という会社からは、**「リビング学習デスクマット」**という商品が販売されている。これは折り畳み式のデスクパーティションで、本来は個室のない子供がリビングで勉強するために生まれた商品だ。

コンパクトに折り畳みできるので、仕事が終われば畳んでロッカーにしまうことができる。書類を掲示する書類バサミや、よく使う道具を整理しておけるポケットもついているので、仕事に必要なものをそのまま持ち運ぶことができる。TODOリストやスケジュールなどを掲示しておけば、自分のタスク管理にも便利だろう。自分のスケジュール管理や、道具の整理に使っているものとして言い訳もたつ。

本来は子供用とはいえ、デザイン的にはあまり子供っぽくないのが助かるところだ。ブラウンなど、落ち着いた色のものを選ぶのが良いだろう。

職場を視覚的刺激の少ない状態にする方法

モニターの明るさの調整

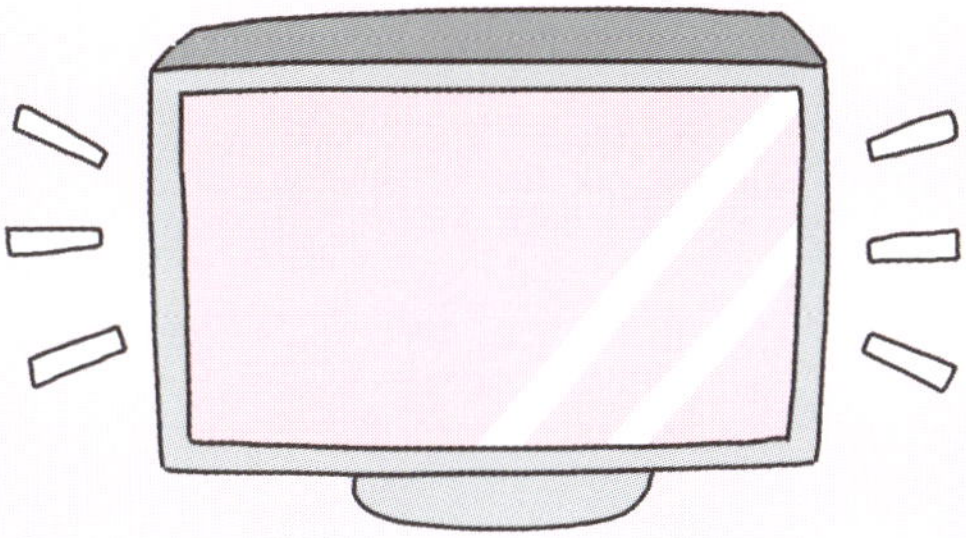

「画面の明るさ」や「プランの明るさの調整」で適度な明るさにできる。

遮光フード

本来の役割は光が液晶モニターに当たって画面が見づらくなるのを防ぐものだが、パソコン周りの視界を遮断してくれる。

リビング学習デスクマット

折り畳み式のデスクパーティションで、スケジュール管理や道具の整理としても利用できる。

卓上パーティション

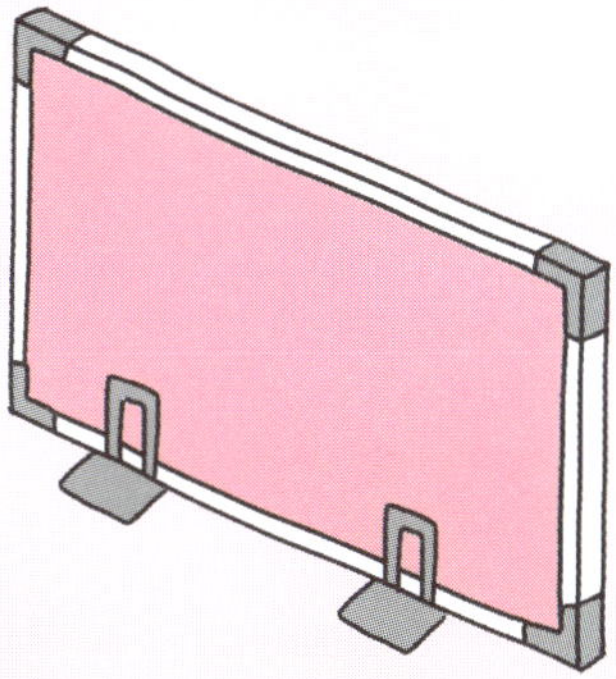

机の上に据え置くことができるパーティション。

12

仕事に集中できない（ADHD編）

対策

- 複数の仕事を準備し、飽きたら別の仕事にシフトする
- 時間ではなく進行で区切りをつけて休憩する
- 手遊び、音楽も有効な方法。「気が散る状態」に水抜きを作っておく

事例　仕事に集中できず、携帯を見たりよそ見をしたりしてしまう

仕事を始めても、10分も集中力がもたない。携帯を見たり、頻繁に席を立ってタバコ休憩に行ったりで1日の仕事がまったく進んでいないなんてことも。

いつも締切り間際に焦ることになり、今度こそと反省するものの、いざ仕事にかかると気持ちが重くなって手が動かなくなってしまう。なんで自分はこうなんだろう。

原因　重要であっても好きでなければ集中し続けられない

興味のあることなら何時間でも続けられるのに、**興味のないことにはまったく集中できない**という特性はADHDの基本的な特徴としてよく挙げられる点だ。

本人はその仕事や勉強を忘れているわけではなく、優先してやらなければならない大事なことだとわかっている。わかっていてもできないので、悩む人が多い。

誰でも好きなことのほうが集中しやすいとは思うが、ADHDの場合は、それが極端に表れてしまう。誰でもそうだからこそ理解されにくく、「精神力が弱い」などと言われて余計に悩んでしまう。

解決法　自分の気の散りやすさを飼いならし、ときには利用するやり方で

受験勉強をするとき、複数の科

目を用意しておいて1つのことに飽きたら別の教科に切り替える、という方法で勉強への集中を持続させるやり方を取る子供がいる。

勉強が嫌いで集中力が続かない子供の学習方法として、一定の頻度でその子にも絶対に解けそうな簡単な計算問題を入れてやる気を起こさせるという方法もある。

ADHDの気の散りやすさも、**本来は苦手な並行作業と組み合わせる**ことで有効活用ができる。

複数の仕事を用意して、飽きたら別の仕事に切替え

事務作業などは、たいてい常に複数の仕事を抱えている。こうした**複数の仕事をそれぞれすぐに始められるように準備しておき、1つの仕事に飽きたら別の仕事に切り替える**ことでトータルとして仕事が進むようにするのだ。

それぞれの仕事に必要な資料や書式は、あらかじめ全部そろえておく。別々の資料が混ざってゴチャゴチャになってしまわないように、**紙の資料はクリアファイルに入れて分けておく**と良いだろう。

パソコンであれば、それぞれの仕事に必要なファイルをあらかじめすべて立ち上げておく。ワードでの報告書作成に飽きたら、作成途中でもメール処理に切り替える。メールの返事を打っている途中で、ふと報告書に書く良い表現が思いつくこともある。そうしたら、すぐにワードに戻れば良い。

仕事は複数用意しておく

思いついた部分を報告書に書き入れたら、すぐにメールに戻ってもかまわないのだ。

「ここまでやったら休憩」と決めて、細かい目標でモチベーション管理

仕事内容が基本的に1つだったり、急いで1つの仕事を仕上げなければならないこともある。

その場合には、仕事に区切りをつけることが重要だ。しかし、「1時間たったら休憩」と時間単位で休憩のタイミングを決めておくと、結局その時間までダラダラしてしまい何もしないまま休憩時間ということになりがちだ。

そこで時間ではなく、**仕事の進捗で休憩時間を入れるようにする**。たとえば伝票処理なら、1時間くらいで終わる量に分けてフセンを挟み、「ここまで終わったら休憩」と決めておく。休憩時間のタバコやコーヒーがわかりやすいご褒美になって、モチベーションが保ちやすくなる。

職場がOKなら、音楽や手遊びも有効な方法

多動はADHDの特徴の1つだが、逆にいえばそれが本人にとって落ち着くための手段になっていることは間違いない。立ち歩きをする子供を落ち着かせるための、手遊びグッズも商品化されているほどだ。大人であっても、一定の刺激を得ることは集中力を持続させる効果がある。

とはいえ、音を立てる行動や貧乏ゆすりでは周囲に迷惑がかかる。また、あやとりなども仕事ができなくなって具合が悪い。

職場では机の下で、片手で扱える程度のものがちょうど良い。たとえば、握力を鍛えるための**「ハンドエクササイズボール」**というスポーツ用品がある。ゴムボールのようなものだが、バネのハンドグリップと違って音を立てない。

また、**「マッサージボール」「リフレクションボール」**と呼ばれる商品はハンドエクササイズボールにツボ押し用のトゲがついたもので、握っていると適度な刺激が心地良い。マッサージグッズということで、職場にあっても周囲の理解も得やすいだろう。

ゴムボールの感触が合わないなら、**シリコン粘土**はどうだろうか。こちらは、百貨店の玩具コーナーなどに置かれていることが多い。手が汚れず、臭いもしないので周囲に迷惑をかけることもない。

ある程度自由が利く職場であれば、**ヘッドホンで音楽を聴きながら仕事をする**のも効果的だ。もちろんこの場合は上司の許可を得る、音漏れに気をつけることなどの配慮は必要になる。

仕事に集中できないを解決する工夫

手遊びグッズで気分転換

マッサージボール（リフレクションボール）

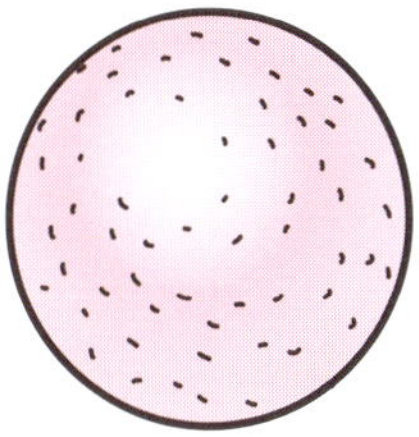

ハンドエクササイズボール

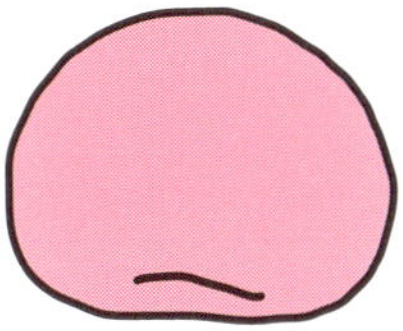

シリコン粘土

音楽を聴きながら仕事をする

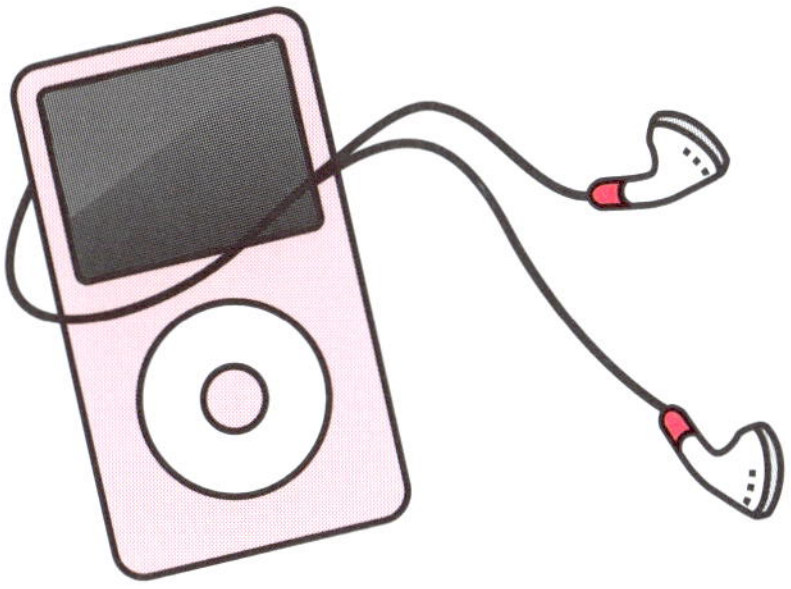

細かい目標を決める

複数の仕事を準備しておく

12 仕事中、ついついネットを見てしまう

対策

○ウィンドウズの「機内モード」を活用する

事例

仕事中ついついネットで関係ないサイトに夢中になってしまう

仕事ではほぼ1日中パソコンに向かっている。調べものやメールのためにネットも使えるようになっているが、ついつい関係ないブログや動画を見てしまって仕事に集中できない。自分でもこれはまずいと思っているけれど、調べものをしようとブラウザーを開くともう無意識のうちにネットサーフィンが始まってしまう。上司にバレる前に、この癖を何とか直せないものか。

原因

ADHDの衝動性に、インターネットの誘惑の多さ

ADHDの代表的な特質の1つに、**強い衝動性**がある。興味を持つと、すぐにそちらに意識を支配されてしまい行動を止められなくなるのだ。衝動性が強いタイプの人は、スイッチが切り替わるように意識が移ってしまうため葛藤すら生まれない。我慢が足りないというよりも、我慢のチャンスすら与えられないのだ。

また、インターネットの性質が、この衝動性に拍車を掛ける。検索をかければ目的外のページも検索され、また内容の一部も表示されるので、ついついおもしろそうな文章に目が奪われてしまう。仕事に関係したページを見ていても、画面のあちこちに貼られたたくさんの広告や、別記事に誘うリンク。ページを作る側とすれば別のページや広告も見てほしいのだから当然なのだが、ADHDの

当事者からすると、ネットは実に誘惑が多く非効率な面がある。

解決法 ネットのない環境を作ろう

パソコンを使うとついネットに手が伸びてしまうなら、**ネットを使えないようにする**のが一番の解決方法だ。衝動的にブラウザーを立ち上げても、ネットにつながっていなければ冷静になるチャンスが生まれる。

有線でネットにつないでいるのなら、ケーブルを抜いて片づけてしまうのが手っ取り早い。無線でつないでいる場合は、少々面倒だ。パソコンによってはワンタッチで無線のON/OFFができる機種もあるが、それではあまり解決にならない。ワンタッチでつなげてしまうので、誘惑を退ける歯止めとしては少々力不足だ。

自宅ならばモデムの電源を切ったり、モデムと無線LANルーターの間のケーブルを抜いたりしてしまえばインターネットにはつながなくなる。しかし、職場のモデムやルーターを止めてしまうわけにはいかない。

ここでは、職場でもできるPCで無線LANの通信を一時的に切断するための設定やツールを紹介しよう。

ウィンドウズ10なら「機内モード」を活用

職場のPCを一時的にオフラインの状態にしたい場合には、ウィンドウズ10ならスマートフォンと同様の**「機内モード」**が搭載されている。設定の仕方は次ページの通り。

ウィンドウズ10の機内モードはスマートフォンの機内モードと同じで、一時的に無線LANをオフ状態にしてくれる。再接続したいときには、もう一度「機内モード」をクリックすれば良い。

手書きも選択肢に入れてみよう

よりネットから離れるには、**「手書き」**に戻ってみるのも良い。ノートとペンだけの状況でガシガシと書いていくと、意外と集中できる。自分で読むだけなので、丁寧に書く必要はない。あとでパソ

「機内モード」への設定のやり方

1 タスクバー右端の吹き出しのアイコンをクリック

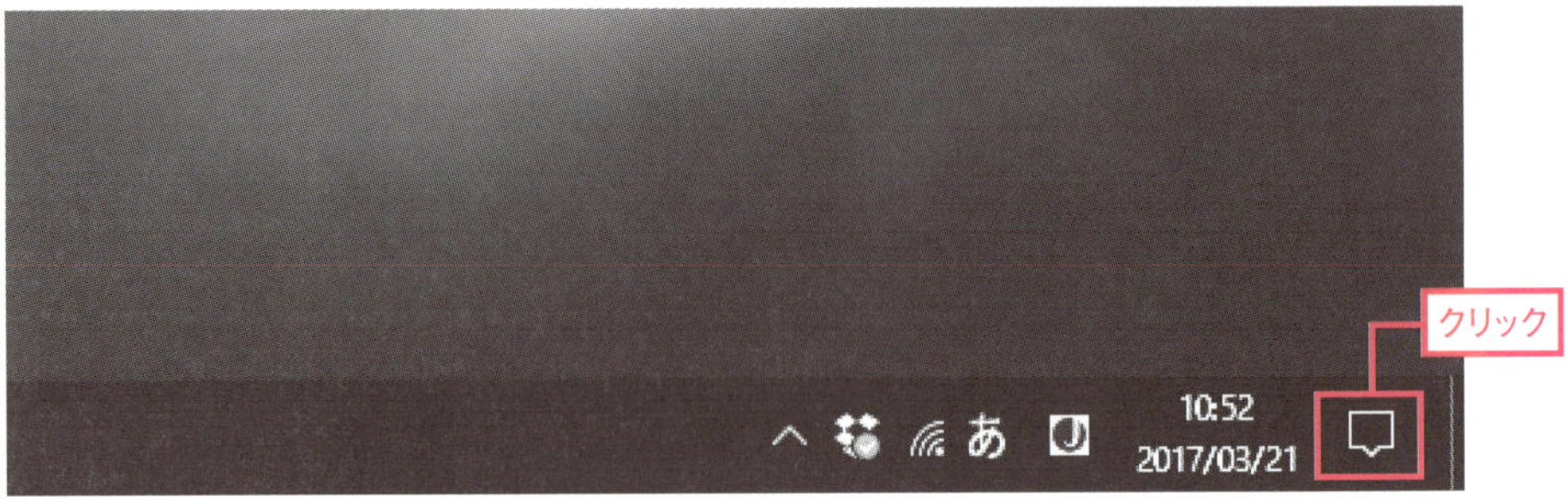

2 右図のように4つのアイコンだけ並んだ状態なら、「展開」をクリックして**3**へ。そうでなければ、そのまま**3**へ。

3 「機内モード」をクリック

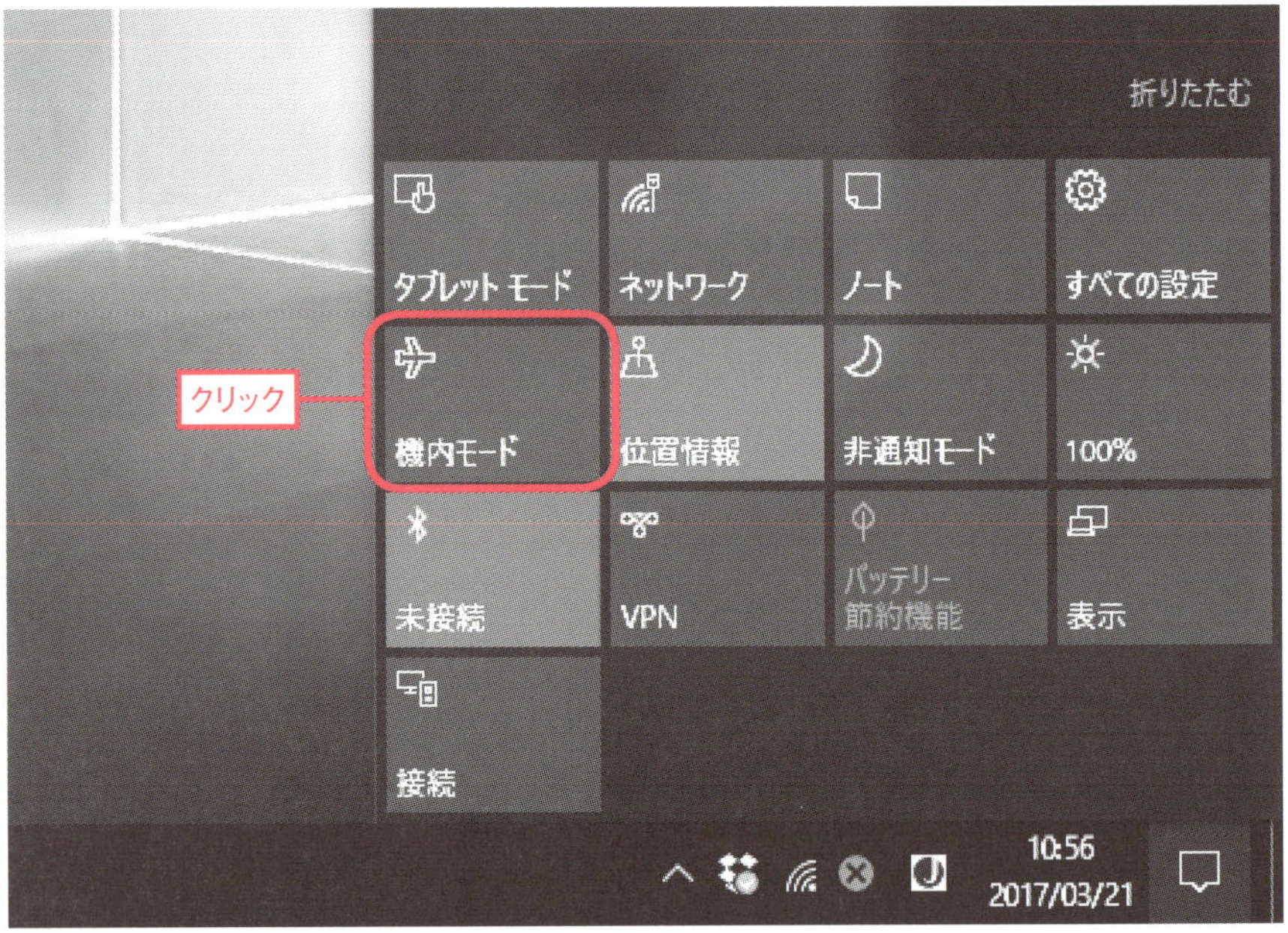

コンに写さなければならないが、これも内容は決まっていてひたすら書き写すだけなので集中しやすい。悩んで手が止まるときが、最も移り気を起こしやすい危険な時間なのだ。

テキスト打ちに特化した、仕事集中ツールの決定版「ポメラ」

テキストだけを打てれば良い仕事であれば、キングジムの**「ポメラ」**という商品をおすすめしたい。これはテキスト作成が可能な、いわば昔懐かしの日本語ワードプロセッサだ。ノートパソコンと同じ使いやすいキーボードを持っていながら、軽量小型でかばんに入れてどこにでも持ち運びできる。USBケーブルやSDメモリを使って、作った文書をパソコンに取り込むことも簡単にできる。作れるものは単純なテキストだけで、ワードのようにフォントを変えたり表や図を入れたりすることはできないが、文章部分をポメラで作っておいてあとでワードなどのフォーマットに入れ込めば良い。

ポメラの良いところは、テキストを打つ以外何もできないことだ。ゲームを入れることもできないし、ウェブにつなぐことすらできない。しかしそれゆえに、文章を作成することだけに意識を集中できるはずだ。

書式や装飾を入れて体裁を整えるのは、あとでパソコンに取り込んでから行えば良い。そう割りきって使うのであれば、ポメラは非常に良いツールになる。

参考

ネットワークを切断状態にしてくれるフリーウェア「InternetOff」

Windows 8.1以前のOSを使っている人、機内モードではまだハードルが低いと感じる人には、意図的にネットワークの切断状態を作ってくれるフリーウェア「InternetOff」をおすすめしたい。

インストール後、アイコンをクリックして「Turn off the internet」をクリックすると、ネットに接続できなくなる。

下記のように5分間だけ、15分間だけなど、指定した時間だけネットに接続することもできる。指定した時間がたつと強制的にネットは切断される。

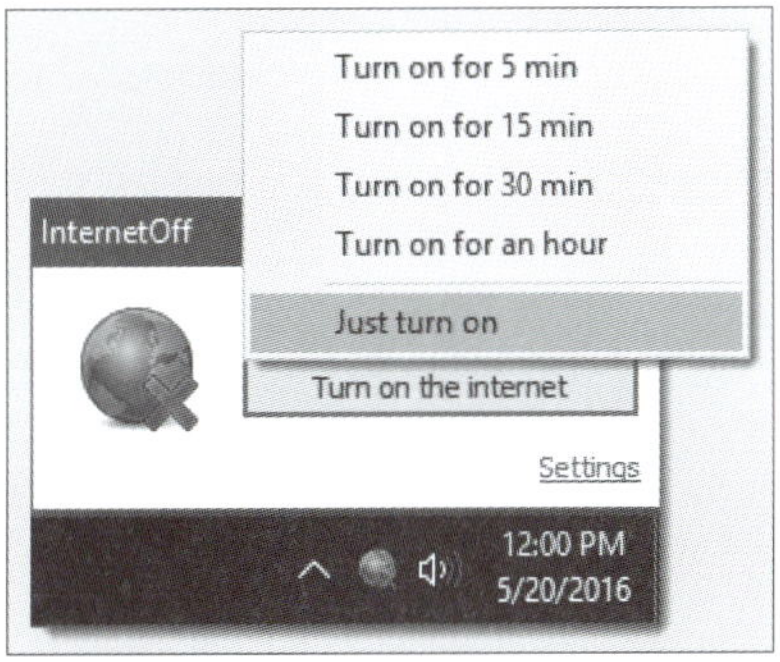

パスワードの設定も可能なので、機内モードを使うよりも、もう少し自分に厳しくしたいときにも有効なツールだ。

Column

あらためて、「発達障害」とは何か

発達障害の概念は、研究が進むとともに変化・再編されてきている。

かつての「自閉症」「アスペルガー症候群」「広汎性発達障害」などと呼ばれていた疾患は、現在では「自閉スペクトラム症」という分類に統合されている（「発達障害」という名称も日本独自のもので、精神疾患の診断における現在の国際的な基準となっているDSM-5ではより大きなカテゴリである「神経発達症」に含まれる。この本では、日本での一般的な名称である「発達障害」を用いている）。

自閉スペクトラム症は、自閉症連続体とも呼ばれる。これまで症状の違いでさまざまに分類されていたものは、実のところ同じ自閉症の中の連続した一面が現れたことに過ぎないのではないか、という考え方がこの言葉を生み出した。

それはいわゆる「健常者」との境界についても同様だ。

現在のところ、健常者と発達障害者をはっきり分ける区切りは存在していない。両者の間には、広いグレーゾーンが横たわっている。働きながら悩んでいる人、学生時代までは問題なかったのに就職前後からつまずいた人などは、ほとんどこのグレーゾーンに入るものと思われる。

そして、自分のハンデが「努力不足」「性格の問題」と見られて苦しんでいる人も、だいたいはこのグレーゾーンに含まれている。

健常者と発達障害者との違いは濃度の違いであり、どこまでがホワイトでどこからがブラックというはっきりした基準はない。発達障害の診断が難しく、専門医の慎重な判断を要する理由もここにある。

発達障害とは、脳機能の偏りに原因があるといわれている。ＡＳＤやＡＤＨＤの人の脳には前頭葉の機能に不活性があると見られ、これが障害の発生に深い関わりがあると考えられている。

これは、事故などが原因で前頭葉に障害を負った人（高次脳機能障害）が社会的な行動の不全、記憶障害、注意障害といった発達障害に酷似した症状を発症してしまうことから推測されているものだ。一部のＡＤＨＤが投薬により行動の改善を見せることも、それが心や性格の問題ではなく脳機能に原因があることを裏付けている。

また近年では、ＡＳＤやＡＤＨＤの問題の根幹にワーキングメモリの弱さがあるといわれている。

ワーキングメモリとは、情報を一時的に記憶するとともに操作する能力を指す概念的な用語だ。言語や思考、空間認知などもこのワーキングメモリがつかさどるものとされている。そして、このワーキングメモリは、やはり前頭葉に密接に関わる機能であると考えられているのだ。

知っておくべきことは、発達障害は自分の性格や努力の問題ではなく、脳機能に原因を持つ器質的な障害であるということだ。

そしてもし、この障害のために自分が生きづらさを感じているとしたら、やるべきことは自分を責めることではない。医療や公的なサービスのサポートを受けて自分の生活を改善させ、少しでも生きやすい環境を作っていくことだ。

だから、決して自分を責める必要はない。一方で、諦めて努力を放棄するのも間違いだ。努力した分だけきちんと能力は伸びていくし、何よりも工夫し努力する姿を周囲は見ている。努力は、周りの人に認められ評価される自分を作ることにつながるのだ。

第2章

「段取りができない」を何とかしたい！

スケジュール・業務管理・時間管理対策

スケジュールが立てられない。時間や締切りを守れない。発達障害の当事者には、時間感覚や未来予測が苦手な人が多い。この問題の対策には、必要な情報を用意しておくことがポイントだ。

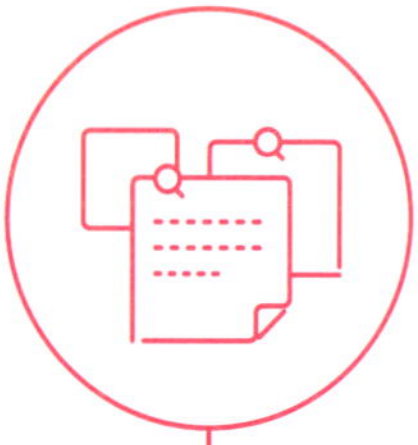

予定やスケジュールを忘れてしまう

対策

- ASDの人は、独立したスケジュール帳を用意する。メモ帳と一緒にしないこと
- ADHDの人は、逆に1冊の手帳で管理。多機能なシステム手帳を活用しよう

事例 その日やるべきことや予定をすぐ忘れてしまう

予定が入ったら、手帳にはきちんと書き込んでいる。けれどもそれっきり忘れてしまって、当日になってから同僚に「あれ？　今日は○○支社で会議じゃなかったっけ？」と言われて大慌て。記憶力がないのはわかっているのだけれど、手帳を読み返すことも忘れてしまうことが多くて、一体どうしたらいいんだろう？

原因 ASDの計画的遂行の困難、ADHDの集中持続の困難がスケジュール管理にも影響する

発達障害を持つ社会人の多くが抱える課題の1つが、**スケジュール管理の難しさ**だ。

ASDには、**計画的に行動することが苦手**という特性がある。それは、気持ちを切り替えることの困難さに原因があると考えられる。興味の対象に注意が向くと、仕事の予定など自分にとって重要なことも含めて他のことにまったく無頓着になってしまうのだ。

ASDの場合は、まずスケジュールを自分の興味の対象に持ってくることが必要になる。

ADHDは逆に、**気が散りやすい**特性を持つ。極端な場合、予定を覚えていても目の前のやりたいことを最優先にしてしまうことがある。

ADHDの場合は、常に予定を守ることを最優先にするため、自分を「刺激しておく」工夫が必要になる。

ADHDを抱えていると、も

のをなくしやすいことも多い。予定を聞いて適当な紙という場合にメモしてしまい、そのまま仕舞い込んで忘れてしまったりもする。予定を管理するものは、なるべく統一させておく必要がある。

解決法 「自分にベストのスケジュール帳」にこだわろう

ＡＳＤでもＡＤＨＤでも、手帳に対して特にこだわりがない場合、安いメモ帳で済ませがちになる。

本来どちらも、ものに対する愛着や嗜好は強い人が多い。コレクター趣味があったり、「ものが捨てられない」というタイプが多いのも、このためだ。逆に愛着や興味が持てないものは、どうしても忘れがちになってしまう。

そこで**あえて手帳にこだわってみる**ことで、自分の手帳に愛着を持てるようにしてみよう。

手帳にこだわりを持つことで、スケジュールに意識を向ける

年や年度の変わり目には、大型の文具店に手帳コーナーが設置される。自分がしっくりくる手帳を見つけるまで、何軒でもハシゴするのが良い。使いやすさも重要だが、手触りや色、デザインといった点もおざなりにできない。最低でも、1年付き合うのに見合う品であるのが条件だ。

良い手帳は、やはりそれなりに値が張る。予算の都合もあるだろうが、ここは少々高価であっても**一番気に入ったものを選ぶ**ことをすすめたい。妥協は愛着への邪魔になる。仕事の必要経費と思い切ることも、ときには必要だ。

こだわりの手帳を持つことで、これまで予定を忘れがちだった人が、一転スケジュールにうるさいビジネスパーソンになる例もある。特にＡＳＤは本来、約束や予定には厳密な性格が多い。無頓着になりさえしなければ、几帳面さは人並み以上なのである。

ビジネス系の手帳にお気に入りのものが見つからないときには、趣味系の手帳を使う選択肢もある。歴史が好きならば、歴史手帳や戦国手帳、幕末手帳といった商品が発売されている。鉄道手帳、天文手帳、猫手帳とジャンルもさまざまである。どれもスケジュー

ル機能があり、予定を書き込むことができる。趣味系の手帳を仕事で使うことに抵抗を感じるかもしれないが、それで仕事がうまくいくのであれば実利のほうが重要である。表紙がちょっとビジネスにはそぐわないときには、サイズに合わせた手帳カバーも購入しておくと良いだろう。

おすすめのスケジュール帳タイプ

いざスケジュール帳を選ぼうとしても、さまざまな種類がある。これまで興味のなかったところからいきなり選ぶのは難しいことかもしれない。スケジュール帳には1年タイプや2年タイプ、月間ブロックタイプや週間バーチカルタイプなど、さまざまな種類があり、仕事の内容や好みなどで使い分けることができる。

ここでは、ADHD・ASDそれぞれの人におすすめのスケジュール帳のタイプを紹介したい。あくまで目安なので、より自分に合ったスケジュール帳を見つけたならそちらに移り変えてしまってかまわない。

● 気の散りやすいADHDタイプは、システム手帳を活用。すべてを1冊で管理しよう

気持ちが次々と移り変わりやすいADHDタイプには、**1冊ですべてを一元管理できるシステム手帳**が向いている。

スケジュール、メモ書き、行動記録を1冊で俯瞰《ふかん》できるようにすることで、刹那《せつな》的になりがちな行動を統合して見返すことができる。何より、何冊もメモ帳やメモ用紙を抱えると管理しきれなくなり、忘れたりなくしたりするリスクも高くなってしまう。

システム手帳にはさまざまなフォーマットのリフィル（差し替え用紙）が別売りされているが、スケジュール管理用には、次の2種類を併用しよう。

- 月間ブロックタイプ
- 1日1ページ（〜2ページ）タイプもしくはバーチカルタイプ

リフィルは、購入時に最低でも1年分くらいはそろえて入れておこう。途中で足りなくなると、買い忘れたりして、いざというときに書くスペースがなくなったりするので注意したい。

月間ブロックタイプとは、見開きで1カ月分の予定が書き込めるカレンダータイプのリフィル。未来の予定やスケジュールは、こちらに書き込む。

ADHD向けに月間ブロックタイプをおすすめする理由は、**大きなスケジュールを視覚的に意識しやすくするため**だ。大切なお得意先への訪問日まではあと2日、書類の締切りは1週間後。再来週の土曜日は研修で出勤日。ページ

を開けば、当日の情報だけでなく1カ月分のスケジュールが目に入る。

ADHDを持つ人には、時間を感覚的につかみにくいという特徴がある。「締切りは〇月〇日」ということ自体はわかっていても、それで自分に残された時間が長いのか短いのかを実感しにくいのだ。その点、1カ月ブロックタイプのスケジュール帳はマス目で視覚的に日数を見ることができるので、予定までの残り日数を感覚で捉えやすくなる。

「月間ブロックタイプ」はスケジュール管理用として必ず入れてほしいリフィルだが、それに加えて**「1日1ページタイプ」**と**「バーチカルタイプ」**のどちらかを入れておきたい。こちらは予定よりも、当日のメモや記録用として用いる。

1日1ページタイプのリフィルは、名前通り1日分に1ページ

Column

発達障害支援のポータル、「発達障害者支援センター」

発達障害のために生きづらさを感じているとしたら、やるべきことは自分を責めることではない。医療や公的なサービスのサポートを受けて自分の生活を改善させ、少しでも生きやすい環境を作っていくことである。

それでは支援を受けることを決めたとして、まずどうすれば良いだろうか。

実際に障害のサポートを受けると決めたら、さまざまな疑問が出てくるだろう。診断はどの病院で受けたら良いのか？　障害者手帳や障害年金を取得するには、どこにどのように申請すればいいのか？

またサポートする側の現状として、発達障害への支援はその内容によってそれぞれ機関が異なっている。たとえば医療の分野なら病院、心理面の相談ならカウンセラー、仕事の相談なら就労支援センターといった具合だ。残念ながら現在のところ、1カ所ですべてのサポートをしてくれるようにはなっていない。そのため困ったときにどこに行けばいいのか、知らない人にとってはとてもわかりにくい状況になっている。

全国にある発達障害者支援センターは、発達障害を抱える人にとってそれらさまざまな支援の入り口となる施設だ。

発達障害へのサポートを受けたい人は、まずここで相談をして自分が何に困っているのかを整理し、それから専門の機関で支援を受けるという流れになる。ここでは自分の困りごとについて何の支援を受けることができるのか、そのためにどうすれば良いのかも詳しく教えてくれる。診断や障害者手帳、年金の申請といったわかりにくいことについても具体的な情報をもらうことができる。

最寄りの発達障害者支援センターについては、各自治体の障害福祉課を訪ねて聞いてみよう。

支援センターは、障害者手帳や医師の診断がなくても相談を受け付けている。自分の困りごとが発達障害によるものではないか、と感じたら、まずは足を運んでみて話だけでもしてみてはどうだろうか。

丸々使えるフォーマットだ。もちろん予定の詳細を書いておいても良いのだが、メインの使い方は当日の記録や覚書などメモ帳としての利用だ。**その日のことは、とにかくすべてこのリフィルに書き込んでいこう**。その日にあったことは電話の内容から会議の決定事項まで、すべて同じページに書き込んでいく。

　書き込むことが多いようなら、1日2ページタイプのリフィルに切り替えよう。

　バーチカルタイプは時間軸のフォーマットになっており、**1日の時間進行が管理しやすくなっている**。時間に縛られることが多い仕事であれば、これを使って行動記録をつけていこう。自分の行動を客観的に見返しやすいのも、このバーチカルタイプの特徴だ。

　営業など時間単位のスケジュールの多い人、フリーなフォーマットでは何を書いて良いかわからない人には、バーチカルタイプのリフィルが良い。それ以外の人は、1日1ページタイプを使ってみることをおすすめする。

　1日1ページタイプやバーチカルタイプのリフィルを用いて行動記録をつけるのは、自分の行動を管理して、やった仕事をあとから把握できるようにするためだ。あちこちに意識を移してしまうADHDを持つ人には1日の中でも多くの仕事に手をつけてしまいがちで、あとからどの仕事をどこまでやったか思い出すのが困難だ。これを記録しておくことで自分がやってきたことを整理したり、速やかに続きを始めたりするのに役立つ。

●曖昧さが苦手なASDは、メモ帳とは別にスケジュール帳を用意する

　ASDタイプの人はADHDタイプの人とは逆に、**スケジュール帳はスケジュールだけの独立したものを選ぶ**。メモと一緒にしてしまうと、そのうちいっぱいのメモにスケジュールが混ざってわけがわからなくなる。

　フォーマットのタイプは、時間に縛られることが多いならバーチカルタイプ。その日のうちにやればいい、という仕事が多いなら月間ブロックタイプが良い。

　バーチカルタイプの手帳ははじめから時刻の目盛りが用意されていて、1日の流れを俯瞰して確認できる。スケジュール帳に書く時点で少なくとも日付と時間を意識する必要があり、予定時間の聞き忘れを防ぐのに効果が高い。

　月間ブロックタイプの手帳は、見開きで1カ月の予定を俯瞰できる。「来週からの会議までに資料を作り上げる」といった、日にちをかける仕事の多い人。営業のような外出の仕事の多い人なら、このタイプがおすすめだ。

タイプ別スケジュール帳の特徴

月間ブロックタイプ

使い方

- 見開きで1カ月分の予定が書き込める
- 未来の予定を書き込む

メリット

- 大きなスケジュールを視覚的に意識しやすい
- 予定までの残り日数を感覚で捉えやすい

1日1ページタイプ

使い方

- 1日分に1ページ丸々使用できる
- 当日の記録や覚書などメモ帳として利用する

メリット

- フリーなフォーマットなので自由に書き込める
- 済んだ仕事をあとから把握できる

バーチカルタイプ

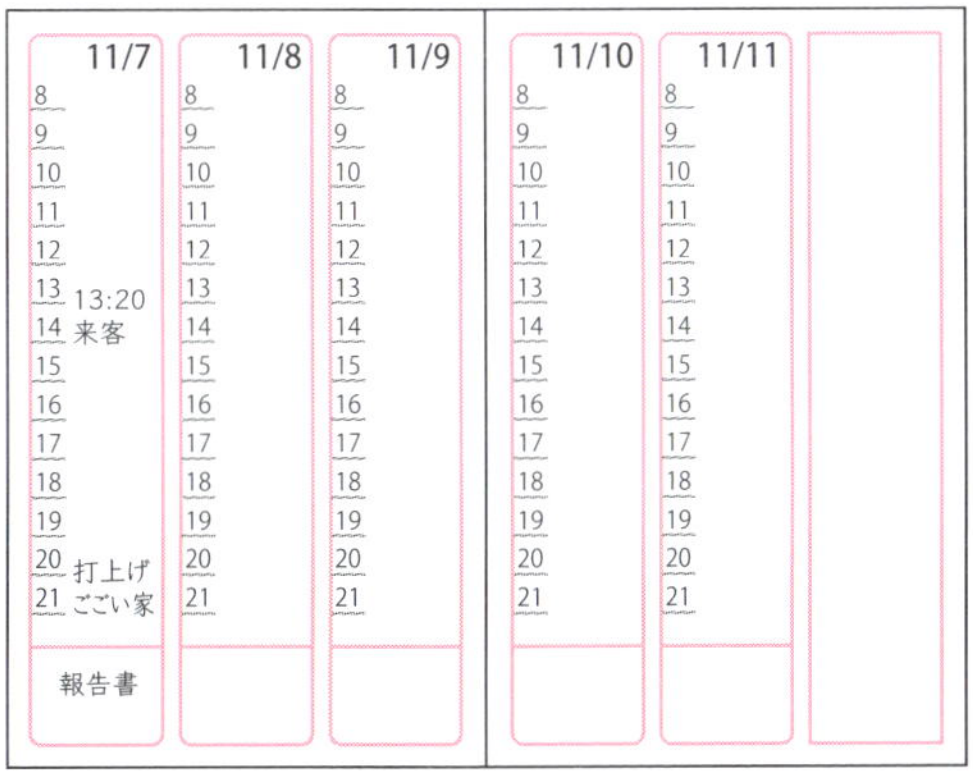

使い方

- 時間軸のフォーマットになっている

メリット

- 1日の時間進行が管理しやすい
- 行動を客観的に見返しやすい
- 済んだ仕事をあとから把握できる

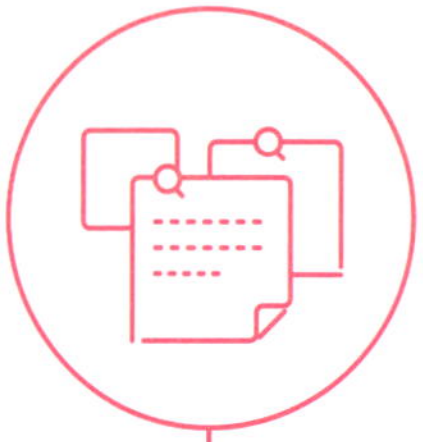

約束の時間が守れない

対策

- スケジュールは可視化して見えるところに掲示する
- 出かける前に探しものをする時間を組み込む

事例　わかっているのに時間が守れない？　自分で自分がわからない

今日は2時から、人に会う約束がある。移動時間を考えるとそろそろ出発しないといけない時間だ。準備をしようとしたところで、ふと思い出した。

そういえば会議の資料、来週まででだっけ。テーマが書かれたレジュメ、どこに置いたかな。引き出しを開いて、探し始める。積み重なった書類を何枚かめくってみたが、見つからない。そんなに奥のほうには置いていないはずだけど。

ああ、そろそろ家を出なければ間に合わない時間だ。だけどレジュメが見つからない。もう遅刻だ、間に合わなくなってしまう。だけどレジュメを探す手は止まらない。もう本当にまずいんだけど、会議は来週なんだからあとで探せばいいんだけど、レジュメを見つけないと気が収まらない。

結局約束の時間に遅れてしまい、上司にも叱られてしまった。

気になることがあると、どうしても気持ちを切り替えられなくなってしまう。約束を忘れたわけじゃないのに、自分で自分がわからない。

原因 ADHDの衝動性と過集中

衝動性は、ADHDの基本的な特徴の1つだ。

その場の思いつきを、状況や計画なども考えずにパッと行動に移してしまう。ときには衝動買いで生活費を使い切ってしまったり、見知らぬ他人に心ない言葉をぶつけてしまったりと、自分の社会生活にも影響を与えてしまうような行動にいたる。

それはよく誤解されるような、〝欲望に弱い〟というものとは異なる。確かに欲望に直結したものは、頭に浮かびやすい。結果として、欲望に負けたような行動になってしまうこともある。

しかし、出かける直前に探しものをしてしまったり、気がついたら危険とわかっていることをやってしまっていた、などというのはもちろん本人の欲望からきているものではない。主観的には、体が勝手に動いてしまっている状況に近い。

一方でADHDには、**過集中**という特徴もある。一度始めたことは、とことん続けようとする。それは当人が、本来の予定や時間を忘れていなくてもだ。

大事な予定の時間が迫っていることはわかっているし、焦ってもいる。今やっていることが別に急いでやる必要もないことも、冷静になってみれば判断できる。だから自分でも自分のことが理解できないし、対処の方法もわかりにくい。

ADHDを持つ脳にとっては、基本的に**最新のタスク＝最優先事項**になっている。時間がたって新しい情報が上に重なってくると、予定していた内容の優先度は脳の中でどんどん低くなってしまう。好きなことに手を伸ばしがちなのは、好きなことほど頻繁に脳に浮かんでくるためだ。

自分の「脳」という道具の癖を知り、うまく使いこなすことが課題を克服するカギになる。

解決法 自分の行動パターンを把握して、自分で自分に指示を出す

ADHDを抱える人が衝動性に動かされているときは、他人が注意しても耳を貸さないことも多い。むしろ制止してくる人に、怒りすらわいてしまうこともある。

しかし、そんな状況にあっても多少は意見を受け入れやすい人物が存在する。それは、自分自身だ。

自分が陥りやすい行動を把握し、前もって未来の自分の目につくように指示を送るのが基本的な対策になる。

グーグルカレンダーで スケジュールを一括管理

紙の手帳ではなく、パソコンやスマートフォンでスケジュールを管理したいなら、定番は**グーグルカレンダー**だ。予定を入れておけばタイムスケジュール形式で見やすい表にしてくれるので、「○時になったら□□をする」という指示を自分にしやすい。

グーグルカレンダーは無料で使うことができ、家や会社のパソコン、スマホ、どちらで入力してもネットワークで共有されてスケジュールを一元管理できる。そして仮にスマホを忘れたりなくしたりしてしまっても、ネットワークにつながった端末さえあれば自分のスケジュールにアクセスできる。スマホをなくしてスケジュールがまったくわからなくなってしまった、ということがない点が非常に安心できる。

スマホ・パソコンのどちらで入力してもスケジュールは共有されるので、外出時にパソコンがないときにはスマホ、仕事中でスマホを取り出せる状況でないときにはパソコンと使い分けできる。もちろん、会社のパソコンで入力して家のパソコンで確認することも可能だ。手帳を買ってもなくしやすかったり、あちこちにメモしてしまったりする癖がある人には特におすすめできる。

しかし、せっかくグーグルカレンダーを使い始めて予定を入力しても、肝心の予定を確認し忘れて見逃してしまっていたら意味がない。

スマホであればウィジェット化することで、スタートページに情報を出すことができる。ウィジェットとはホーム画面に常駐させたアプリのことで、ホーム画面を長押しして「ウィジェット」を選ぶことで設定できる。スマホを立ち上げれば自動的にホーム画面に出力されるので、スマホを見る癖さえついていれば予定を見落としにくい。

これがパソコンになると意識的にブラウザーを立ち上げ、ログインしてスケジュールを確認する作業が必要になる。こうした作業は忘れがちだし、忘れていなくても面倒なことから後回しになりやすい。せっかく入力したスケジュールも、確認し忘れては何にもならない。

そこで、**パソコンを立ち上げると自動的にグーグルカレンダーも開く**ように設定しておこう。パソコンの起動とともにグーグルカレンダーが開けば、見落としをする可能性も低くなる。

ウィンドウズには、スタートアップという機能がある。スタートアップとは、登録しておいたファイルがウィンドウズが立ち上がる

自動的にグーグルカレンダーが開く手順

1 ブラウザーのGoogle Chromeを使って、Googleカレンダーを開く。

2 Googleカレンダーを開いた状態で、Chromeの設定（三本線、あるいは三点のアイコン）❶→その他のツール❷→デスクトップに追加❸をクリックする。

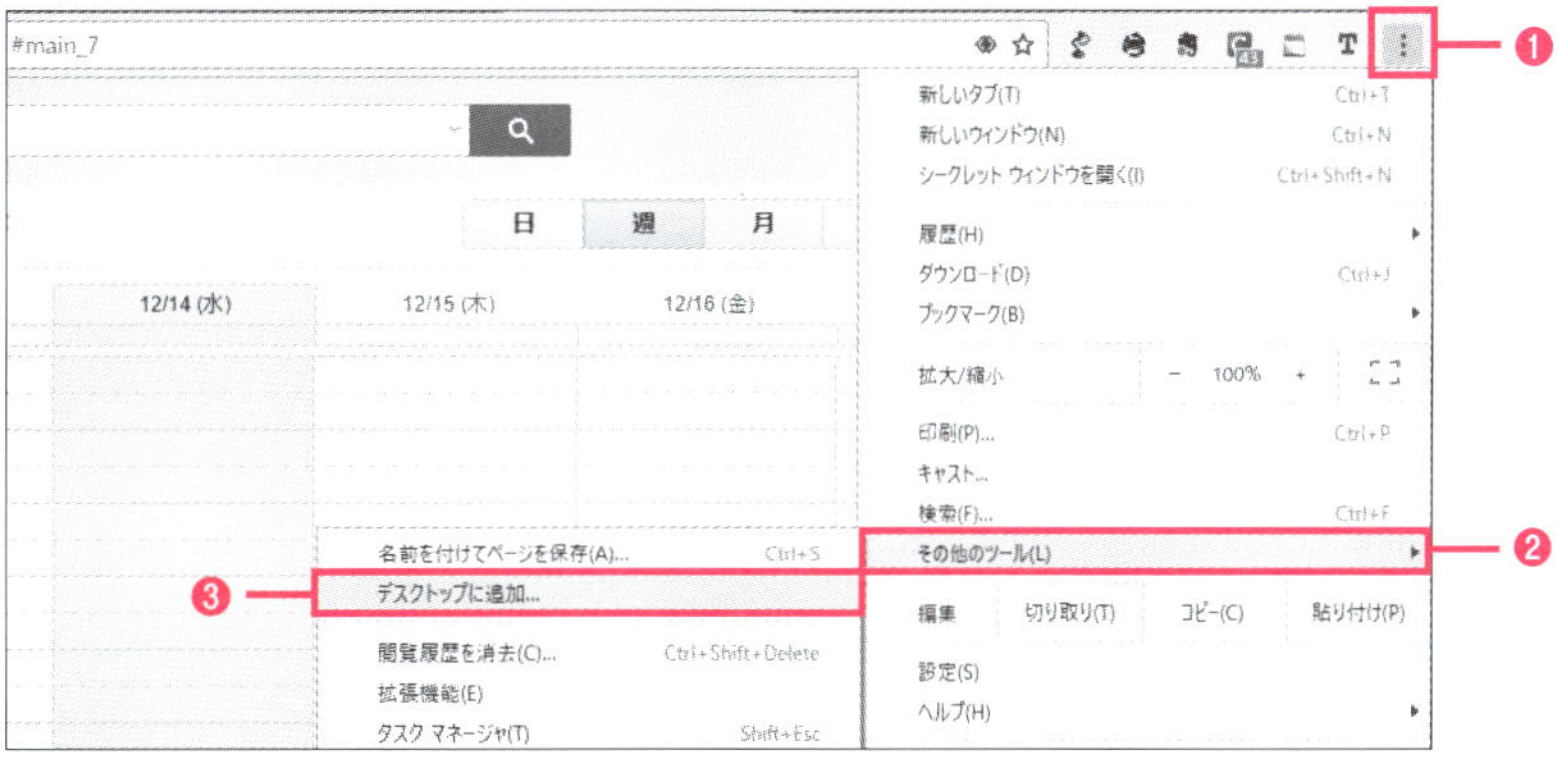

3 「デスクトップに追加」のウィンドウが出るので、枠内を「Googleカレンダー」に修正❶して「追加」をクリックする❷。

4 デスクトップに、「Googleカレンダー」のアイコンが追加される。

5 デスクトップにできた「Googleカレンダー」のアイコンの上で、右クリック→「コピー」をクリックする。

6 Windowsキー（Windowsマークのついたキー）＋Rを押して、「ファイル名を指定して実行」のウィンドウを開く。

7 「ファイル名を指定して実行」の「名前(O):」の横の窓に、以下の通り入力する。
shell:startup

8 「OK」をクリック。

9 「Startup」フォルダーのウィンドウが開くので、開いたフォルダーの中で右クリック→「ショートカットの貼り付け」をクリックする。

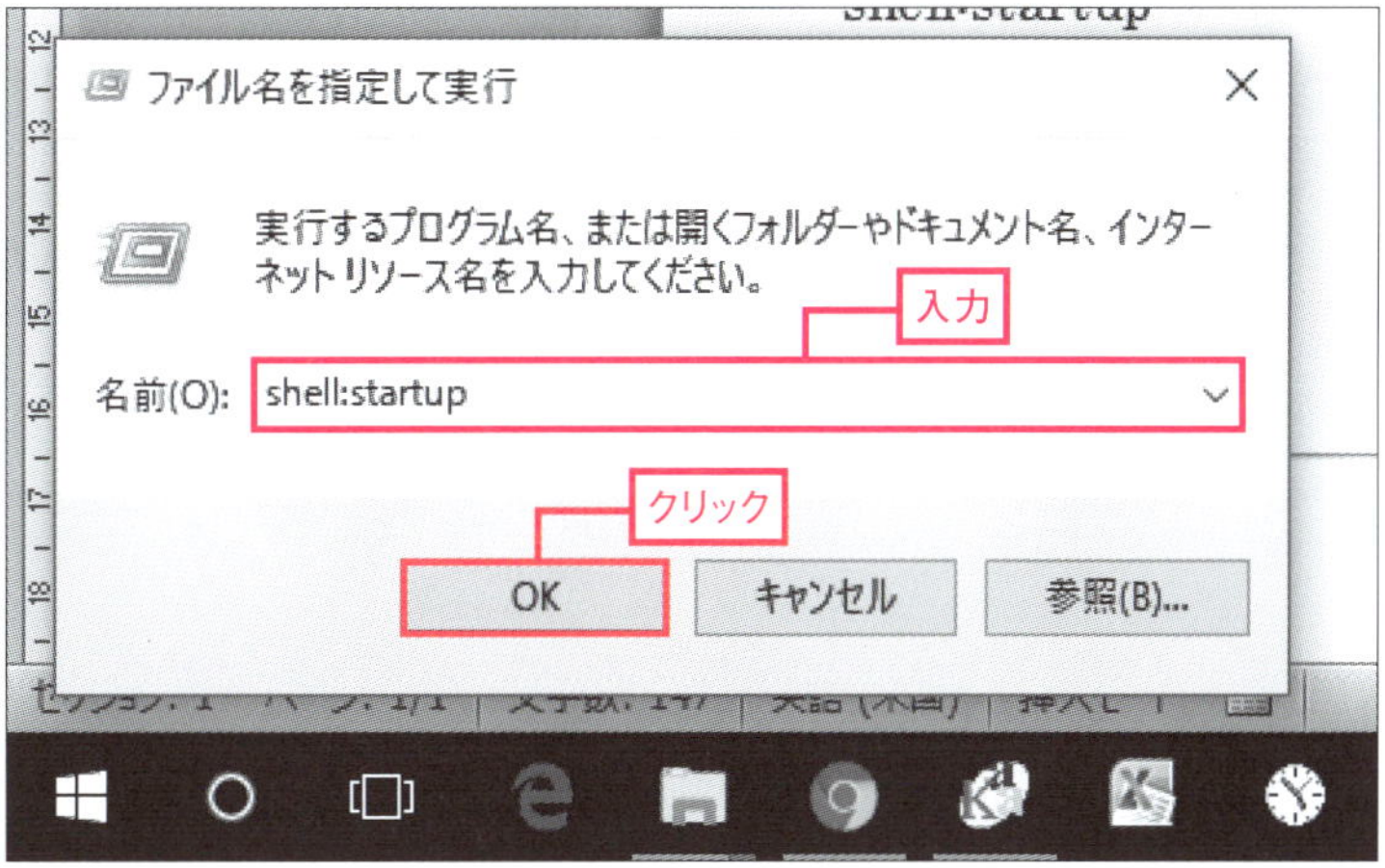

ともに自動実行される機能のことだ。パソコンを立ち上げるとともにセキュリティーソフトが自動で起動するのも、インストール時にセキュリティーソフトがこのスタートアップに登録されているからだ。

スタートアップはインストール時だけでなく、実はユーザーが自分で自由にアプリケーションを登録することが可能だ。そこでグーグルカレンダーを、このスタートアップに登録してしまおう。

スタートアップ登録のやり方は、前ページの通りだ。

これで、ウィンドウズを立ち上げるたびに自動的にブラウザーでグーグルカレンダーが開くようになる。設定などでパスワードを記録させないようにしてあると起動のたびにパスワードの入力を要求されるので、その点は注意が必要だ。

パソコンを起動すれば強制的にスケジュールが目に入ることになるので、入力したスケジュールを忘れてしまうことも少なくなる。また、常時グーグルカレンダーが立ち上がっていることで、新しい予定が入った際にも、すぐにカレンダーに入力する癖もつけやすくなるだろう。

ミニホワイトボードに予定や注意を記入し、常に目につくようにしておく

100円ショップなどで購入できる、**ミニホワイトボード**を使うのも有効な方法だ。ミニホワイトボードは写真立てやブックスタンドを使って常に机に立てておき、目に入りやすいところに置いておこう。

毎朝出社したら、スケジュール帳から今日の予定をミニホワイトボードに写し書きする。このとき、やらなければならない重要なことであれば、それが毎日やる仕事であっても略さずに記入しておくこと。また、自分が起こしやすい間違いや注意事項があれば、それも書き加えていく。**記入するときにはとにかく目立つように、アンダーラインや赤字、記号などを入れよう。**

予定を書き入れたミニホワイトボードは業務中も目につくところに置いておき、頻繁に見直すようにする。もちろんあとから書き加えていっても良いし、フセンを貼っても良い。

予定をわざわざ書き写したり、頻繁に見直したりするのは、そこに書かれている予定の優先度を常に高くしておくためだ。ADHDの脳は、古い記憶の優先度を勝手に低くしていく。毎日やっていて忘れるはずもない業務も書いておくのは、そのためだ。常に新しい刺激に従うADHDの性質を乗りこなすためには、大切な情報を

何度も自分に上書きしていくことが必要になる。

やり終えた予定は、終業時に消して帰ろう。次の日への積み残しがあるなら、そのまま書き残しておけば翌日の自分への引き継ぎになる。

予定に＋30分の自分用予備時間を入れておく

スケジュールを書くときにはその予定の時刻だけではなく、**その予定のために動き始める時刻も書き込む**。

たとえば人に会う約束なら、待ち合わせの時刻だけではなく、会社を出発する時刻も書いておく。出発時刻はもちろん、ネットで移動時間などを調べて逆算するのだが、さらに何かものが見つからなかったり、予定外の行動を取ってしまったりすることを計算に入れてスケジュールを立てるのだ。

たとえば、10時に人に会う約束があるとする。ネットで調べたところ、自宅から待ち合わせ場所までは電車40分＋徒歩20分の合計1時間。到着時刻は約束時刻の10分前として、9時50分。移動時間が1時間なら、出発時刻は単純計算で8時50分。電車の待ち合わせを考慮して、さらに＋15分で8時35分。

ここにさらに、プラス30分の余裕時間、〝自分用予備時間〟を入れるのだ。つまりここから30分早めて、最終的な出発予定時刻は8時5分になる。

この場合、スケジュール帳には、このように書いておく。

N氏と待ち合わせ　8時5分
自宅出発　9時50分着　○○駅改札前

30分の〝自分用予備時間〟は、自分が脱線するときのための時間だ。何もなければ、そのまま予定通り8時5分に出発すれば良い。

Column

仕事に関する相談先

就労支援センター（就労援助センター）や障害者就業・生活支援センター（通称：中ポツセンター）は、就職を考えている障害者、すでに就職をしているが悩みを抱えている障害者の相談を受け付けてくれる機関だ。直接職業訓練や仕事の斡旋をしてくれるわけではないが、仕事に関わるさまざまな相談を受け、アドバイスだけでなく、適した制度や情報も紹介してくれる。国や自治体では障害者向けのさまざまな就職支援のサービスを行っているが、一般の人はそもそもその存在を知らないことが多い。こうしたサービスの情報をいち早く受け取ることができるのも、支援センターを利用することの強みになる。

もし失職中で「職業訓練を受けたい」「制度を使った就職をしたい」と考えている場合も、ここで相談すれば情報をもらうことができる。

早過ぎる到着になってしまうかもしれないが、近くの喫茶店や喫煙所で一服つける時間と考えれば悪くない。

30分というのは目安で、自分の脱線行動が1時間続いてしまう傾向があるなら1時間の余裕を入れる。10時の約束なら、自宅を出る予定時刻は7時35分だ。

予定外の行動がどの程度続くのかは、傾向を知る必要がある。まずは30分くらい、1時間くらいと設定しておいて、実際に試してみながら調整していこう。

時間のコントロールが改善できて遅刻をなくせたら、今度はこの余裕時間を少しずつ短縮することに挑戦してみよう。

カウントダウンタイマーで時間を管理する

時間管理の苦手なADHD対策には、**タイマー**を使うのが一般的な方法だ。

タイマーの種類は、キッチンタイマーのような**カウントダウン式**のものが良い。3時から予定があるとして、現在の時刻が1時半なら逆算して1時間30分でタイマーをセットする。

タイマーをセットしたら、目につきやすい場所に置いておこう。

カウントダウン式のタイマーを使うのは、今やっている仕事の過集中を防ぐとともに、次の仕事への移行をスムーズにするためだ。残り時間を意識させるカウントダウン式のタイマーは、自然に今の仕事を終わらせる心の準備を手伝ってくれる。

タイマーは100円ショップのキッチンタイマーでも良いが、おすすめしたいのはtimetimer社の**「タイムタイマー」**だ。アナログ方式のカウントダウンタイマーで、残り時間を直感的に知ることができる。タイムタイマーは、有料だがスマホ用のアプリ版も販売されている。無料アプリでも同系統のものがいろいろあるので、探してみても良いだろう。

参考

パソコン業務がメインなら、フリーウェアを活用しよう

パソコンを使っているなら、スケジュール管理をしてくれるさまざまなツールがある。「ミニタイマー」はタイマー・アラーム・カウントダウンと状況に合わせてさまざまに使える機能性を持ちながら、シンプルで使いやすいおすすめのツールだ。

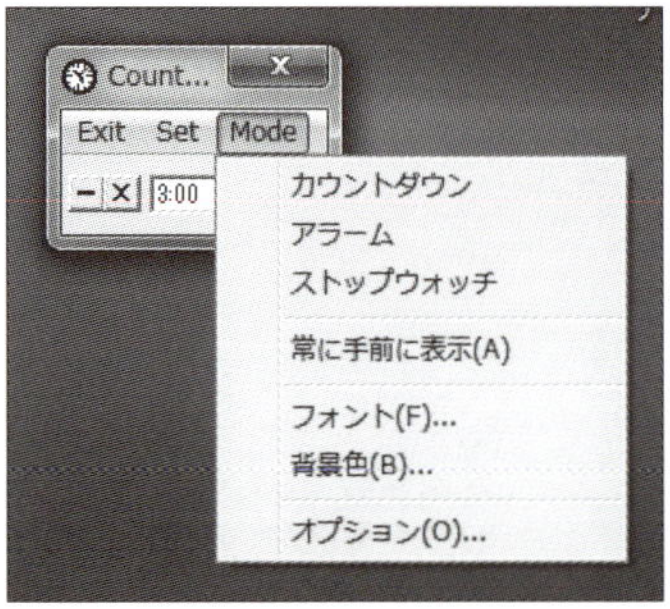

ミニホワイトボードの活用

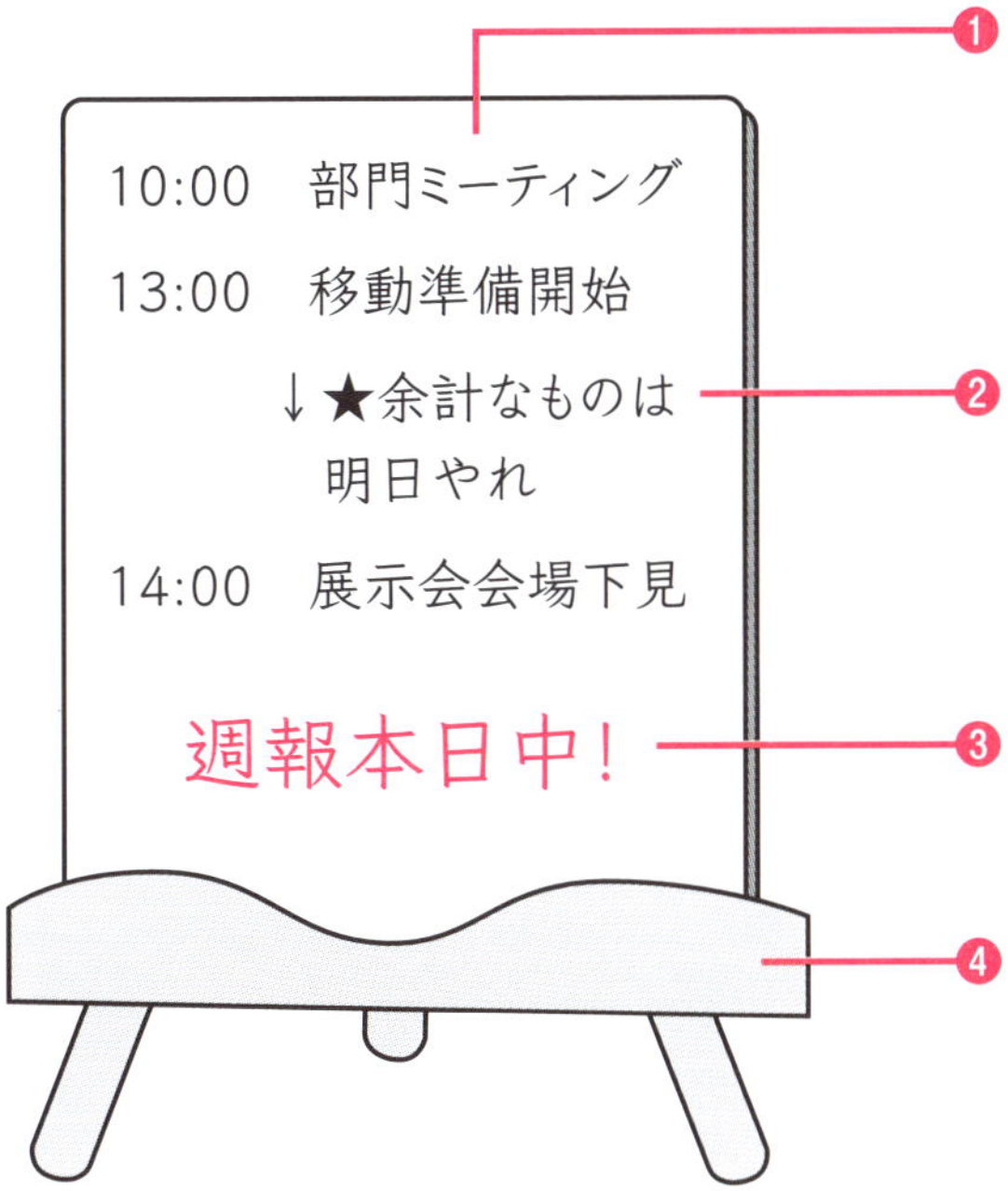

Point

❶毎朝出社したら、スケジュール帳から予定を写し書きする

❷起こしやすい間違いや注意事項も記入する

❸目立つように赤字や記号、アンダーラインを入れる

❹写真立てやブックスタンドを使って目に入りやすい場所に置いておく

スケジュールには動き始める時刻も考慮する

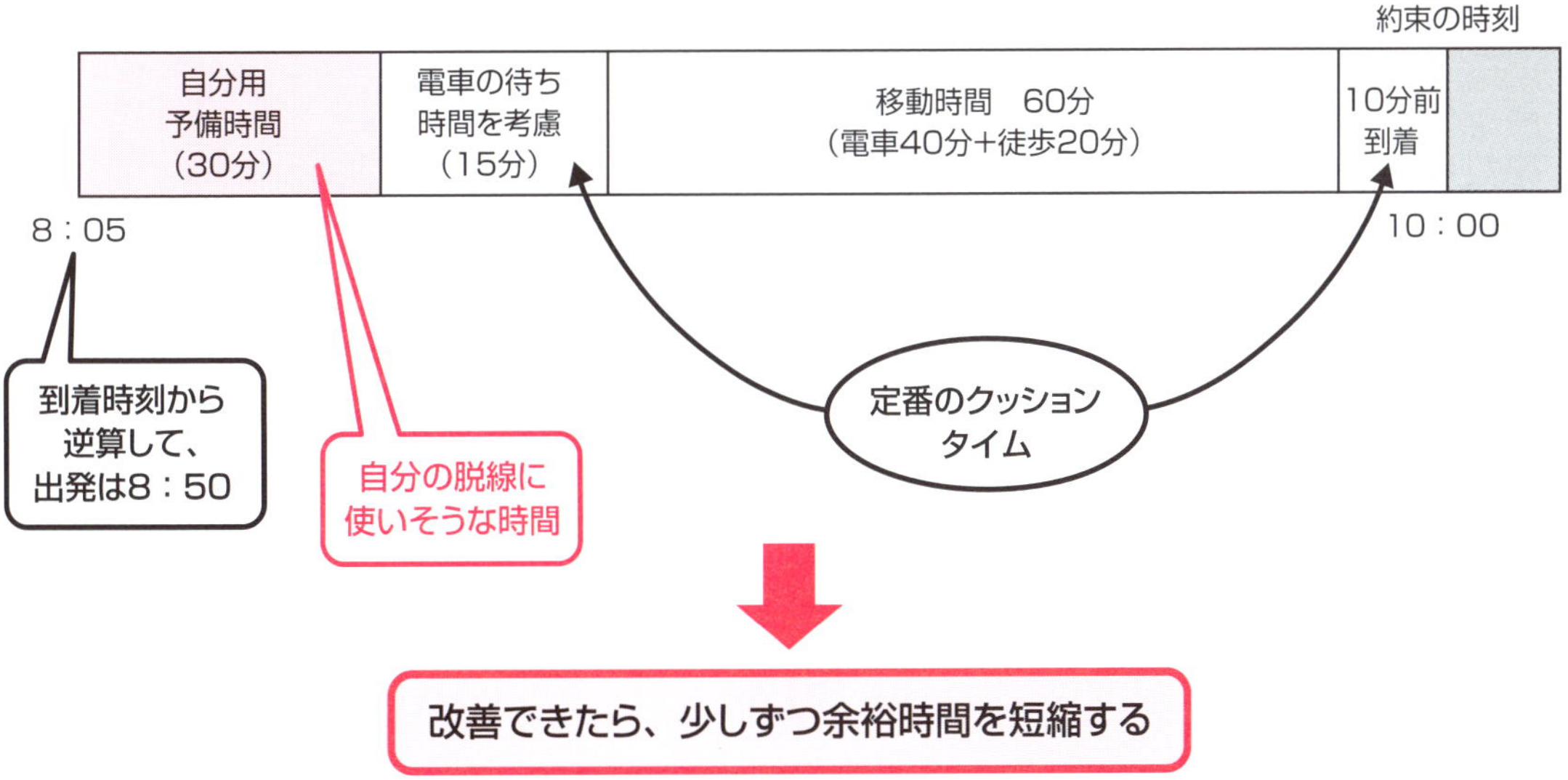

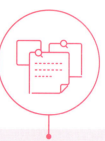

朝起きられない

対策

- 睡眠障害の場合は、一人で治そうとせず医師に相談する
- 誘惑に負けてしまうタイプなら、ゆっくり起きる工夫が有効
- 朝にやることはなるべく少なく。前日のうちにできることはやってしまおう

事例

就職で一人暮らしを始めた途端、起こしてくれる人がいなくて遅刻続き

学生時代は実家暮らしだったので、毎朝母親に起こされて遅刻することなく学校に行けていた。

ところが、就職を機に一人暮らしを始めた途端、連日遅刻続き。理由は朝寝坊。もちろん目覚ましはかけているけれど、いつの間にか止めてしまっている。上司にも叱られ、「試用期間でこれでは、本採用も考え直さなきゃいけない」とまで言われてしまった。

さすがに自分でも危機感を覚えて、目覚ましを2個にしたりベッドから離れた場所に置いてみたりといろいろ工夫をしているのだけれど効き目なし。このままでは、クビになってしまう！

原因

発達障害に多い、睡眠障害。朝の眠さから意識を変えにくいのは、特性のせいも

ADHDやASDなどの発達障害を持つ人には、睡眠障害を併発していることが多い。夜寝ようとしても寝つけず、そのため朝起きることができない。睡眠不足で、だるさや頭痛などの症状まで出てしまっている。こうした場合には、無理に早寝早起きで治そうとしてもかえって体調を崩してしまう。自己判断で対処せず、**医師のアドバイスと協力が不可欠**だ。

基本的に快眠だが、どうしても朝は睡眠の誘惑に負けてしまう。きちんと目は覚めているのに、「起きなきゃ」という気持ちすら起きず目覚ましを止めて再び寝てしまう。ADHDもASDも行動の転換が苦手で、それは朝起きるようなシチュエーションにも起こり得る。そうした状況であれば、工夫により改善の余地がある。

解決法　朝にゆっくり目覚められる余裕と工夫を入れよう

朝は目覚めのパターンを作る

目覚ましをかけても、いつの間にか止めてしまっている人。目覚ましで目は覚めますが、睡魔の誘惑に負けてまた布団にもぐってしまう人。目は覚めているが、暖かい布団から出られない人。こうした場合には、誘惑に負けないための工夫が必要だ。

発達障害を持つ人は集中しやすく、夜更かしの癖がついてしまっ

4つの工夫で朝寝坊を防ぐ

「もっと寝たい」という誘惑に負けないための工夫が必要

ていることも多い。夜更かしを繰り返して生活リズムを崩してしまうと、睡眠障害を発症してしまう恐れもある。

朝起きるのはやはり意志の力が必要だが、比較的その意志を貫きやすくする方法を紹介する。

①時報タイプの目覚まし時計を使う

スヌーズ機能のついた目覚ましを使ったり、目覚まし自体をベッドから離れた場所に置いたりと、朝に弱い人は目覚ましにいろいろと工夫をしていることが多い。

目覚まし時計選びでおすすめしたいのは、ベルやアラームの代わりに音声で時刻を伝えてくれる**時報機能**がついたものだ。シチズンの「パルデジットボイス2」などは、設定した時刻になるとアラームとともに音声で時刻を知らせてくれる。電波機能もあり、時刻合わせを怠りがちなタイプにもぴったりだ。

時報機能を推奨するのは、時刻の情報と「起きなければならない」という行動がリンクしている人が多いためだ。目覚ましを止めたばかりのときはまだ夢うつつで、時間を確認した途端、驚いて目が覚めたという経験のある人も多いだろう。

スマートフォンを目覚ましに使っている人向けに、時報アラームのアプリもある。興味があれば、試してみよう。

②カーテンを開けて寝る

部屋のカーテンは閉めて寝る人が多いと思うが、人の体は光を感じて覚醒を始める。目は閉じていても体のほうは目覚める準備を始めるので、目が覚めたときに活動しやすくなる。

③冬場は、朝方にタイマーで暖房をつけておく

冬場の寒さは、暖かい布団への誘惑を強めてしまう。タイマーで起きる時間に合わせて暖房をかけておき、部屋を暖めて活動しやすい環境を作っておこう。

④毎朝観るテレビ番組を決めておく

特にASDの場合は、目的を持った習慣づけが有効だ。朝に観るお気に入りのニュース番組などを決めておけば、起きたあとすぐの行動として「テレビをつける」という習慣が入り、そのまま支度を始める流れに向かいやすい。

以上、いくつかの方法を上げたが、睡眠リズムが狂ってしまっては何をやっても効き目は薄い。夜更かしせず、寝る寸前までゲームなどしないようにして、毎日決まった時間に布団に入ることが一番の寝坊対策だ。

前日のうちに済ませておくべきこと

朝食はすぐに
食べられるものを
用意しておく

着ていくものを
そろえておく

持っていくものは、
先にかばんに入れておく

靴下は同じもので
そろえる

名刺入れは
スーツの他に、
かばんの中にも常備

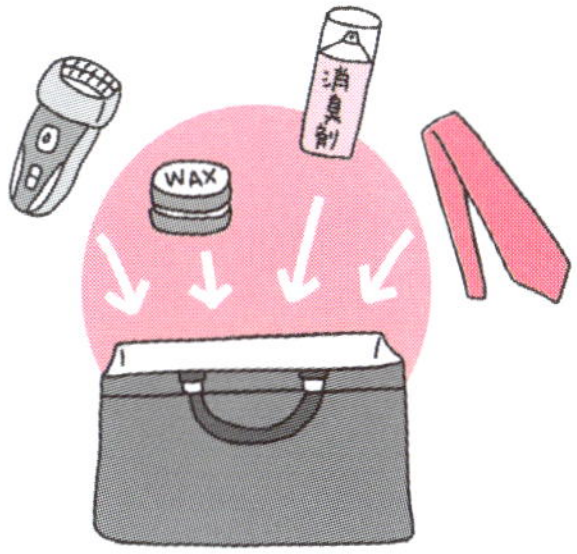

かばんの中に常に
ネクタイ、整髪料、
ひげそり、消臭剤などを
入れておく

パソコンの並行作業で混乱してしまう

対策

○ウィンドウズ10では、標準で搭載されている仮想デスクトップ機能を使おう

○ウィンドウズ7〜8・1なら、簡単に使えるフリーウェア「Desktops」がおすすめ

事例 事務ではどうしても避けられない並行作業。どんどん散らかっていくデスクトップに大混乱！

事務という仕事はただでさえマルチタスクがつきものだが、小さな会社の事務では分業なんて言葉は無縁になる。

自分の作業を進めながらも、お客様からの問合せのメールには一刻も早く返信しなくてはならない。

いろいろな業務に対応しているうちに、いつの間にかデスクトップはウィンドウでいっぱいになってしまう。こうなるとだんだん「はじめの仕事に使っていたウィンドウはどれとどれだっけ!?」と混乱してきて、今何の仕事をやっているのかもわからなくなってくる。

でも、ウィンドウを閉じてしまうとそのまま仕事も忘れてしまいそうで怖い……。

仕事柄、どうしても「1ウィンドウ1タスク」とはいかないし、一体どうすればいいんだろう？

原因 ASDは、頭の中に棚を作るのが苦手。ADHDは、誘惑の多さがNG

人の脳は自動的に、さまざまな情報を整理してくれている。目や耳からの情報も、無意識に必要・不必要を分けて認識している。

ASDを抱えていると、この**自動の整理機能の働きが鈍くなる**。どんな情報も、平等に意識に入ってきてしまうのだ。散らかったウィンドウの中から特定の仕事に必

要なアプリケーションを選び出すことはできても、他のウィンドウを"意識しない"ということができずに混乱の原因となる。

ADHDの場合は気が散りやすいため、今の仕事以外のウィンドウが開いていると、どうしてもそちらを気にしてしまう。

ADHDの気移りに対して、たくさん開いたアプリケーションは誘惑が多いのだ。

苦手な並行作業をこなさなければならないときは、**視覚的な整理が必要だ**。机の上で作業をするときなら、1つの机に1つ分の仕事道具だけが乗った状態にしておきたい。

パソコンでも同様で、本来なら今必要なウィンドウ以外はすべて閉じてしまったほうが良い。しかしそうもいかない場合なら、視覚的にウィンドウを区別させる工夫が必要になる。

解決法　仮想デスクトップで並行作業を視覚的に管理

仮想デスクトップとは、複数のデスクトップ画面を切り替えて使用できる機能だ。マックでは以前からあった機能だが、ウィンドウズでも10から標準的な機能として搭載された。

仮想デスクトップはあたかも複数のパソコンで作業しているように、1つ1つのデスクトップごとに別々のウィンドウを開いた状態にしておくことができる。

ウィンドウをいちいち閉じたり開いたりすることなく、作業中の状況をそのままにして別の仕事に切り替えることができるので、並行作業の管理がとてもやりやすくなる。

設定の手順は次ページの通り。

仮想デスクトップで4つの画面を使い分けられる「Desktops」

Windows Sysinternalsではウィンドウズ向けのさまざまなツールが無料で公開されている。**「Desktops」**もその1つで、ウィンドウズで最大4つの仮想デスクトップを使い並行作業が行えるツールだ。「Desktops」の使い方は63ページの通り。

このDesktopsを使えば、かなり手軽に仮想デスクトップが利用できる。画面1……入力作業、画面2……メールなどと決めて使っていけば、並行作業で多くのウィンドウが開いて混乱してしまうようなことも防げる。

ウィンドウズ8・1以前のOSを使用しているなら、使ってみてほしい。

Windows10の仮想デスクトップ設定の手順

1 タスクバーの検索窓の右隣にある「タスクビュー」のアイコンをクリックする。

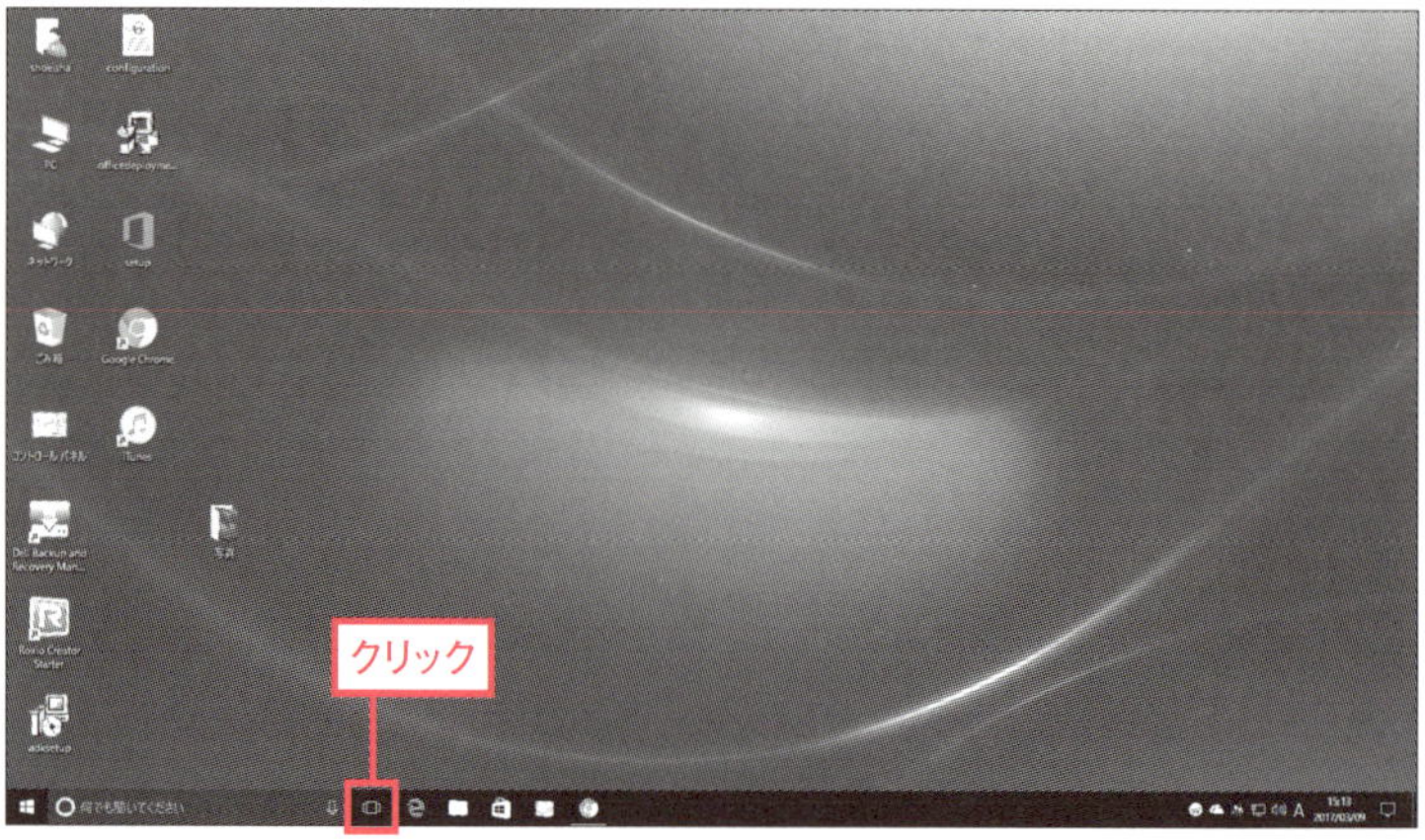

2 タスクビューボタンをクリックすると、右図のように立ち上げているウィンドウの一覧が並ぶ画面になる。ここで、右下にある「新しいデスクトップ」と＋記号の描かれた部分をクリックする。

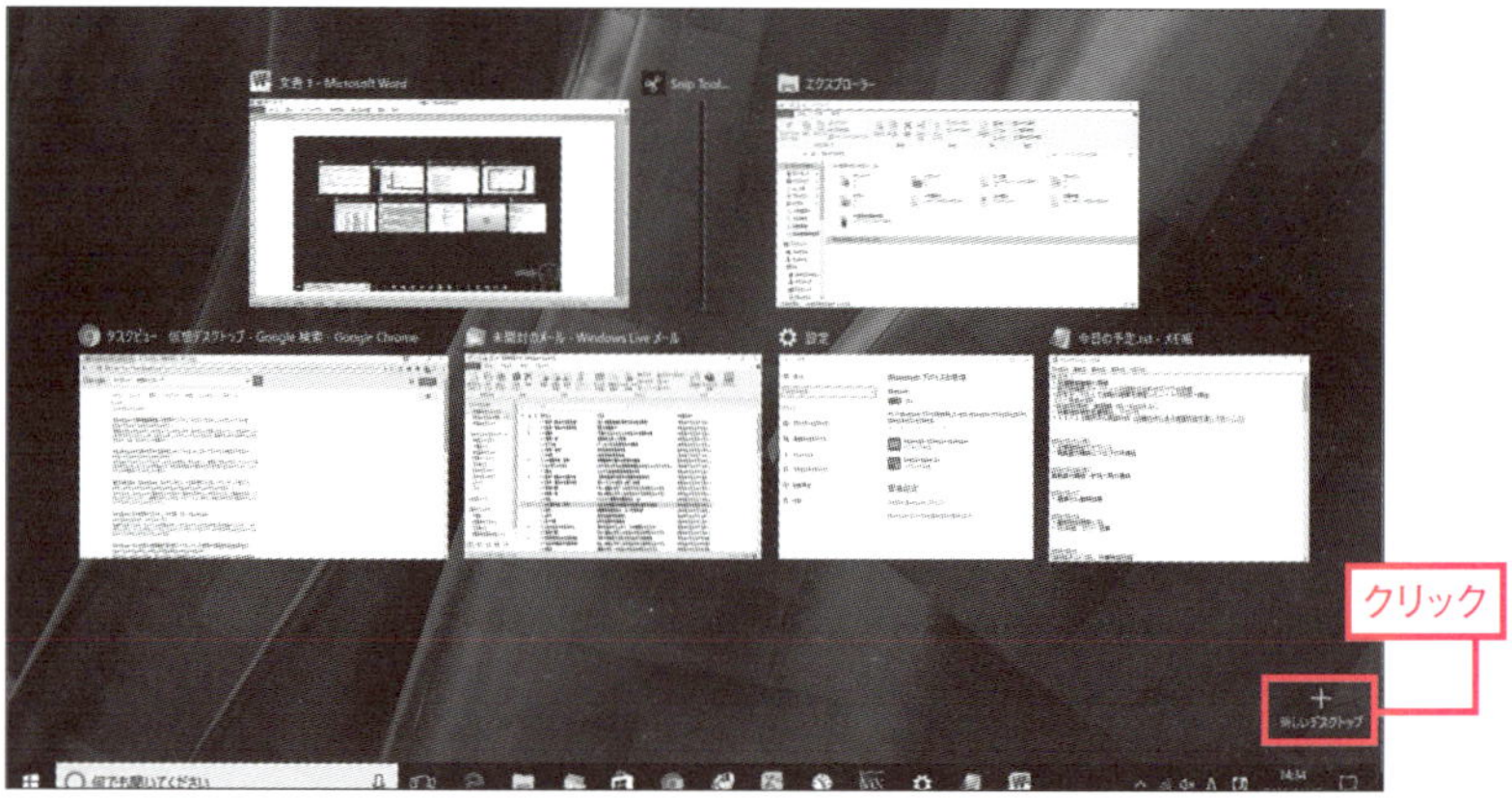

3 「デスクトップ2」のミニチュア画面をクリックする。

4 新しいデスクトップ画面に切り替わる。

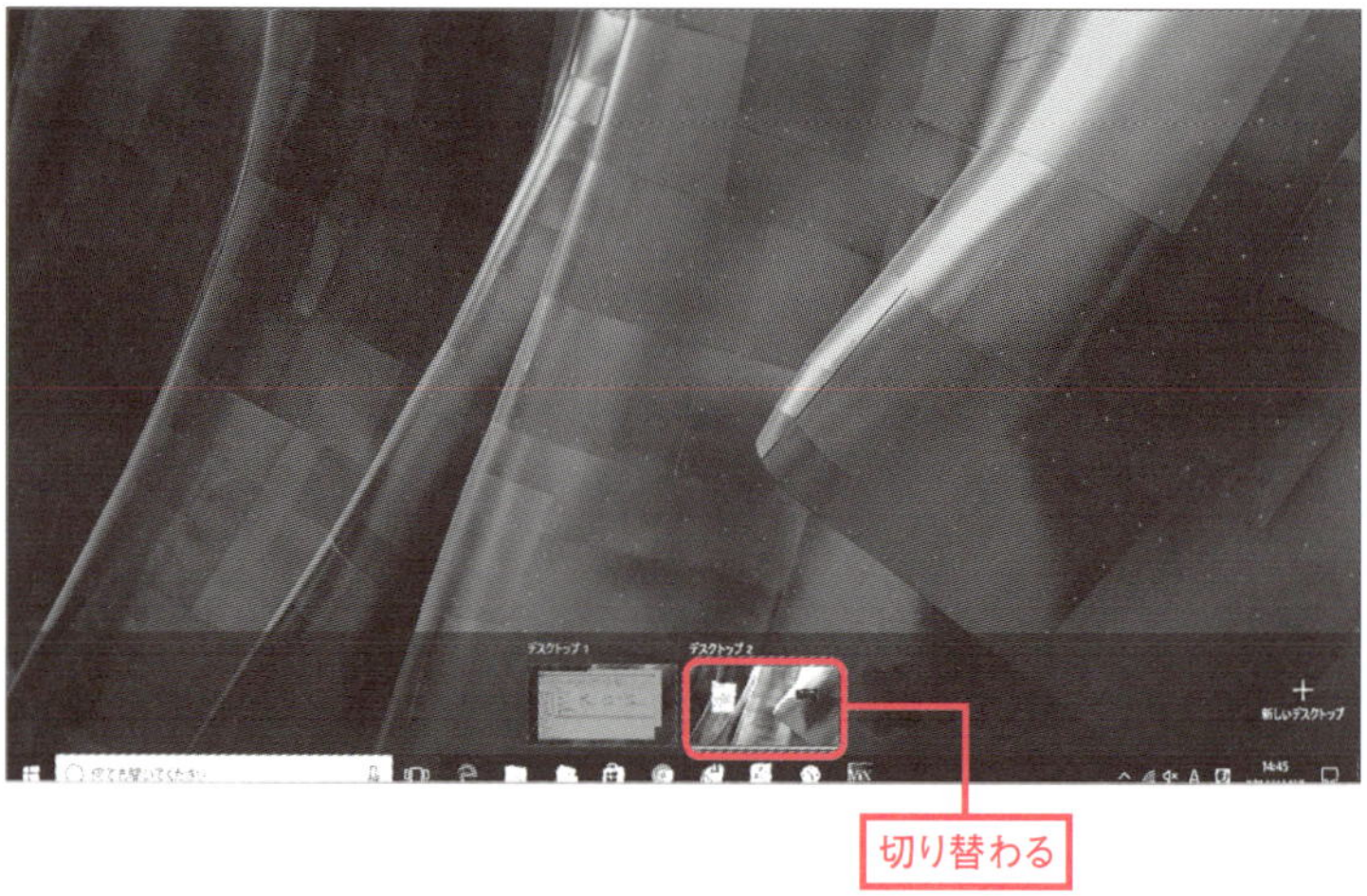

memo

それぞれのデスクトップでは、立ち上げているアプリケーションやウィンドウのサイズが独立した状態で保持される。〝1つのデスクトップで1つの仕事〟を原則としておけば、あとはデスクトップの切替えだけですぐに仕事を切り替えることができる。

「Desktops」の使い方

1 まず、下記のリンクから「Desktops」のファイルをダウンロードする。
https://technet.microsoft.com/ja-jp/sysinternals/cc817881(en-us).aspx

2 ダウンロードしたファイルをクリックし、解凍する。

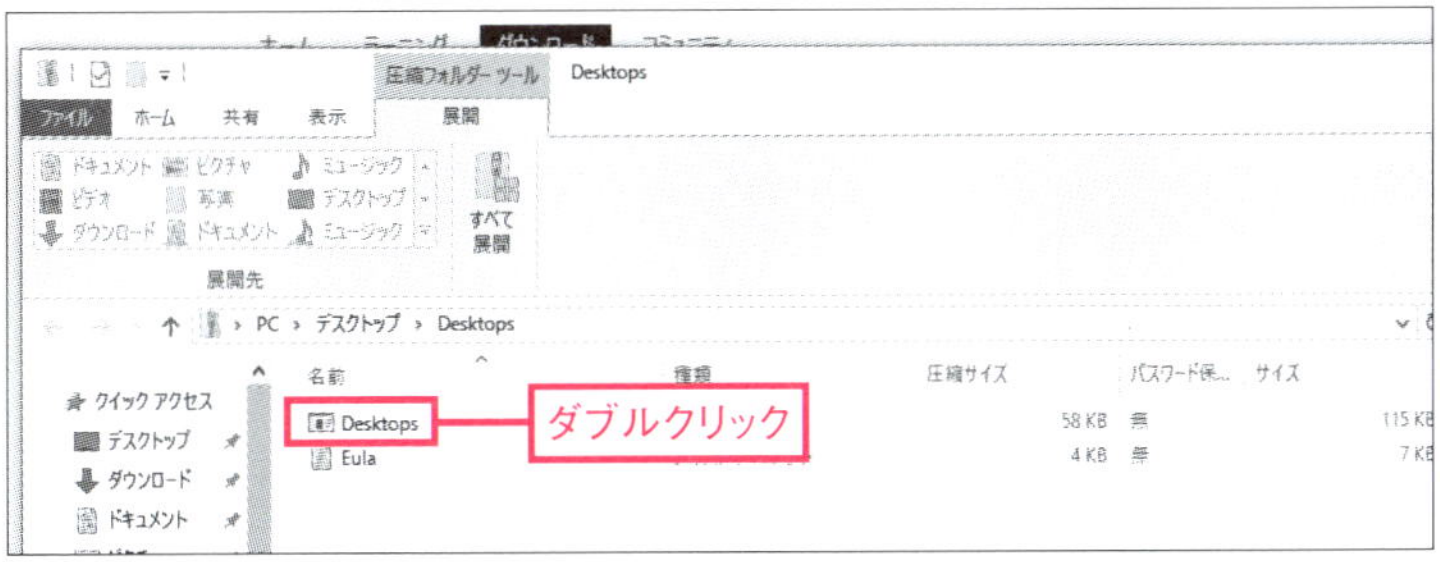

3 展開をクリックする

4 解凍が終わるとフォルダーが開くので、「Desktops（あるいはDesktops.exe）」というファイルをダブルクリックする。

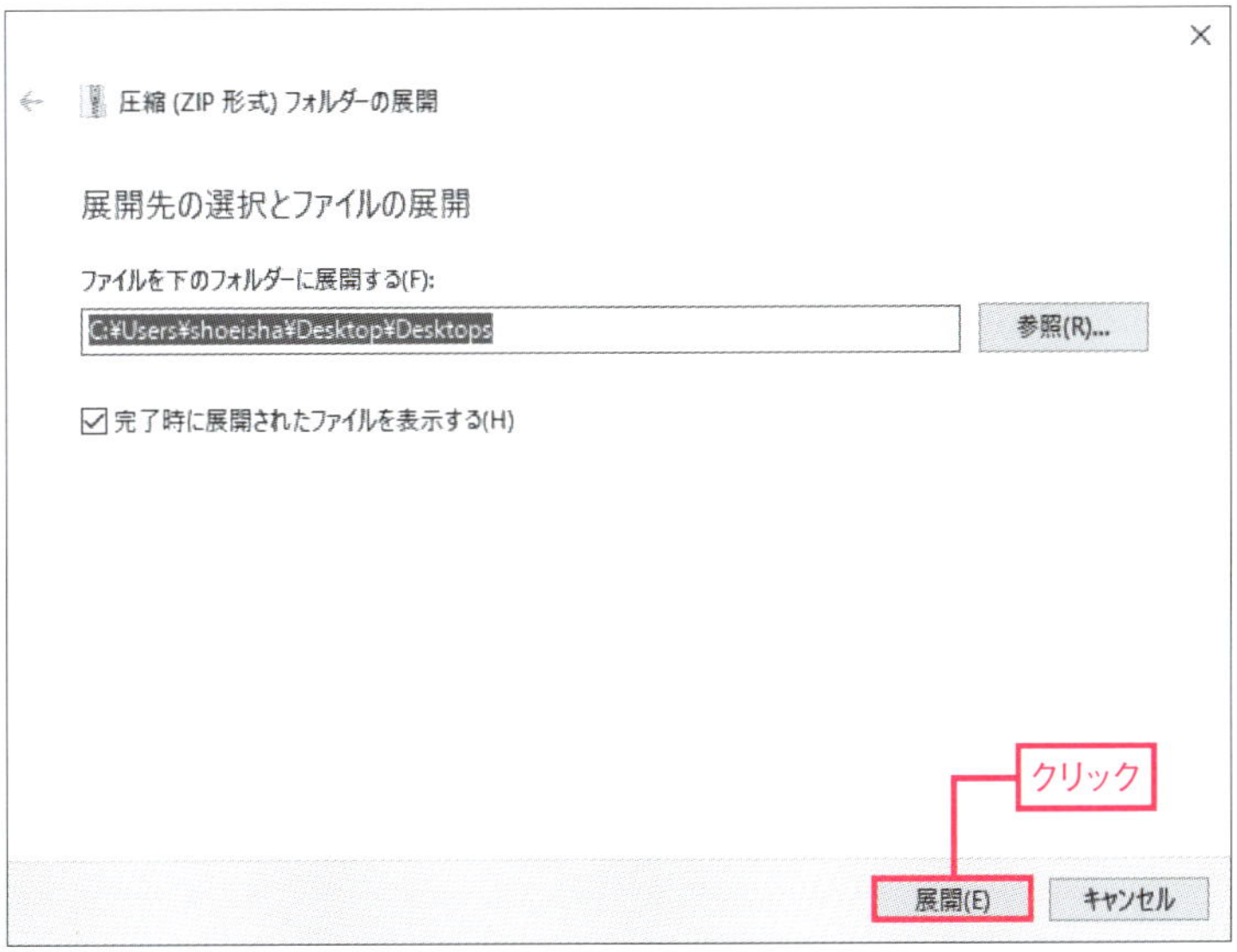

5 設定のウィンドウが出てくる。必要ならチェックをつけて、「OK」をクリックする。

memo
このとき「Run automatically at logon」のチェックを入れておくとスタートアップに登録され、以降パソコンを立ち上げると自動で「Desktops」も実行されるようになる。

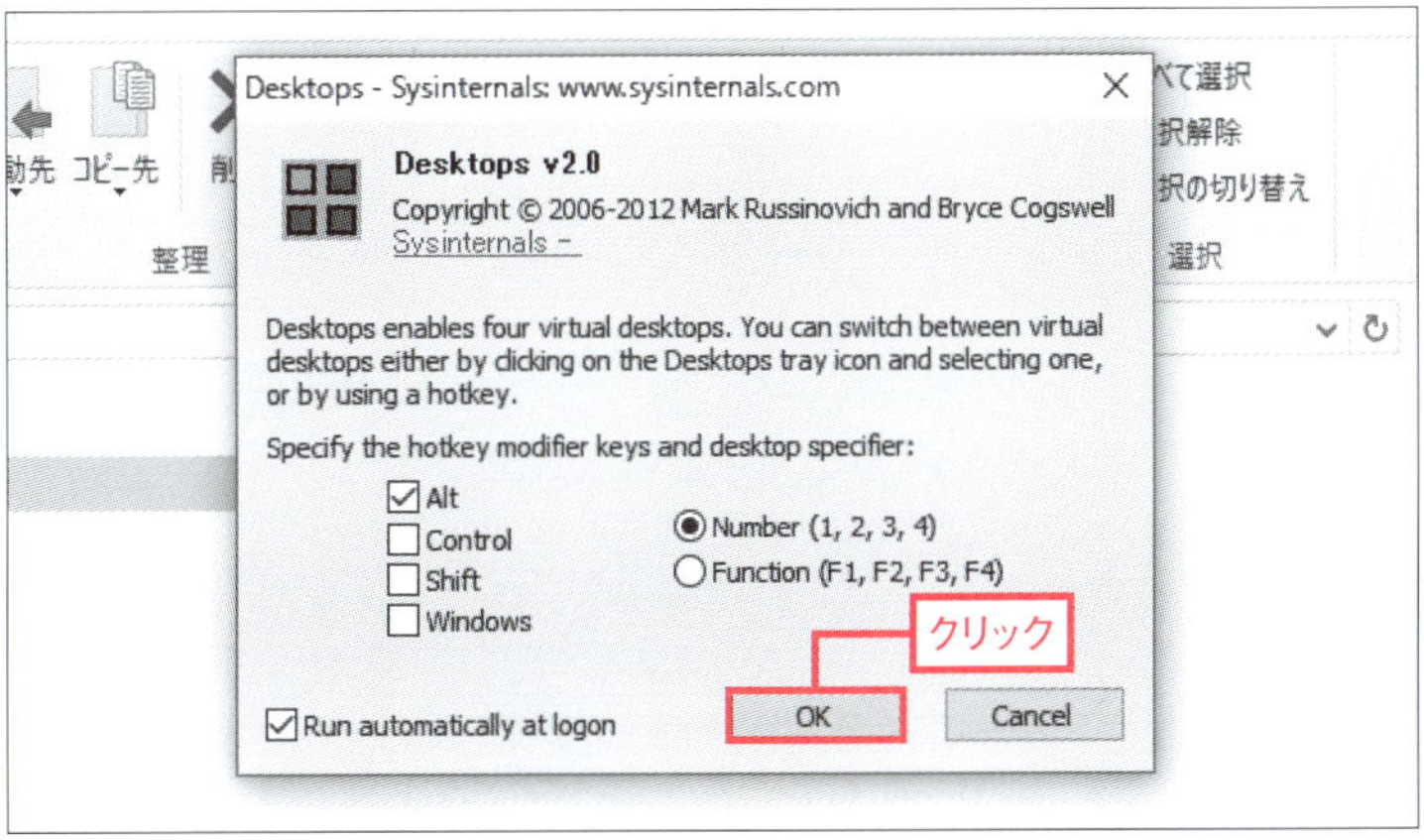

6 [Alt]＋1〜4キーで新しいデスクトップに切り替わる。4つの画面はそれぞれ独立した作業で使用可能。

事務業務の段取りができない

対策

- 必要な情報はまとめてすぐ見られるようにしておくと、仕事がはかどる
- 自分の仕事の範囲をつかめば、気持ちが楽になる

事例 イメージと違った事務の仕事

少しパソコンができるくらいで特別なスキルもないし、だからといって体力仕事は無理。

事務なら1日中オフィスでパソコンに向かっているだけだし、コミュニケーションも少なくて簡単そう……。

そんなイメージで就いた事務職。実際、新人のうちは頼まれた仕事をやっていくだけ。教えられた仕事も複雑なものではないし、「何だ、楽勝」と思っていた。

ところが、「仕事は一通り教えたから、もうできるね」とひとり立ちさせられてからが大変。何の指示も受けていないのに「会議資料を印刷していないのか」と怒られたり、次から次へと書類作成を依頼されて、しかも全員「特急で」と言ってきたり。

苦手な電話応対も、全部自分。席にいない同僚を「どこに行ったのか」なんて聞かれても、知らないよ！

原因 事務は〝マルチタスク〟と〝コミュニケーション〟のプロフェッショナル

一般的に、事務職には職場全体の動きを把握し、それを効率的に回す役割を期待される。会議があると言われれば、誰に言われなくとも資料を準備し会議室を整える必要がある。同僚の一人一人がどこでどんな仕事をしているかを知っておき、的確に電話を引き継いでいく。同僚が仕事をしやすいよ

うサポートするのが事務という仕事なので、必然的に職場のペース、同僚のペースを読んで仕事をしなければならない。

通常、同僚は複数いるものだから、そこから舞い込む仕事も複数にして同時並行だ。しかも相手はこちらのスケジュールなどお構いなく仕事を振ってくるから、事務は多数の仕事を自分で優先度をつけてスケジューリングしなくてはならない。さらに、あとから舞い込む仕事によっては、せっかく作ったスケジュールをその都度変更していく必要もある。

そんな業務だから、**同僚とのコミュニケーションも必須**だ。確かに営業などと比べれば外部の人とのコンタクトは多くはない（ないわけではない）が、同僚一人一人の抱えている仕事や顧客など、より綿密な情報をリアルタイムで知っておかなければならない。同僚に頼まれた仕事が重なってどうしても調整できなければ、締切りの交渉も必要になる。

1つ1つの仕事なら問題なくできても、事務には**それをいつやるか、どうやるかをリアルタイムで考え段取りをつけていくこと**が要求される。マルチタスク、コミュニケーション、段取りと、ASDにもADHDにも苦手とされる部分がそろって必要なのが事務という仕事なのだ。

解決法　同僚の名前・居場所・仕事・顧客。情報整理がカギとなる

苦手だからといって、すでに事務職に就いている人が、今の仕事を辞めて別の仕事を探すわけにはいかない。そこで、今の職場でいかに仕事力を上げていくかを考えてみよう。

それにはまず、事務の仕事とは何かをつかんでおこう。

書類作成、コピー取り、電話応対。こうした1つ1つの作業を「事務の仕事」として考えていると、「やり方は知っているのに、何をやったらいいかわからない！」と自分でもわけのわからない状況にはまって混乱に陥りやすい。事務の仕事は、「職場を円滑に動かすこと」と、ひとまず大雑把でいいのでそう認識しておく。

ここでこだわり癖があると、「事務の仕事とは何か」を完璧に把握するために調べ始めたりしてしまうかもしれないが、それは止めておこう。職場によって、それぞれ細かい仕事内容は違ってくるからだ。事前にそんなことを調べたりするとかえって本来の仕事がおろそかになったり、実際の仕事との齟齬《そご》に違和感を覚えてストレスになったりする。「そういうものなのか」で、まずはゆるく受け取っておいてほしい。

その上で、職場の仕事を円滑に回すための対策を考えてみよう。

職場の情報を整理しておこう

まず調べておいてほしいのは、**自分の職場の情報**だ。「調べればわかるから」で、意外にこれがまとまっていない。下手をすると、どの席にどの人が座っているのかさえ知らなかったりする。

ＡＳＤもＡＤＨＤも、必要な情報はパッと手に取ってすぐに見られる状態にしておくことは大変有効だ。

まずは、以下に挙げる資料を作ってファイリングし、いつでも手元において取り出せるようにしておく。この際、ファイルは**別に専用のものを用意する**。①〜⑤それぞれに１冊ずつ準備しても良いし、１冊のファイルに綴じてインデックスを入れておいても良い。

大事な約束として、このファイルには**絶対に他の資料を綴じないこと、別の場所に持ち運んだり、家に持ち帰ったりしないこと**を守ってほしい。「他にファイルがないからとりあえず」と別の紙を入れ出すと、あっというまに関係のない紙片でファイルが埋まって使いものにならなくなってしまう。また別の場所に持ち出すと、なくしたり忘れたりといったことの原因になる。どうしても必要な場合には、コピーを取って持ち出そう。

①自分に関係する同僚の一覧表

わからない情報があれば、当人に確認しておく。スケジュールボードや全体メールなどから情報が得られるなら、そこから書き写しておこう。スマホで撮影してしまっても良い。「スケジュールボードを見ればわかるから」と思うかもしれないが、必要な情報を一目で確認できる表が手元にあることが大切なのだ。

②よくかかってくる電話相手の一覧表

これは、電話応対のときに威力を発揮する。いつも机の上に出しておいて、電話を受け相手の社名・名前を聞いたときにとっさに指さしておくだけ。取り次ぎだけなら、メモいらずだ。もちろんこれは、必要に応じて随時更新して

整理しておくべき職場の情報

1．自分に関係する同僚の一覧表	• 名前 • 部署（出向しているなら出向先） • 連絡先（社用の電話番号、メールアドレス） • 関わっている仕事内容やプロジェクト名 • 座席（座席表にしておくと良い）
2．よくかかってくる電話相手の一覧表	• 相手の社名 • 名前・肩書き・部署名 • 連絡先（電話番号、FAX、メールアドレス） • 主に取り次ぐ相手（同僚）
3．事務の年間スケジュール	• 月末や年末など恒例の業務 • 夏季・年末の休暇や給与の締め日・支給日などを書き込んだカレンダー
4．自分の業務一覧	• 自分がやるべき仕事の一覧表 • 自分が「やるべきでない」ことの一覧表
5．仕事別・業務メモ	• 仕事内容のマニュアルやメモ • 1カ月単位での同僚のスケジュール • 今日の同僚のスケジュール

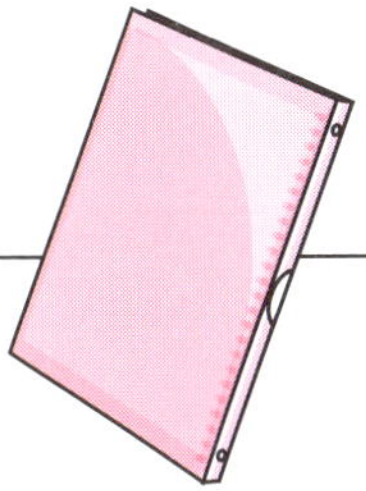

いく。

③事務の年間スケジュール

月ごと、年度ごとの仕事が多い事務において、自分の業務を把握するのに便利だ。給与の締め日など仕事の区切りに当たる予定を記入しておけば、領収書の処理などもやりやすくなる。

④自分の業務一覧

これは、自分の頭を整理するためのものだ。「こんなことも自分の仕事だったのか。知らなかった」を記録しておくためだったり、つい脇道に入ったり余計なおせっかいをしがちな自分を制止したりするためのものでもある。どちらも上司などに注意を受けたときにその都度更新していけば、同じミスを犯すことを防ぐことができる。

仕事をこなしていくうちに「やっていなくて叱られたこと」「手

を出して注意されたこと」が出てくる。これらを「やるべきこと、やるべきでないこと」リストにその都度反映させていけば良い。

⑤仕事別・業務メモ

仕事用のマニュアルやメモは、仕事別にファイリングしたりクリアファイルに入れたりしてラベルを貼っておくと良い。メモする内容の多い業務であれば、それ専用にノートを1冊用意しても良いだろう。

バラバラに保管しておくとなくしそうな人は、クリアブックの袋にラベルシールでタイトルを書いておき、分別しておくと良い。

スケジュールはカレンダーを用意して書き込んでいっても良いし、クラウドや社内システムなどでスケジュール管理している会社なら、それをそのままプリントアウトしてファイリングしておけば良い。できれば毎朝確認してプリントアウトし、古いものはシュレッダーにかける。

これがあれば電話応対のときも、「〇〇はただいま外出中です。14時には戻る予定ですが、折り返しお電話いたしましょうか？」などといった応答がやりやすい。

事務には社員の業務管理に関わる仕事も多いので、スケジュールと並べて見ることでチェックもはかどるだろう。

ポイントは、**大事な情報はあらかじめ調べて、必要なときにすぐ取り出せるようにしておくこと**。必要なときになってから調べ始めたりすると、「脇道」に入ってしまいやすい。やるべき仕事に集中するためには、枝葉の作業はなるべくなくすようにしておくのがコツだ。

また、**自分の仕事の範囲を確認しておくこと**も必要だ。事務の仕事の範囲は広く、「自分は何をやればいいのか」と先輩に聞いても即答してもらえる可能性は低い。せめて経験を積み重ねて、やるべきこととやらなくていいことを整理し可視化させていこう。

「自分の業務一覧」に追記がなくなる頃には、自分の仕事の範囲も把握でき始めているだろう。自分の役割がわかれば、精神的にも落ち着いて仕事ができるようになってくる。

報連相ボードを作る

もし職場の協力が得られるような環境なら、小型のホワイトボードなどを使って**自分用の報連相ボード**を作り、自分への依頼や連絡事項などをそこに集約してもらうという手段もある。

雑多に書かれるといけないので、カラーテープで枠を作ろう。あるいはパソコンで枠を紙に印刷

報連相ボードで連絡事項を一括化

中田への連絡			
日付	名前	内容	確認
11/21	加藤	11／29　15：00～17：00会議室準備願います。	11/21 OKです
11/21	ナカモト	来月の出張申請書を机の上に置いておきます。 　→訂正箇所あります。机にお返しした書類のフセンを確認してください。　中田	11/21
11/22	荒井	来月引っ越しします。手続きをご指示ください。	

して、壁などに貼っておく形でも良い。あとはそこへ、各自手書きで要件を書いておいてもらう。

　自分用の連絡は必ずこのホワイトボードを通すようにしてもらえば、依頼された事項などは一括管理できる。自分からの連絡事項もここで行い、皆に見てもらうようにすれば良い。

　この方法の良いところは、**1カ所を見るだけで自分のやるべきことがすべて把握できること**だ。複数タスクも一元管理できるようにすることで、ある程度苦手を緩和することができる。

依頼をメールでの一括管理にする

　これも職場の協力を得られるならの話だが、**自分への依頼は必ずメールにしてもらう**やり方もある。その場合は、メールのタイトルに必ず【依頼】などとつけてもらうようにしよう。そうすることで、タイトルで検索して依頼メールだけを抽出することができる。

　自分で管理する仕事の場合は、自分で自分に依頼メールを出しておく。

　ここでのポイントもやはり、とにかく「依頼」で抽出すれば自分のタスクがすべて出てくる環境を作ることにある。

　完了した仕事のメールは、未完のものと区別するために分けておきたい。Gメールであれば、アーカイブ化することで指定のメールをフォルダの一覧で表示しないように設定できる。メールの表示画面で、左下のような下向きの矢印のボタンをクリックすればそのメールは非表示になる。削除したわけではないので、「すべてのメール」を見ればまた確認することも可能だ。

Column

スケジューラー以外で行うスケジュール管理

スケジュール帳やスマホのスケジュール管理アプリもなじめない。そんなタイプの人向けに、スケジューラー以外のスケジュール管理を紹介しよう。

●卓上カレンダーをスケジュール帳代わりに使う

事務などのデスクワークがメインで自分の机からあまり動かない人には、スケジュール帳代わりに卓上用のカレンダーを用いるのも良いだろう。常に机の上に置いてあるので、手帳のように仕舞い込んだまま存在を忘れてしまうこともない。事務作業であれば日付を確認したくなるタイミングは多いだろうから、そのたびに予定も目に入る。

これはケースに入ったタイプよりも、めくりやすくて先月や来月の予定が確認しやすいブックタイプがおすすめだ。めくるのに手間がかかるものだと、やがて面倒になって使わなくなってしまう可能性が高い。

●メモ帳にカレンダーを貼り付けてスケジュール管理

メモ帳をいつも持ち歩いて頻繁にメモを取っている人であれば、メモ帳の表紙にカレンダーを貼り付けておけば簡易スケジュール帳になる。カレンダーに簡単に予定を書き込んでおき、予定の詳細はメモ帳のほうに書いておけば良い。このとき、メモには必ず日付を入れる。これがないと、カレンダーの予定と関連付けられなくなるからだ。また、カレンダーは月ごとにどんどん重ねて貼っていく。メモ帳を使い切って代わったときには、一番上の月だけはがして新しいメモ帳に貼り直そう。

とにかくメモに書き込む内容の多い人、自分なりのメモの仕方が確立している人に向いている。

●スマホカバーの裏にスケジュール。詳細はアプリで

スケジュール帳やメモ帳自体をすぐに忘れてしまったり、なくしてしまったりするタイプの人は、ブックカバータイプのスマートフォンケースを買って、カバー裏に両面テープでスケジュール表を貼っておく。

携帯やスマホは、比較的忘れにくい。スマホは頻繁に取り出して目にする機会も多く、リアルタイムの刺激が重要なADHDには特にすすめられる方法だ。

クリスタルアーマーの「SYSTEM」という商品のように、システム手帳とスマホケースが一体化した商品もある。

ダ・ヴィンチの「6穴革製スマートフォンケース」「6穴PVC製スマートフォンケース」は、逆にシステム手帳にリフィルとして組み込めるようにリング穴がつけられているスマートフォンケースだ。

これらを使えば予定も記録も完全に一元管理でき、また手帳の存在も忘れにくくすることができる。

メモ帳にカレンダーを貼り付けスケジュール管理

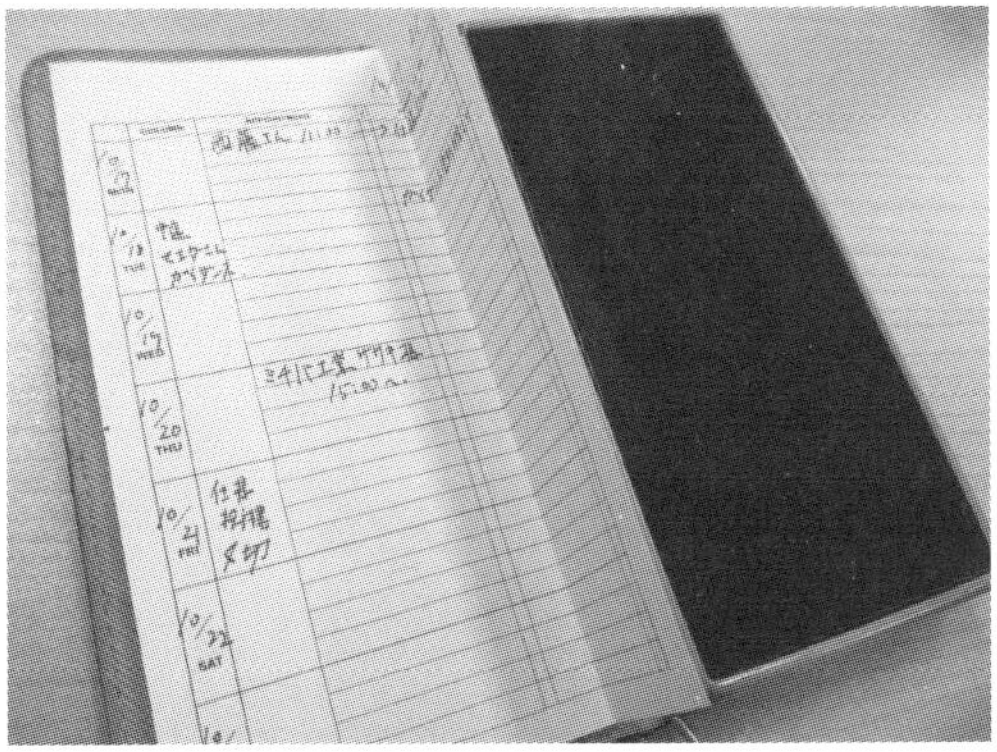

スマホカバーの裏にスケジュール

第3章

「ケアレスミス」を何とかしたい！

ケアレスミス対策

簡単な仕事でも、あり得ないミスをしてしまう。どこかに抜けが出てしまう。仕事ぶりは真面目なのに、周りの評価を落としてしまうこの特質。さまざまな道具を利用したり、ちょっとした工夫を加えたりすることで、そんなミスも減らしていける。

パソコンの入力作業でミスが多い

対策

- 自分の声や読み上げ機能で、目と耳で同時に情報を確認する
- 何行も並んだ情報は、専用の道具やVBAで見やすくする工夫を

事例　資料の内容を入力するだけの単純作業。なのに、何度見直してもミスが出てしまう

エクセルを使って事務作業。といっても、紙の資料を所定のフォーマットに写していくだけの単純作業だ。

1年くらいやっている仕事で、わからないことなんか何もない……はずなのに。

いまだにいつもミスを出して、上司に怒られてしまう。「ちゃんと見直ししろ」と言われて「しています」と答えたら、「じゃあ、何でミスが出るんだ」とまた怒られてしまった。

いつも見直しはしているのに、なぜミスを見落としてしまうんだろう。

原因　ADHDの不注意、ASDの感覚過敏

いわゆる**「ケアレスミス」**は、働く発達障害者に最も多い悩みの1つだ。人と接することが少ないため、自分に向いていると感じられる仕事でも、このケアレスミスだけはついて回る。1つ1つは「誰にでもある」と思われるような凡ミスが多いのだけれど、仕事に慣れても頻発してしまって問題視されることが多い。

ADHDの場合は、ずばり代表的な特徴の1つとして**「不注意」**が生じやすいことがある。大事な仕事であっても、気持ちが乗らなければ集中できず気が散ってしまう。この特徴が、ケアレスミスを生み出す一番の要因となる。

ASDの場合は、**視覚や聴覚**

の感覚過敏がミスをもたらす場合がある。

重い視覚過敏があると、文字は読めるのに本が読めない場合がある。改行ごとに現在位置を見失ってしまい、行を追うことができないためだ。

比較的軽度であっても、同じような文字列が狭い行間でずらっと並んでいると同じことが起きる。

たとえばデータ入力では、順番に入力していたつもりなのにいつの間にかデータを何行か飛ばしてしまっていたり、何か見覚えのあるデータと思っていたら、一度入力したものを繰り返していた、といったことが頻発する。

多数の情報が並んでいる中で必要な情報だけをピックアップすることができず、周囲のデータまで脳が拾ってしまい混乱を生み出しているのだ。

また、字や行を飛ばして読んでしまったり、読むのに非常に時間がかかってしまったりする場合はLDの影響も疑われる。

解決法　客観的に自分の入力データを確かめる方法を考えよう

入力データを声に出して読み上げる

データ入力のミスを防ぐ手段の1つとして、**入力する情報を声に出して読み上げながらタイプする**方法がある。

ADHDの場合は集中を助けることになるし、ASDの場合は視覚・聴覚双方から情報を入れることで偏りのある感覚の弱みを補ってくれる効果がある。入力し終わった情報を確認するときも、ただ目で追うよりは思い込みが入る余地が少なくなり確実性を上げることができる。

ただし、この方法は声を上げることを許可してもらえる職場でなければ難しい。

紙のデータを写すなら、視点をサポートする方法を考えよう

たとえば何行にもわたるデータを入力していくとき、現在位置を見失ってミスを出してしまうことがある。

簡単にできる対策としては、**定規などを置いて現在入力している場所を見やすくしておくこと**だ。

また、共栄プラスチックから発売されている**「カラーバールーペ」**は、データの上に置くことで、今読みたい行を蛍光ペンを引

いたように、かつ拡大して見せてくれる。データ入力のサポートには最適の道具といえるだろう。残念ながら一般の文具店ではあまり見かけないので、ネットで検索してみてほしい。

紙のデータを入力するときには、原稿を立てておける書見台を使えば効率的だ。書見台は各社からいろいろなものが発売されており、100円ショップでも見つけることができる。据置型やパソコンに設置できるタイプなど、さまざまな商品が出ており環境に応じて選択することができる。

おすすめしたいのは、スライドして現在の入力位置を指し示すことができるバーのついた書見台だ。サンワサプライの**「データホルダー」**などがこれに当たる。入力に合わせてこのバーを動かしていくことで、入力やチェックをしている現在位置を見つけやすくすることができる。

パソコン上のデータを元に入力するなら、あえてウィンドウを狭くする

パソコン上のデータを参照しながら、作業することもある。パソコン上では定規やカラーバールーペも置きにくいし、紙のように折ったり印をつけたりするわけにもいかない。

しかし、パソコン上ならばもっと手軽に視界を限定することができる。次ページのように、**参照するファイルのウィンドウの縦幅を狭くしてしまう**だけだ。

ウィンドウの縦幅を狭くするとスクロールの手間が増えるので、画面いっぱいに広げている人が多い。だが、あえてこのようにウィンドウを狭くしておくことで、見えるデータを制限し、視点の混乱を防ぐことができる。

エクセルからワードに。デジタルからアナログに。環境を移せば、客観性を生み出せる

自分の入力したデータを自分で見直しても、ミスを見つけることは難しい。自分で入力したものには客観性を持ちにくいASDであるが、データのステージを移せば気持ちを切り替えやすくなる。

たとえば、パソコンで入力したデータであれば**一度印刷し、紙面で見直し**をしてみよう。チェックを終えたデータは、1つ1つペンで線を引いて消していくと良い。デジタルからアナログに切り替えるだけで、かなり客観的な気持ちでチェックを行うことができる。

印刷が難しい場合は、手間はかかるが**自分の入力したデータを手で書き写しながらチェック**していっても良い。書き写すことは、ただ見るよりも強い集中を必要とす

パソコンの入力ミスをなくす3つの工夫

声に出して読みながらタイプする

思い込みが入る余地が少なくなり確実性を上げることができる。

列ごとに定規を当てる

現在位置を見失ってミスすることを防げる。

ウィンドウの縦幅を狭くする

見えるデータを制限し、視点の混乱を防ぐことができる。

ウィンドウを狭くする手順

1. ワードで入力。
2. 「Alt＋Tab」で入力元データのウィンドウを操作できる状態にする。
3. ↑ ↓キーで、画面をスクロールさせて次のデータを映す。
4. 1に戻る。

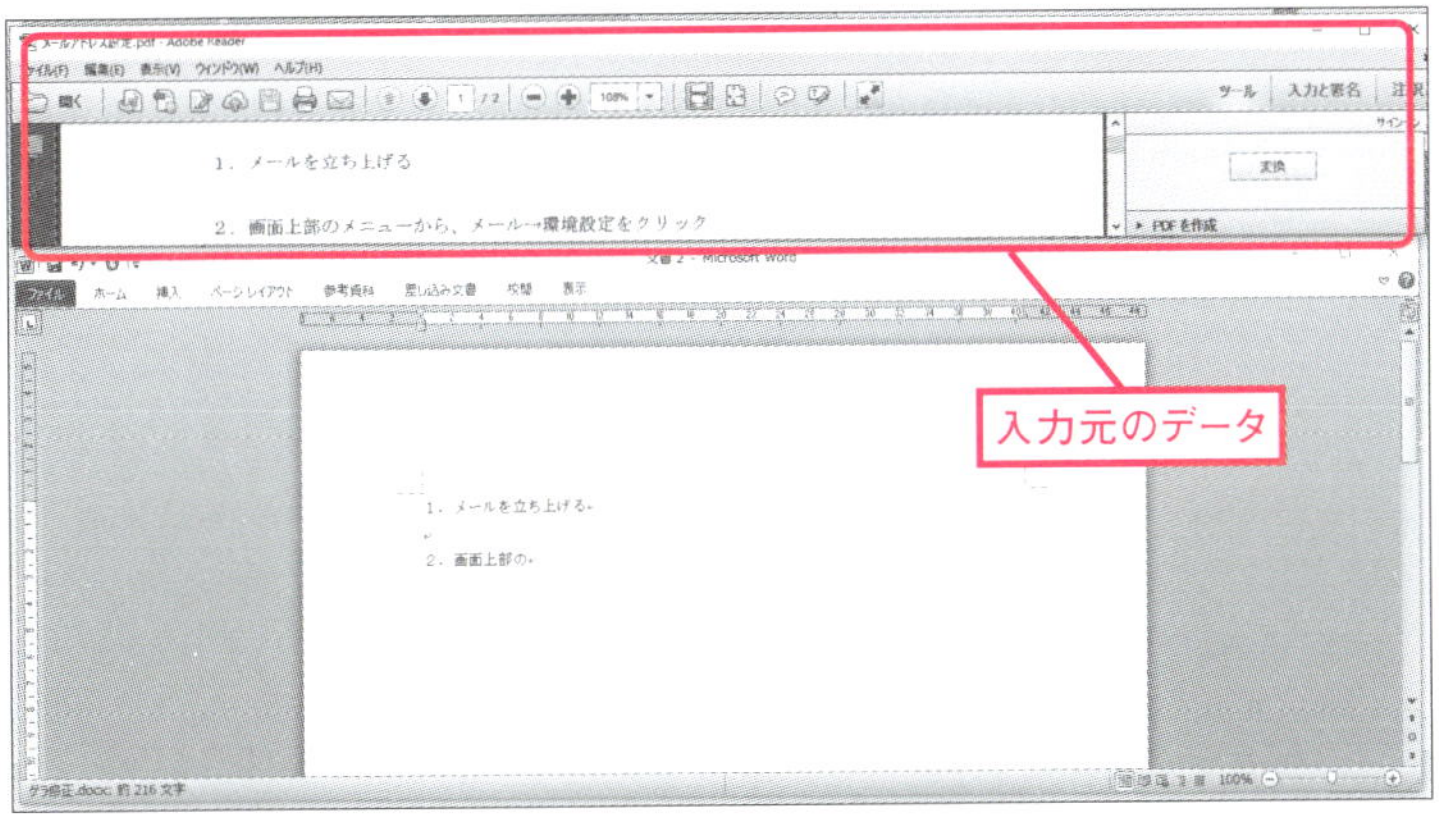

memo

この方法を使うと、当然ながらスクロールの手間は増えてしまう。少しでも操作をスムーズにするために、キーボードによるアクティブウィンドウの切替えとスクロール方法を覚えておこう。

Alt＋Tab……アクティブウィンドウの切替え

↑キー、↓キー……画面の上下スクロール

PageUp、PageDown…1画面単位の上下スクロールる。その分、ミスも見つけやすくなる。

どうしてもパソコンの画面上で済ませなければならない状況であれば、**別のアプリケーションにデータを移して**チェックしてみよう。たとえばエクセルに入力したデータを、ワードにコピーしてからチェックするのだ。見た目が変わるだけでも、かなり気持ちの切替えはやりやすくなる。

チェックをしていく際には、ワードなら取消し線や蛍光ペン機能、エクセルならセル背景の色変更などを使い、チェックを終えたものに印付けをしていく。

ただし、この方法は極力避け、できる限り印刷や手書きで確認するようにしてほしい。自分が「パソコンのほうが得意」という意識があるならなおさらだ。パソコンに慣れていると、あまり集中していなくても操作はできてしまう。より集中の必要な作業ほど、意識

Excelで作業中の列や行を強調する手順

1 ファイルを改造することになるので、まずはコピーして元のファイルは保管しておく。VBAを組み込むのは、コピーしたほうのファイルとする。

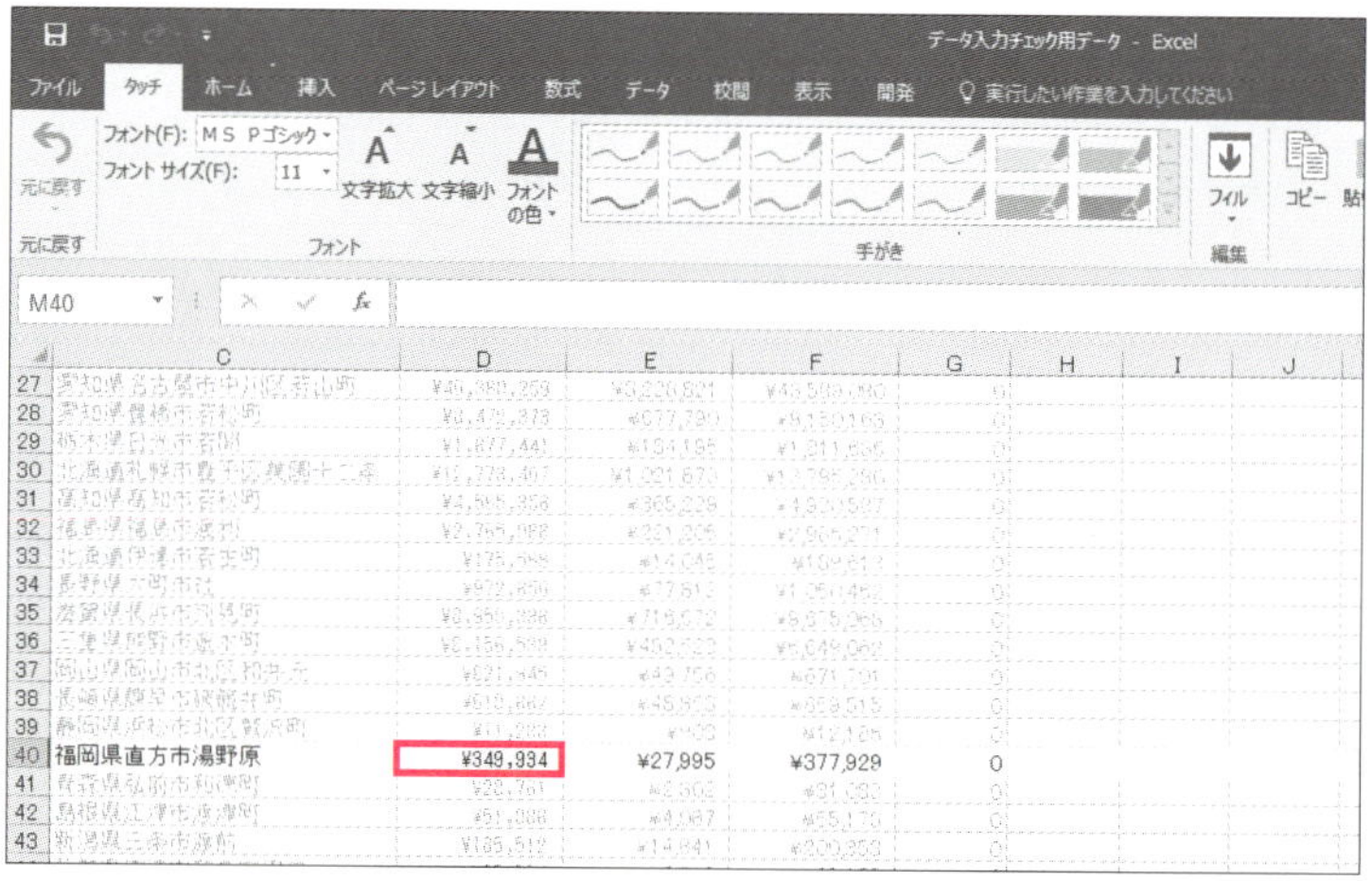

2 はじめに、ExcelでVBAが使える状態になっているかどうかをチェックする。リボンの上部に並んだタブの中に「開発」があれば、VBAが使える状態になっている。自分のパソコンのExcelがこの状態であれば、次の**3**・**4**の手順は飛ばして**5**に進む。

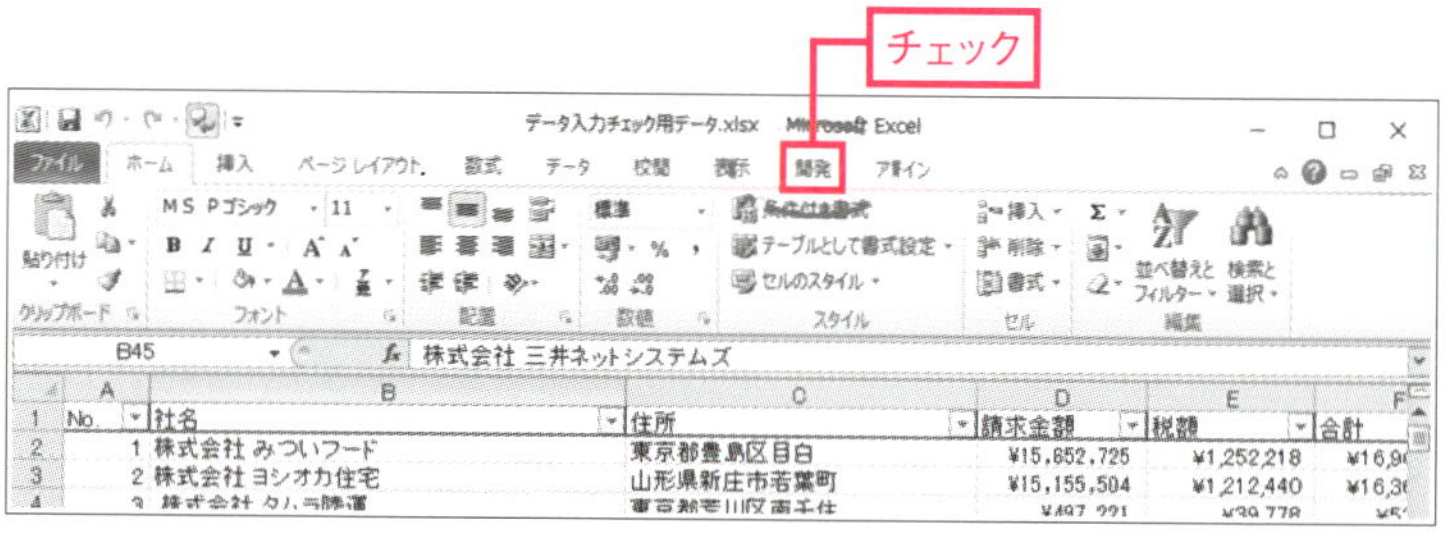

3 Excelで「開発」タブを表示させ、VBAを使える状態にする。上部のタブから「ファイル」を選択し、「オプション」をクリックする。

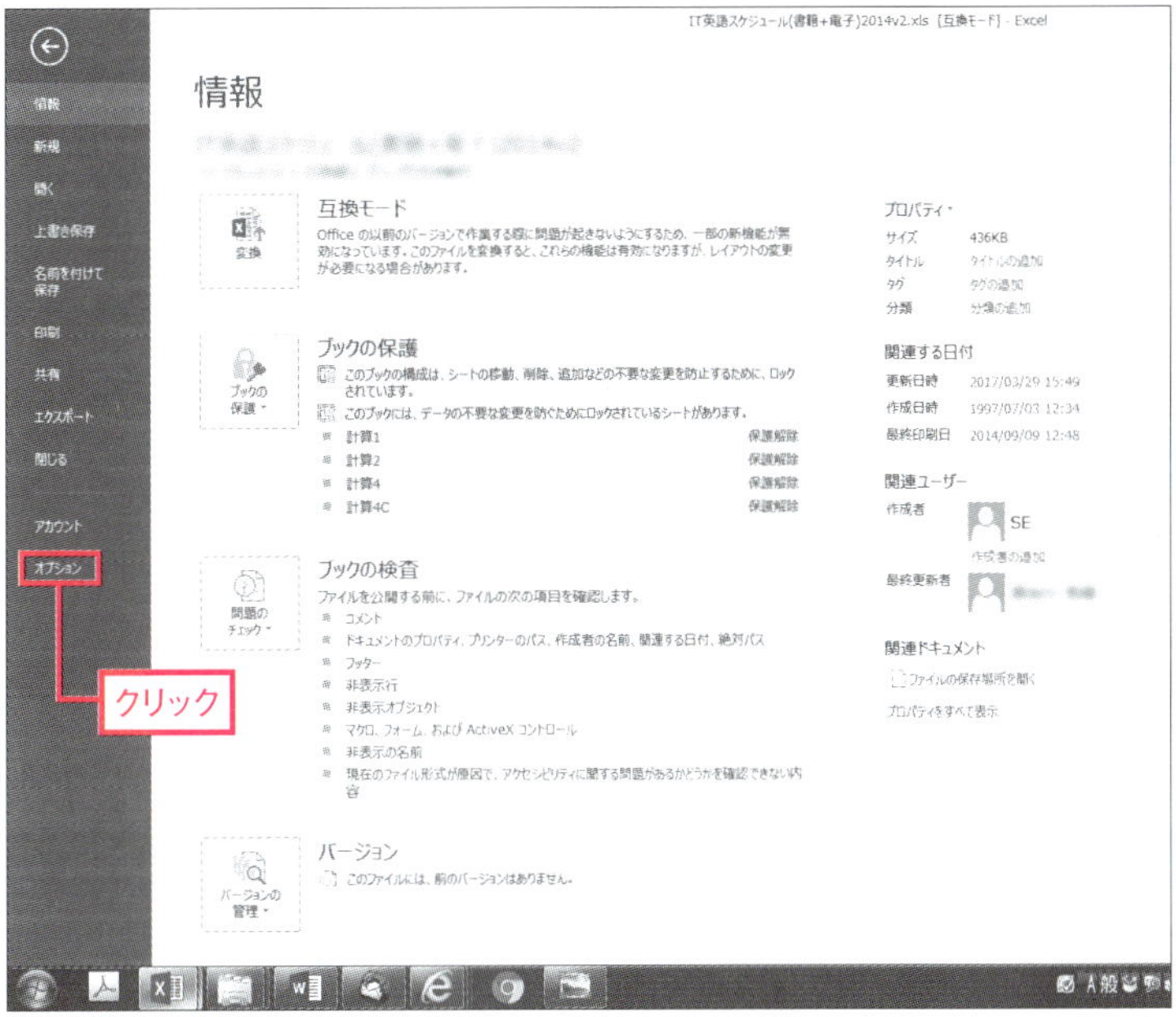

4 出てきたオプションメニューで「リボンのユーザー設定」を選択❶し、右欄の「開発」のチェックボックスをクリック❷してチェックをつける（□→☑になればOK）。最後に、右下の「OK」をクリックする。
これで手順**2**の図のように、リボン上のタブに「開発」が追加される。

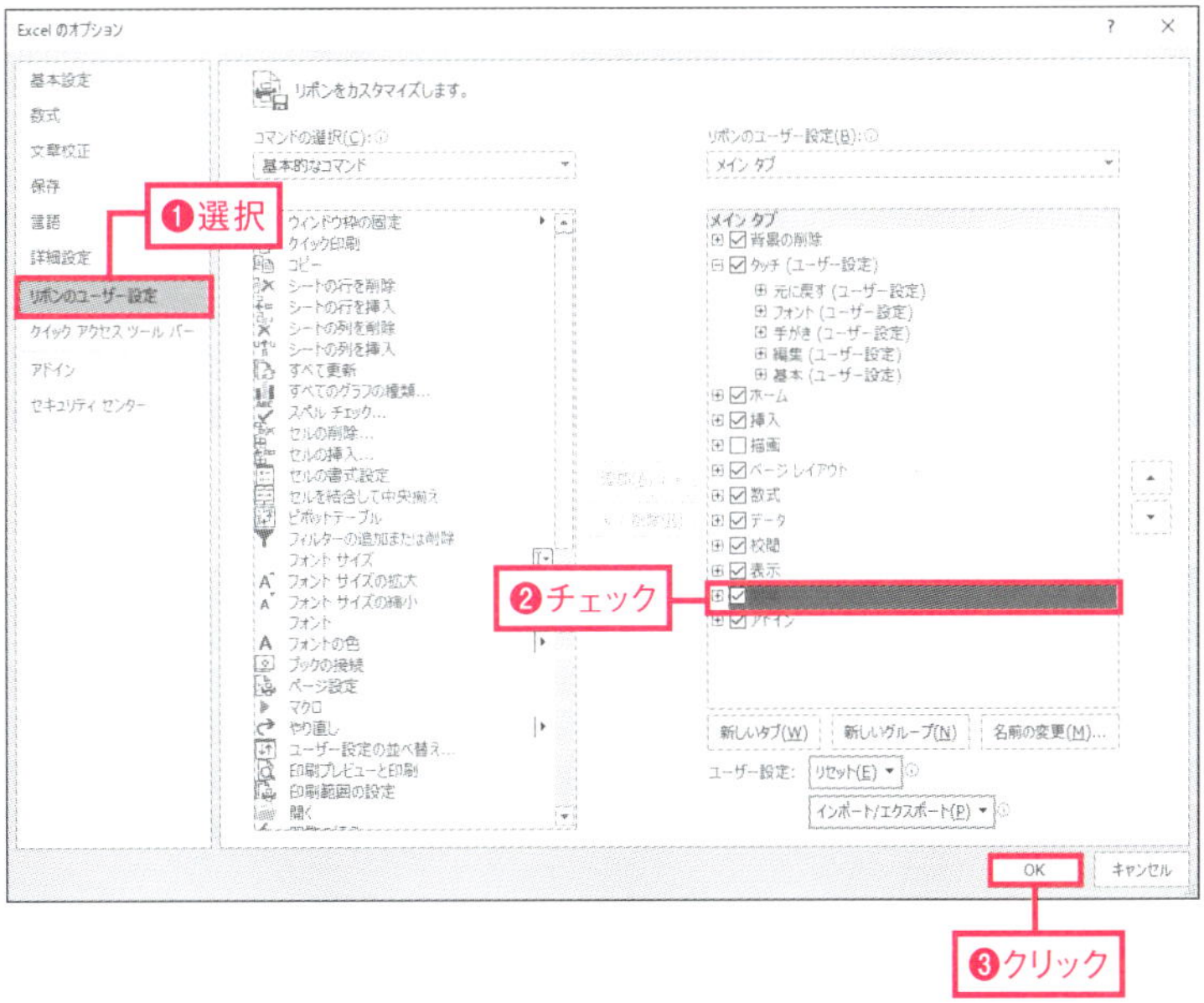

5 「開発」タブ❶→「Visual Basic」❷とクリックしていく。

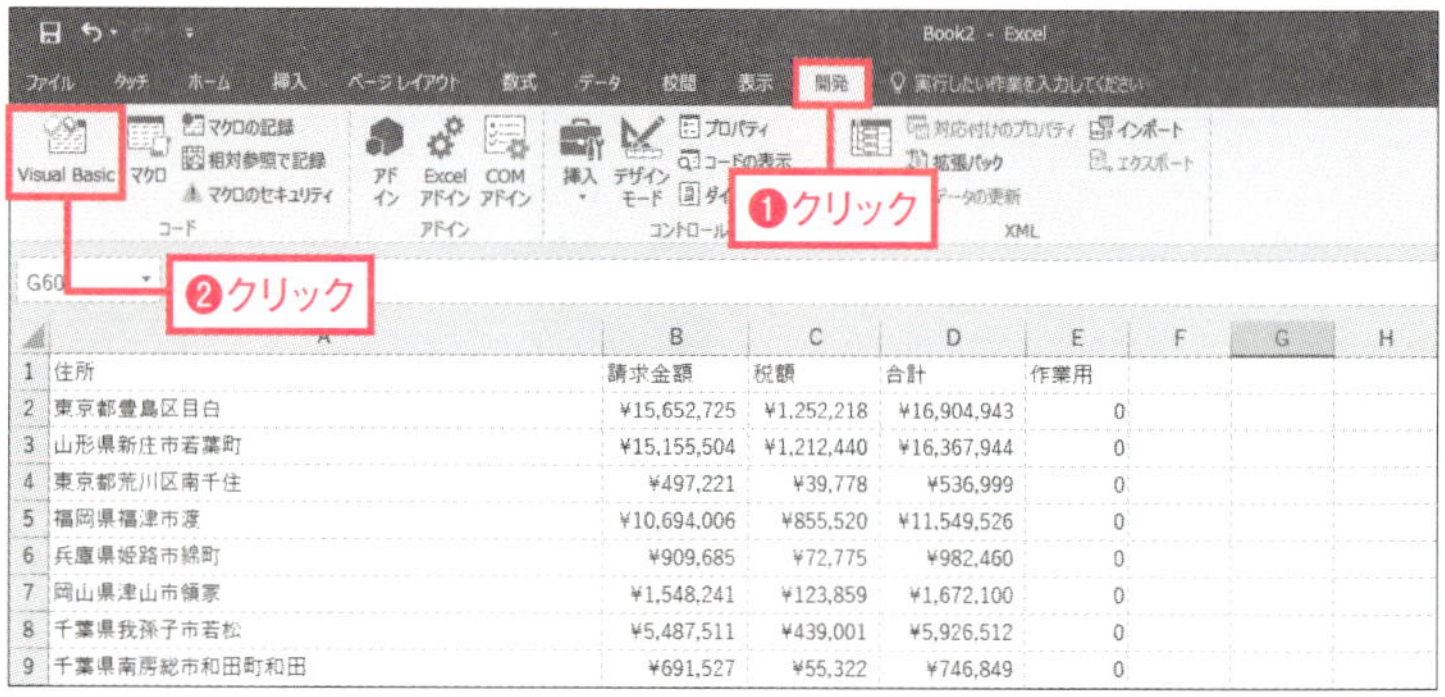

6 左の「プロジェクト」欄から、「ThisWorkbook」をダブルクリックする（左のプロジェクト欄がないときには、メニューの「表示」→「プロジェクト エクスプローラー」で表示される）。すると灰色の空欄に、新しいウィンドウが表示される。

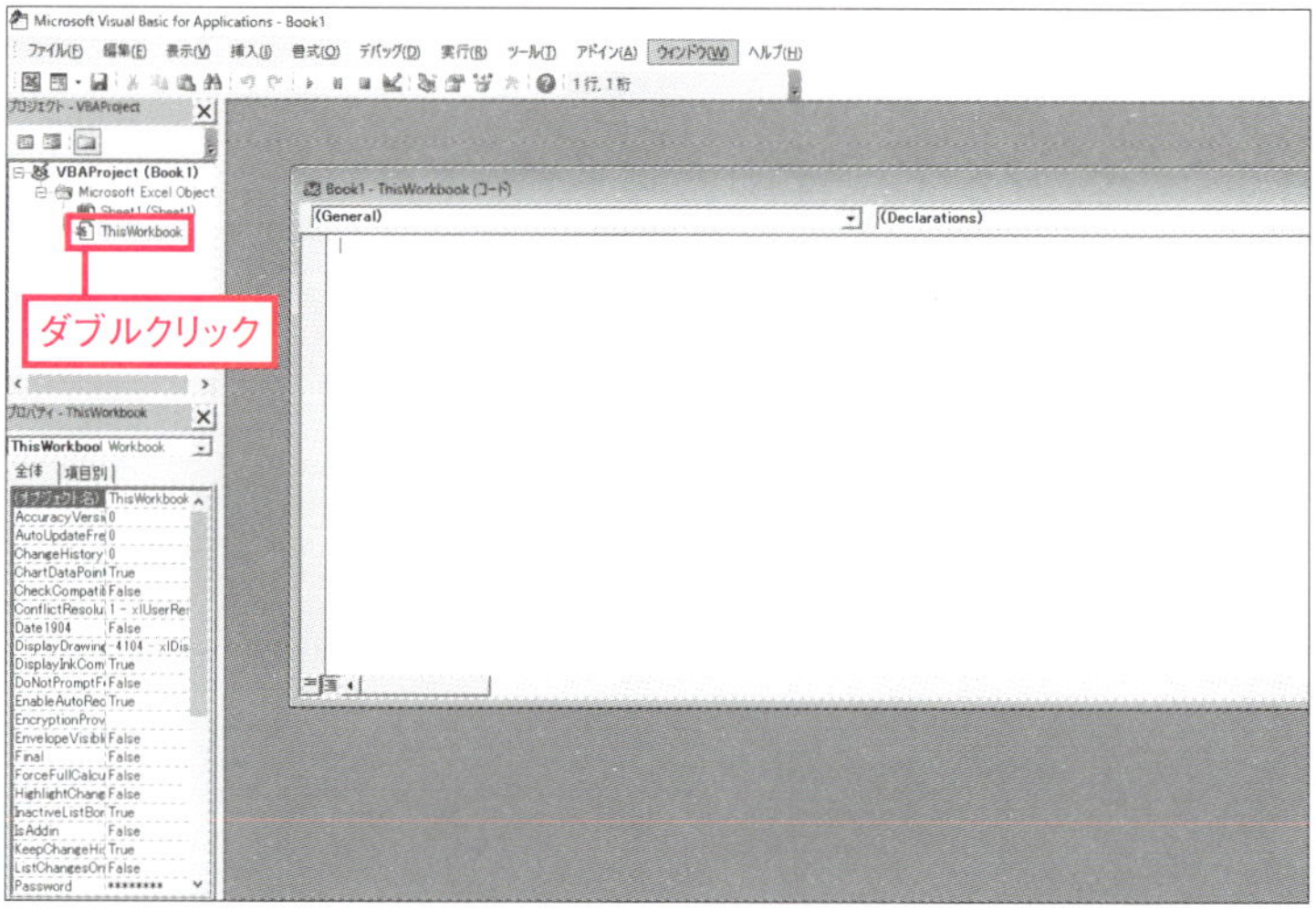

7 手順6で表示されたウィンドウの中に、以下のテキストを入力する。タイプミスのないように慎重に。

```
Private Sub Workbook_SheetSelectionChange(ByVal Sheet ⇒
As Object, ByVal Target As Range)
    If Target.Cells.Count > 1 Then Exit Sub
    Application.ScreenUpdating = False
    Cells.Interior.ColorIndex = 0
    Cells.Font.ColorIndex = 15
    With Target
        .EntireRow.Interior.ColorIndex = 8
        .EntireRow.Font.ColorIndex = 1
    End With
    Application.ScreenUpdating = True
End Sub
```

⇒は、紙面の都合で折り返していることを表します。

8 入力が終わったら、左上のフロッピーディスクのマークをクリックして保存する。「次の機能はマクロなしのブックには保存できません」と注意が出てくるので、「いいえ」をクリックする。

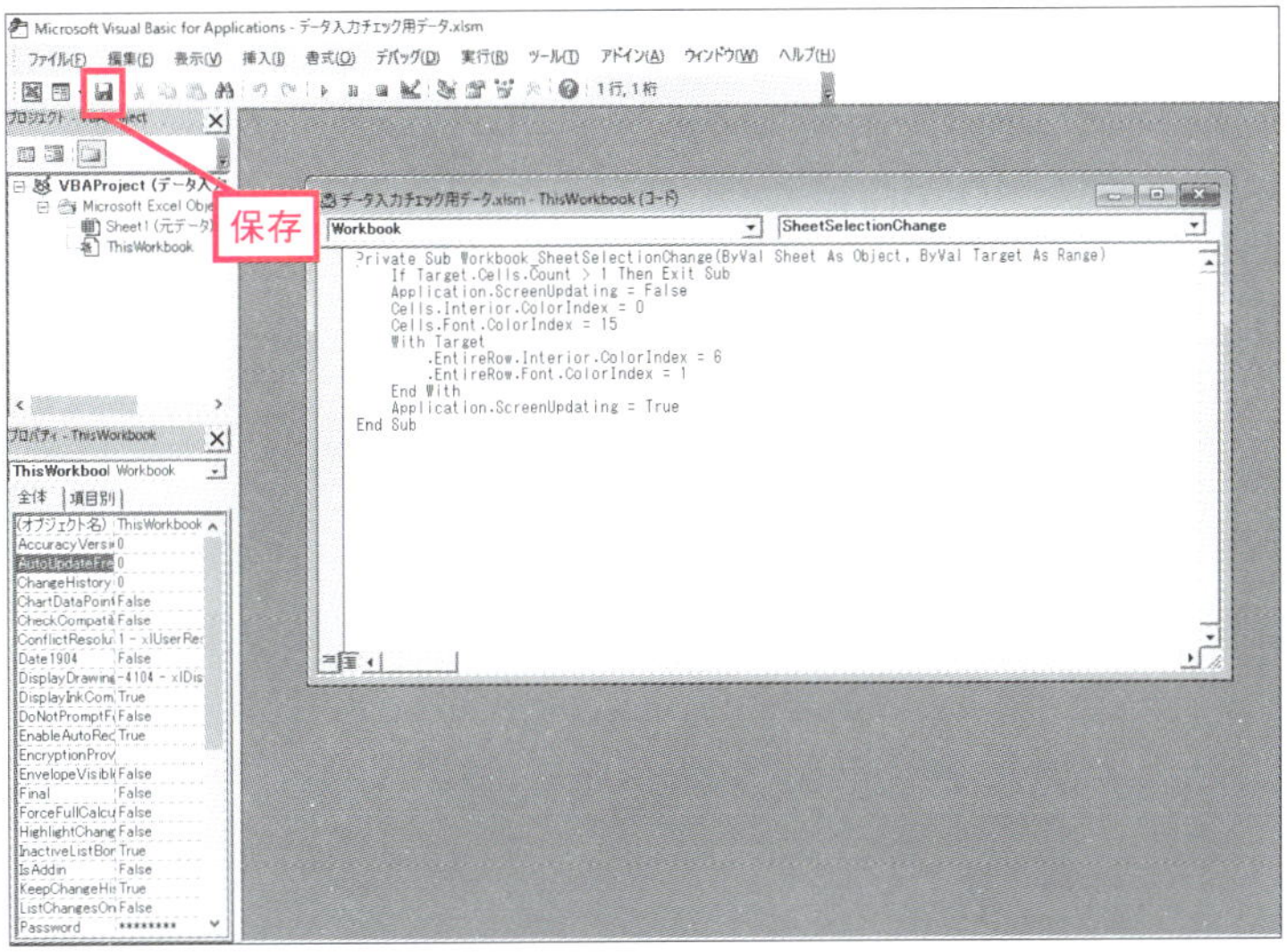

9 「名前をつけて保存」のウィンドウが出てきたら、「ファイルの種類」の右側の「Excelブック(*.xlsx)」となっている部分をクリックし、出てきた一覧から「Excelマクロ有効ブック(*.xlsm)」を選択して「保存」をクリックする。

10 再びVisualBasicの画面が出てきたら、右上隅の「×」をクリックしてウィンドウを閉じる。

11 あとは適当なセルをクリックすれば、その行が強調されるようになっている。

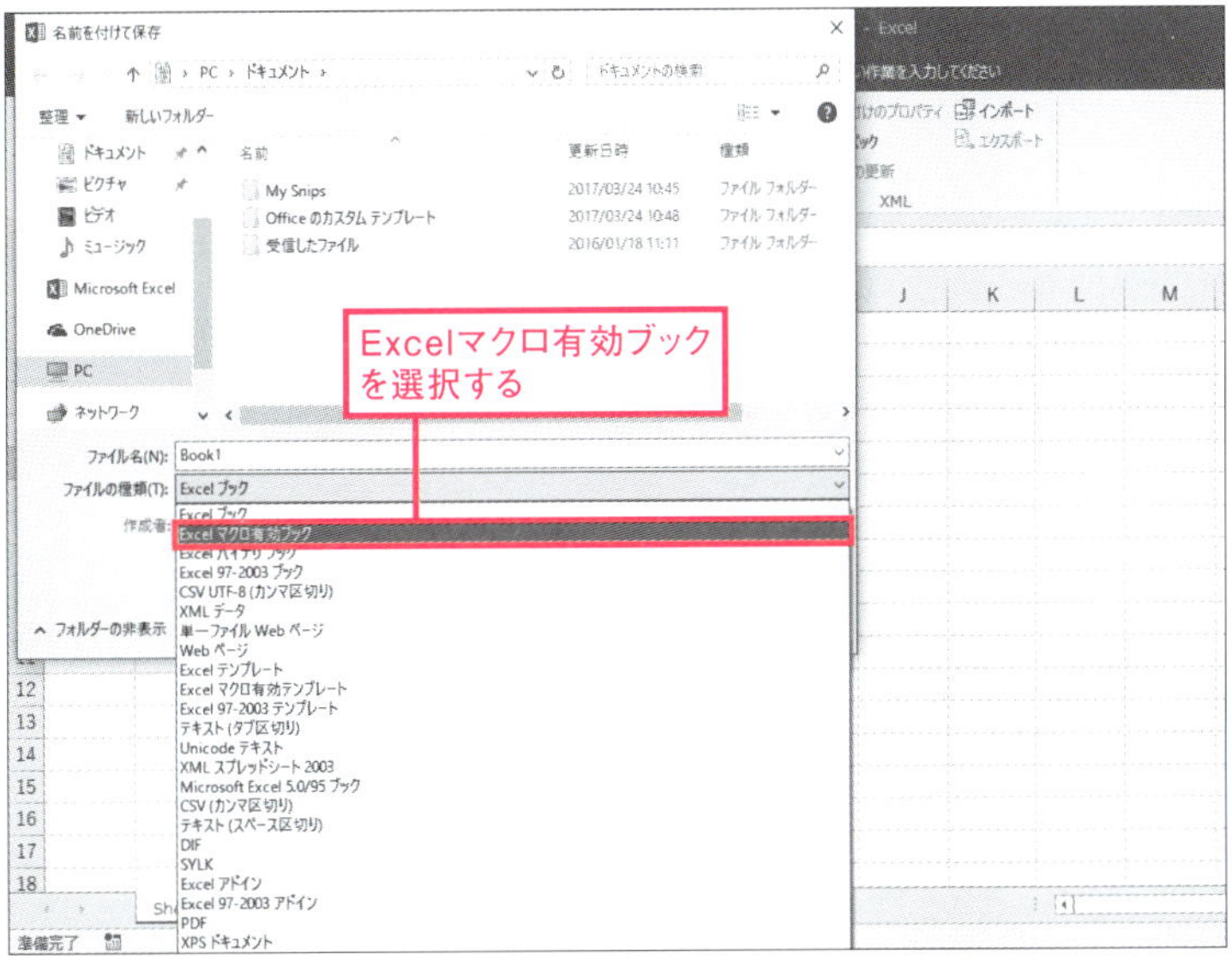

memo

うまくいかなければ、もう一度「開発」→「Visual Basic」をクリックして手順**7**で入力したコードを確認してみる。修正したあとは、フロッピーディスクのボタンを押して上書き保存するのを忘れずに。

手順**7**のリストの「Row」と入力した部分をすべて「Column」に書き換えると、列のほうが強調表示されるようになる。用途に応じて使い分けてほしい。

的にデータをチェックすることにつながってくる。

エクセルでアクティブな行や列を見やすくする

エクセルでの入力でも、定規を置いたりカラーバールーペを使ったりして作業中の行や列が強調できればいいのに……と考える人も多いだろう。実はエクセルでも、**VBA**を用いればこれが可能だ。

手順は、76ページの通りだ。ここでは、エクセルは2016を用いているが、別のバージョンでも基本的には同じやり方になる。ただし2007の場合は、VBAを使える状態にする手順にやや違いがある。

オフィスの読み上げ機能を使う

入力するデータを声に出して読み上げる方法は効果的だが、他の人も仕事をしているオフィスではやりにくい。また、LDの人にとっては、データを黙読するだけでも相当の苦労を要する。

そこでオフィスを使う場合に限られるが、**パソコンにデータを読み上げさせる方法**がある。ここでは、オフィスに搭載されている読み上げ機能を使ってみよう。

エクセルでは2002から、ワードでは2010からこのテキストの読み上げ機能が搭載されている。

この機能を使えば、ヘッドホンなどを用いることでオフィスでも視覚と聴覚の両方から入力データを確認することができ、ミスに気づく確率を上げていける（ただし、2007では日本語の読み上げには対応していない）。

ここではエクセル2016を例に、リボンに読み上げ機能を追加するための設定方法を紹介しよう。

チェックのために使いたいので、リボンの「校閲」に読み上げボタンを追加することにする。設定の仕方は次ページの通り。

オフィスをインストールしたときの設定によっては、オフィスのインストールディスクを要求される場合もある。プレインストール版でなければ、一応インストールディスクを用意しておくと良い。

それでは、2つの読み上げ機能を使ってみよう。「セルの読み上げ」は、ボタンを押したときにフォーカスされている。つまり、今選択されているセルのデータを読み上げてくれる。

読み上げてほしいセルを範囲選択して「セルの読み上げ」を押せば、「静岡県、埼玉県……」と順にデータを読み上げてくれる。入力したデータをチェックするとき、目だけでなく耳でも確認することで、より精度を上げることが

リボンに読み上げ機能を追加する手順

1 ファイル→オプションで「Excelのオプション」を呼び出し、「リボンのユーザー設定」をクリックする。

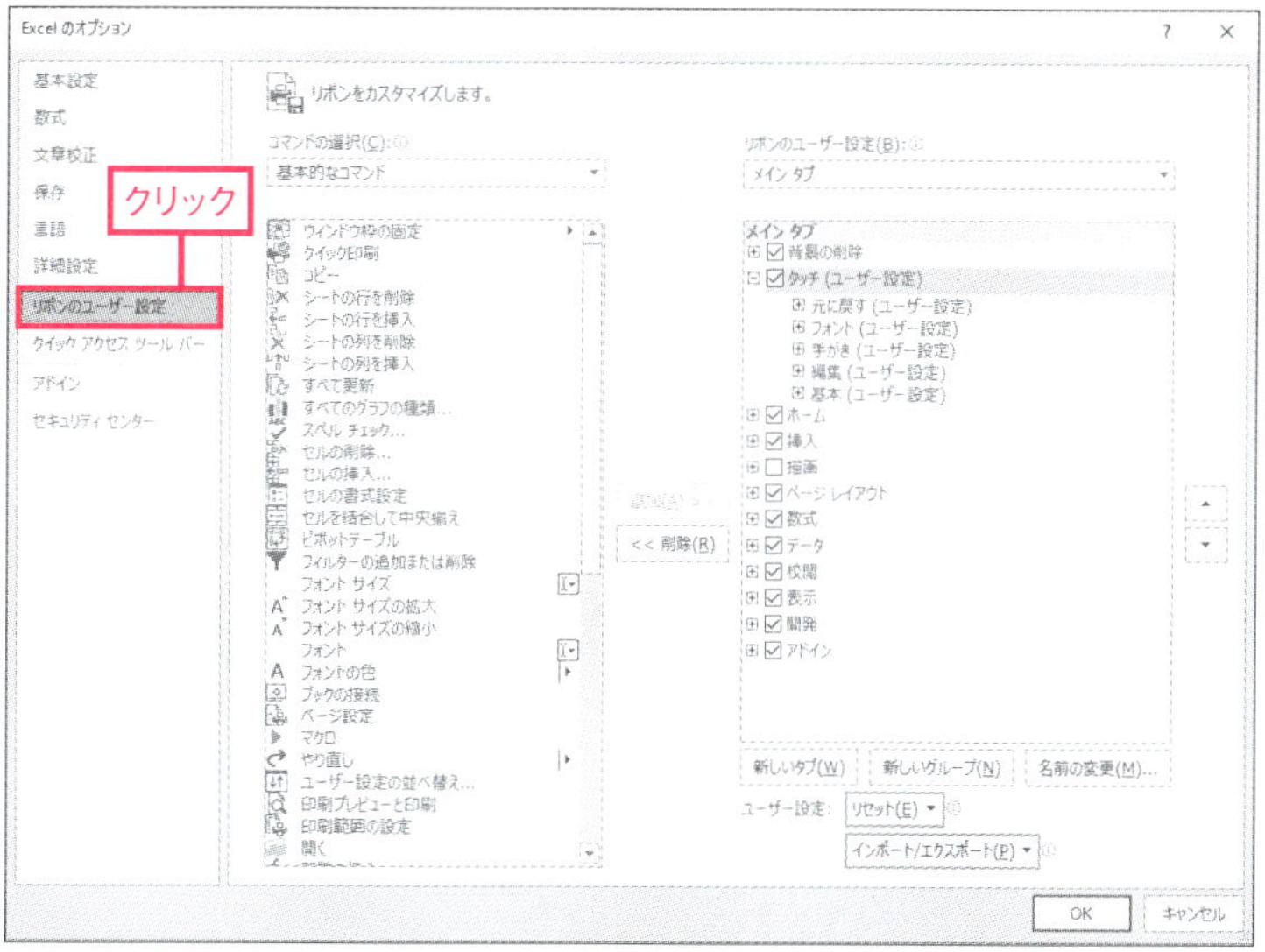

2 「コマンドの選択」から「リボンにないコマンド」を選択する❶・❷。

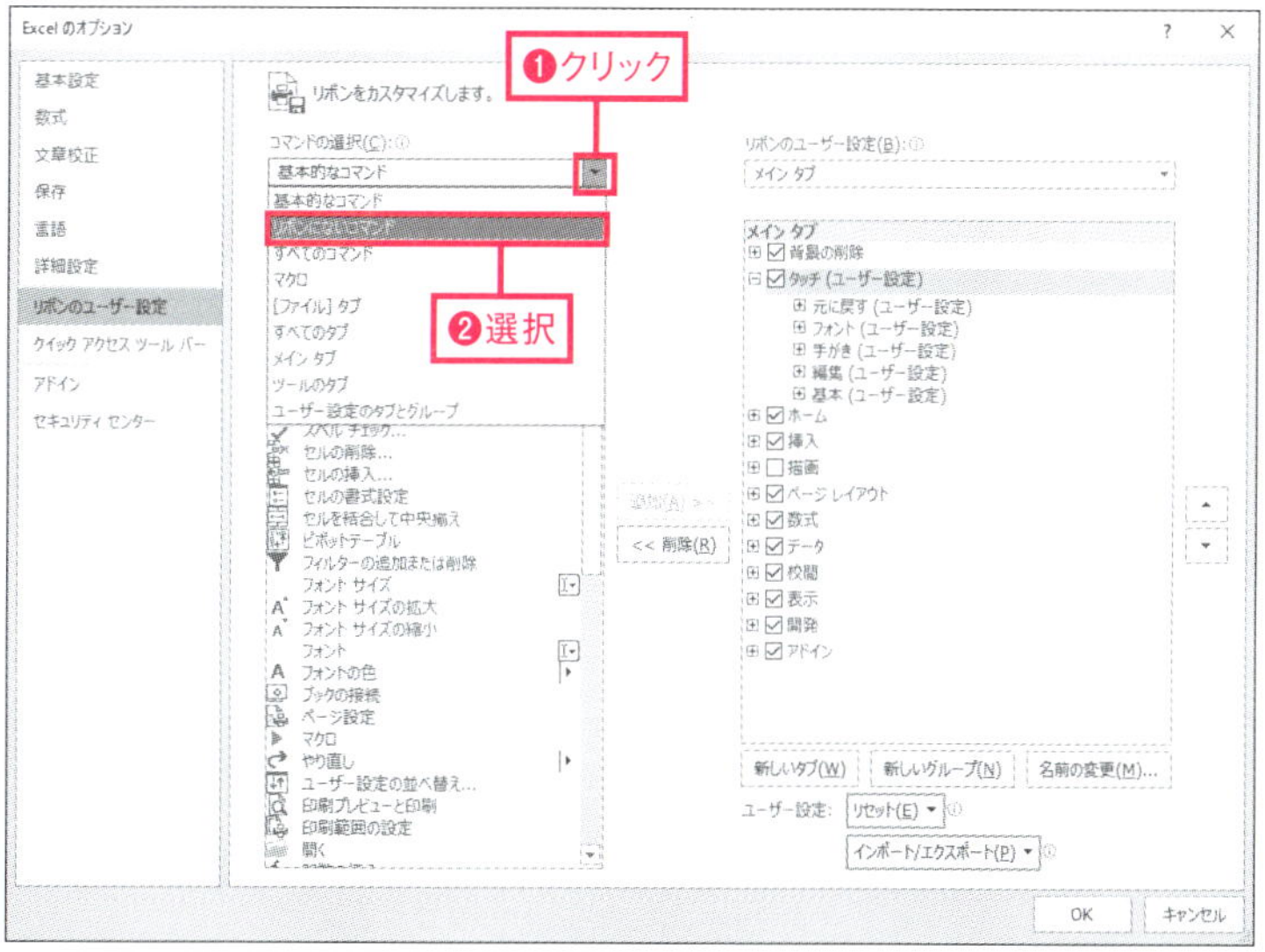

3 右の枠内に並んだ項目から「校閲」を選択し❶、「新しいグループ」をクリックする❷。

4 「コマンドの選択」の枠から「セルの読み上げ」を選択し❶、「追加」をクリックする❷。

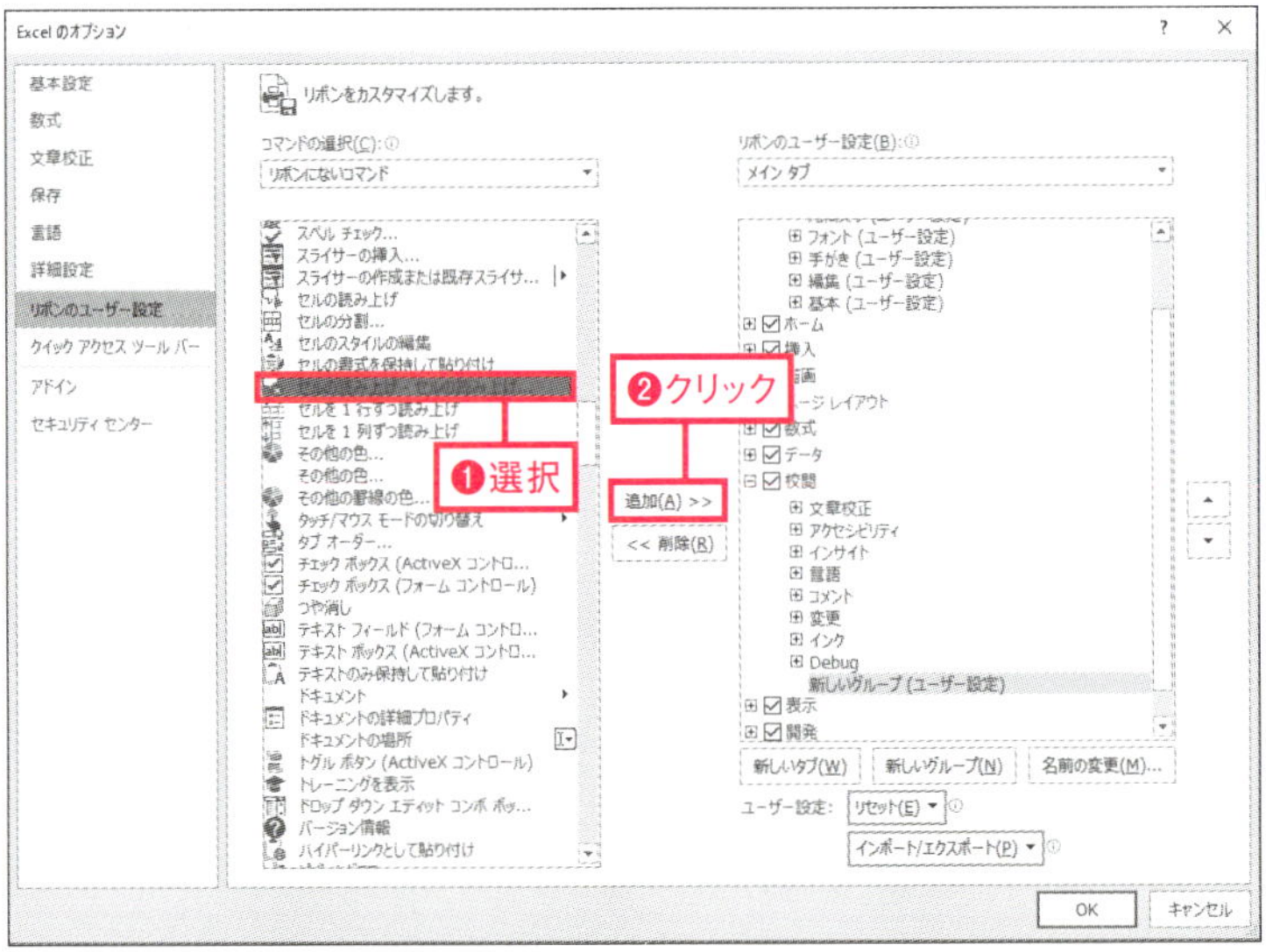

5 続いて「コマンドの選択」の枠から「Enterキーを押したときにセルを読み上げ」を選択し❶、「追加」をクリックする❷。

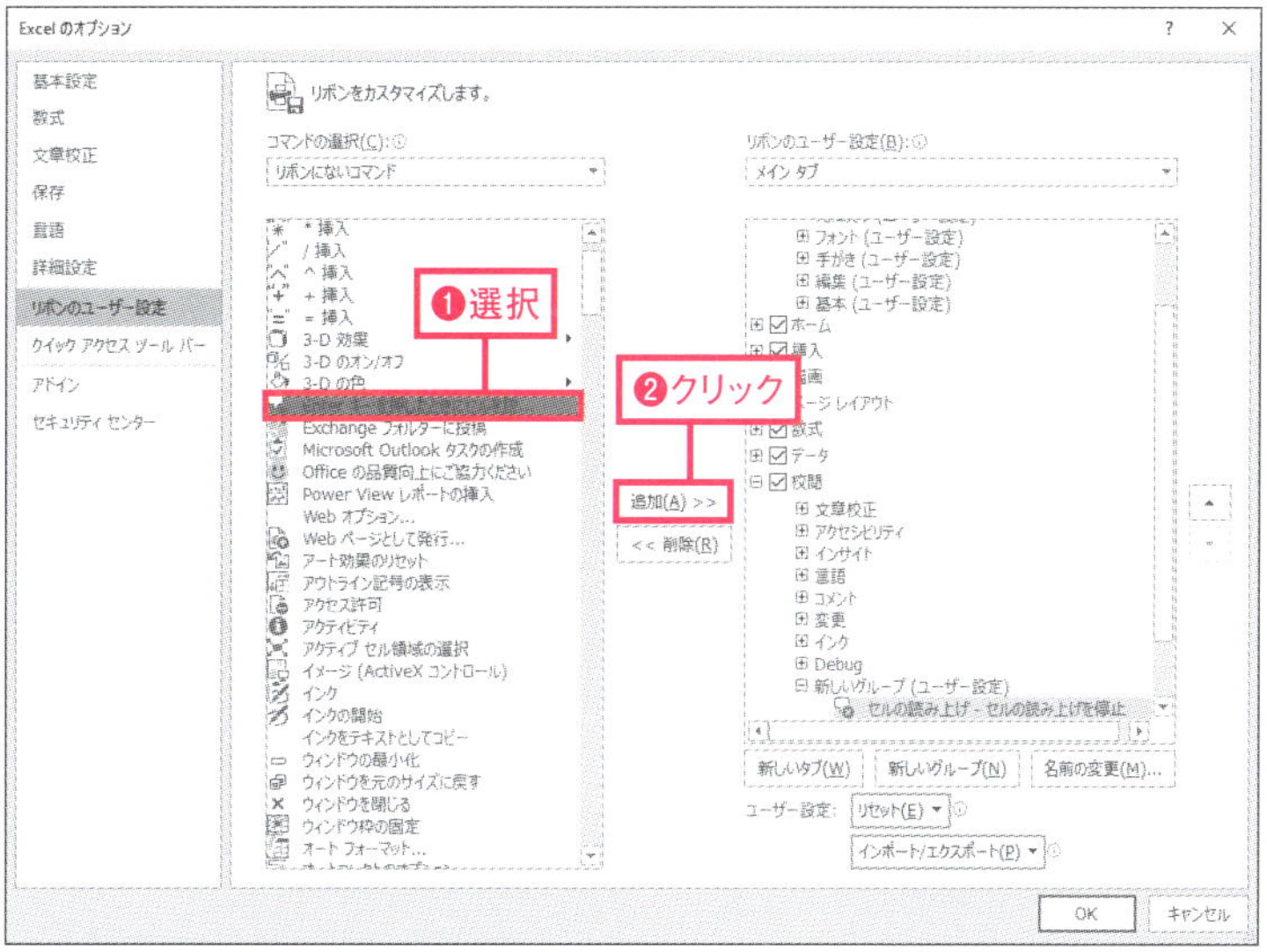

6 図の場所に「セルの読み上げ」「Enterキーを押したときにセルを読み上げ」が追加されたことを確認し❶、「OK」をクリックする❷。

7 これで、リボンに2種類の読み上げ機能が追加される。「校閲」タブを選択して、「セルの読み上げ」「Enterキーを押したときにセルを読み上げ」の2つのボタンが追加されていることを確認する。

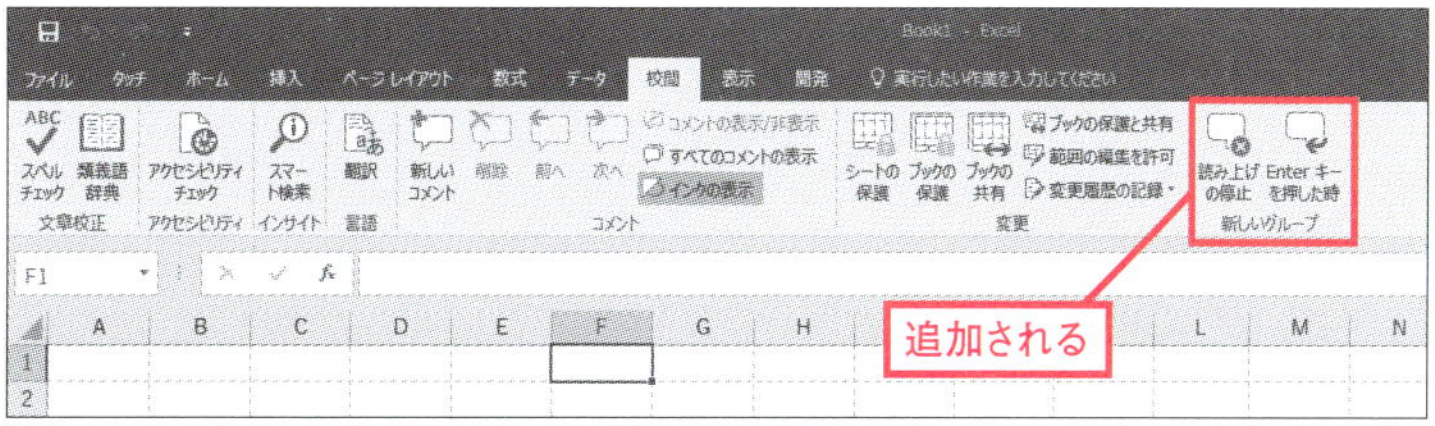

読み上げ速度を変更する手順

1 左下のWindowsマークを右クリックし、メニューから「コントロールパネル」をクリックする。

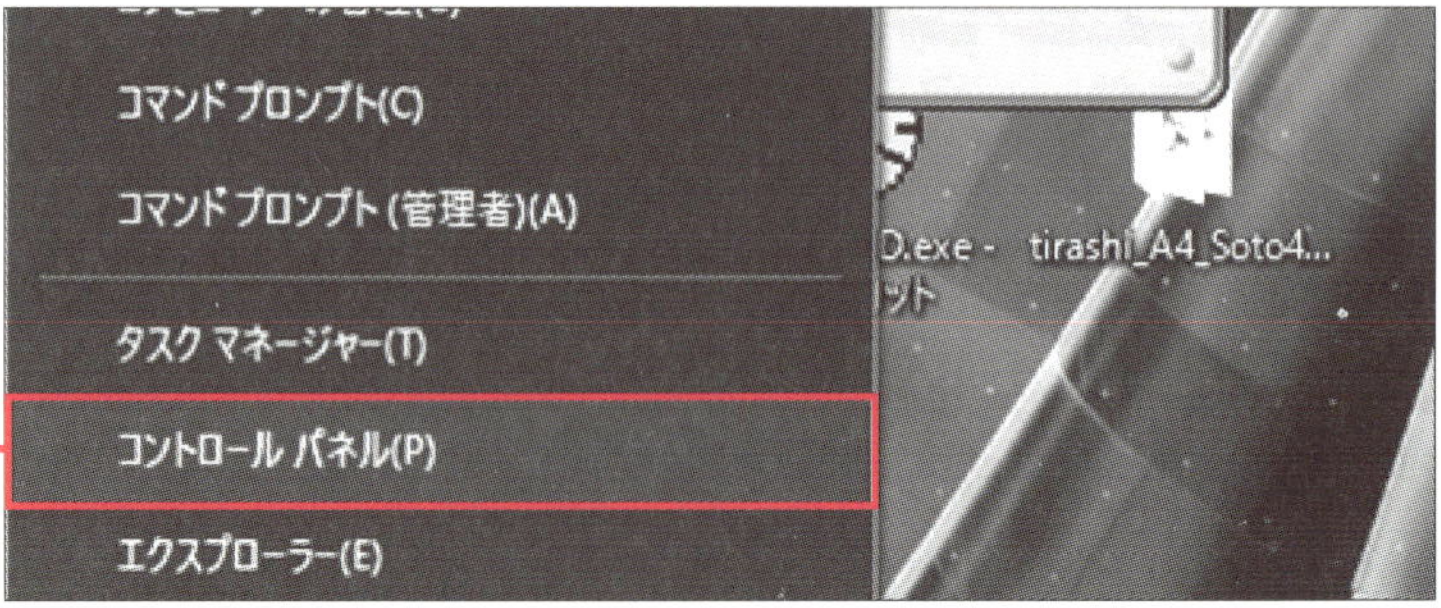

2 コントロールパネルから「コンピューターの簡単操作センター」→「音声認識」→「音声合成」とクリックしていく。

memo
設定によっては、コントロールパネルから直接「音声合成」を呼び出せる場合もある。

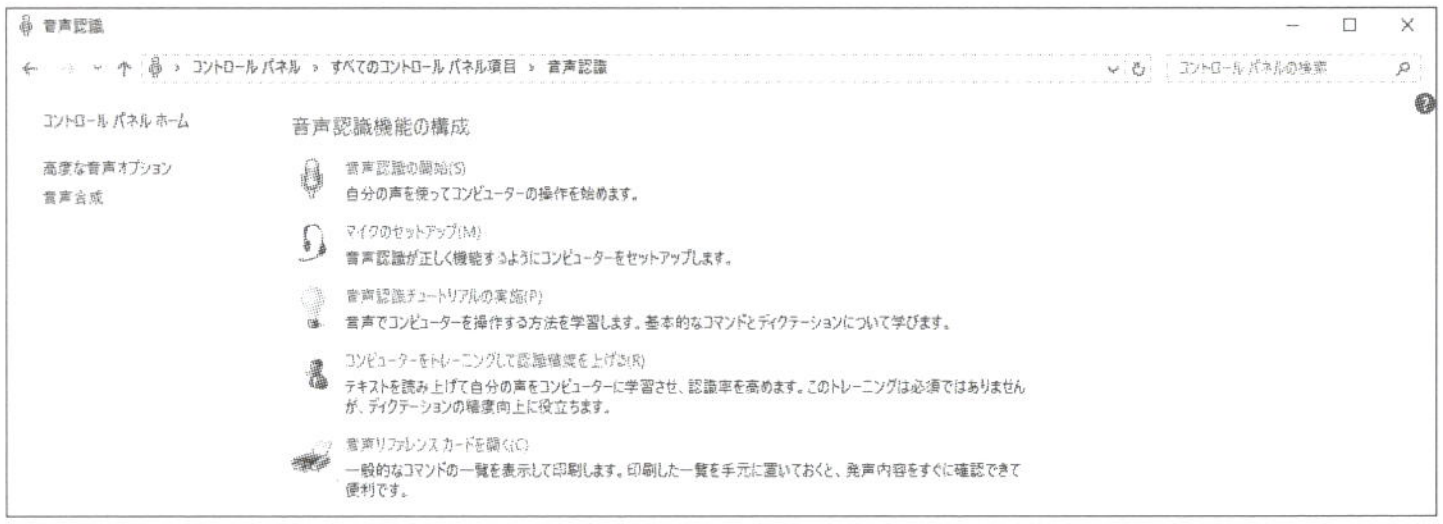

3 「音声認識のプロパティ」が開くので、「音声の速度」のツマミ部分を左右に動かして速度を調整する。

memo
速度をゆっくりにしたいなら左に、速くしたいなら右に動かす。「音声の再生」ボタンで再生テストができるので、試しながら調整しよう。自分の用途に合わせて、速度は随時設定していけば良い。

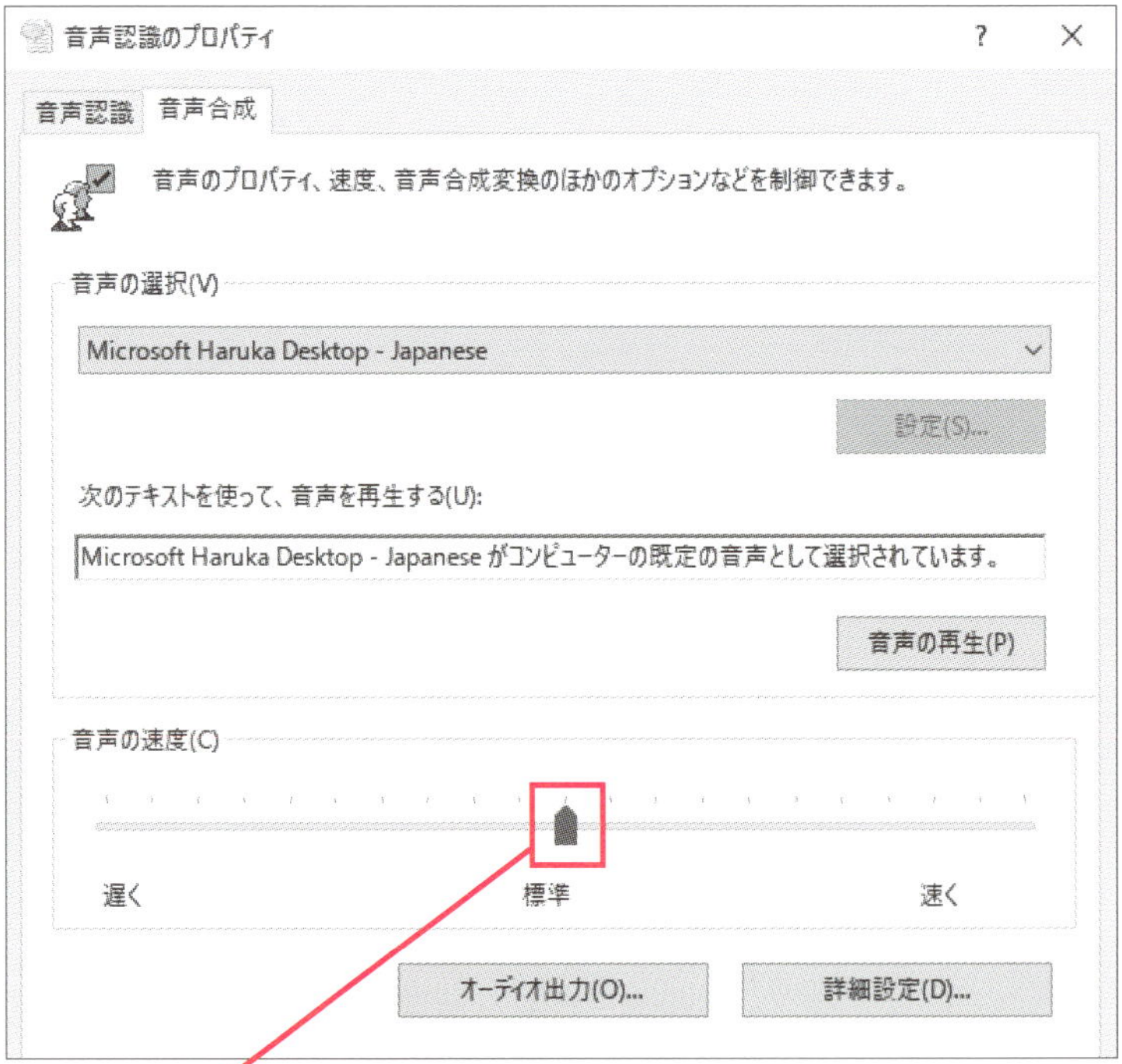

できるだろう。

音声に合わせて入力することもできればさらに便利かもしれないが、残念ながらフォーカスがはずれた時点でエクセルは読み上げを中止してしまうので、その使用法には適さないようだ。

読み上げる速度の変更

読み上げる速度を変更することも可能だ。この設定にはエクセルではなく、ウィンドウズのコントロールパネルを使う。手順は前ページの通り。

次に、「Ｅｎｔｅｒキーを押したときにセルを読み上げ」の機能を試してみよう。これは、設定しておけば、今入力したセルのデータ内容を随時読み上げてくれる機能だ。「Ｅｎｔｅｒキーを押したとき」とあるが、実際には「入力していたセルから別のセルにフォーカスが移ったとき」に読み上げをしてくれるので、カーソルキーやマウスによる移動にも反応してくれる。

この機能を使うには、まず「校閲」タブに追加された「Ｅｎｔｅｒキーを押した時」のボタンをクリックする。あとはこのまま、通常通りに入力をしていけば良い。入力が終わってＥｎｔｅｒやカーソルキー、マウスなどによって別のセルに移動したタイミングで入力内容が読み上げられる。読み上げられた内容に違和感があれば、データを見直そう。

ワードの場合も、「ファイル」→「オプション」で「Ｗｏｒｄのオプション」を表示させたあとは、エクセルの場合と同じように設定を行う。追加するコマンドは、「読み上げ」だ。

うまく設定できれば、エクセルのときと同じように「校閲」タブに「読み上げ」のボタンが追加される。

使い方はエクセルにおける「セルの読み上げ」ボタンと同様に、読み上げてほしい部分を範囲選択して「読み上げ」ボタンを押すと音声化してくれる。誤字脱字のチェックに、読み上げ音声を聞きながら印刷した文書を読むという使い方ができる。

読み上げ音声を聞きながら目視で文章を追ってチェックするのが基本的な使い方になるが、画面ではなく印刷した文章を見ながらチェックするほうがやりやすい場合もある。前述したカラーバールーペなども併用していくと、より精度を高めることができるだろう。

最近では、仕事のマニュアルも電子化されている場合が多い。ＬＤの障害からマニュアルを読むのに苦労している場合でも、この読み上げ機能は有効だろう。該当の文章をワードにコピー&ペーストし、「読み上げ」を使えば良い。

メールが来ているのに気づかなかった！

対策

○見落としたくないメールは、ルールの設定で目立たせる

事例

大切な取引先のメールを、まさかの1週間放置

ある日「お電話です」と取り次がれた電話の相手は、お得意様の取引企業。明るく挨拶をするも、返ってきたのは微妙な声。

「あの、先週メールを差し上げたんですけど、届いていませんでしょうか？」

「えっ!? あ、申し訳ありません、少々お待ちください！」

実はこのところ忙しくて、メールをため込んでいた。一応、差出人とタイトルで重要そうなものはないかどうか、ざっと確認はしていたつもりだったんだけど……。

しかし無情にも、大量の未読メールの列にはしっかり担当者さんの名前があった。日付は1週間前。内容は、この前こちらが送った仕様書の問合せ。

真っ青になってひたすら平謝りした。担当者さんは「いや、まあいいんですけどね」と言いつつも、呆れ声。大切なお得意様なのに、これで疎遠になってしまったらどうしよう。

原因

メールはためればためるほど、処理しなくなっていく

メールの処理をため込んでしまうのも、ADHDの**「先延ばし」**の影響だ。少しずつ片づければ問題ないのに、あとであとでと考えているうちに大変な量になってしまう。数をためればためるほど、ADHDにとっては手をつけるのが嫌な仕事になってしまう。

ASDでも何かの仕事に没頭していると、別の業務に頭が回ら

ずメールのような日常的な業務を後回しにしてしまうことがある。

ため込んだ未処理メールで危険なのは、大切なメールや緊急のメールを見落としやすい点だ。特に重要なお客様からのメールを見落としてしまうと、会社にとっても自分にとっても大きなダメージになってしまうこともある。

解決法　メールルールの設定で、大切なメールを見落とさない

まず、もし受信メールをフォルダー別に自動振り分けするよう設定しているとしたら、すぐに解除してほしい。

マメな人にとっては便利なフォルダー振り分けも、メールのため癖がある人にとっては見落としの危険をはらむ。全体でどのくらい未処理メールが残っているのか把握しにくくなって余計メールをため込みやすくなるし、それぞれフォルダーを確認するために見落としが出る可能性も高くなるからだ。

しかしもちろん、受信ルールの設定は使いようによって大きな武器になる。

メールルールの設定で、特定の条件のメールを目立たせる

メールソフトには、特定の条件のメールが届くと決められたフォルダーに振り分けたり、目立たせるように表示を変えたりできる機能がある。

この機能を使って、大事な相手からのメールを見落とさないように工夫しよう。

ここでは、ウェブメールのサービスではあるが、現在最も利用者が多いGメールで、**特定の相手からのメールを強調する設定**をしてみよう。設定の手順は次ページの通り。

アウトルックなど、一般的に使われているメールソフトであれば、たいていこのルール設定の機能がある。

もちろん基本的にはメールの処理はきちんとしていきたいが、それでもどうしても見逃しは起きてしまうものだ。1回の見逃しが致命的になってしまうこともあり得るのがメールなので、こうした機能を活用して少しでもミスを減らしていきたい。

Gmailで特定の相手からのメールを強調する手順

1 Gmailのメニューから右上の歯車のマーク❶→設定❷をクリック

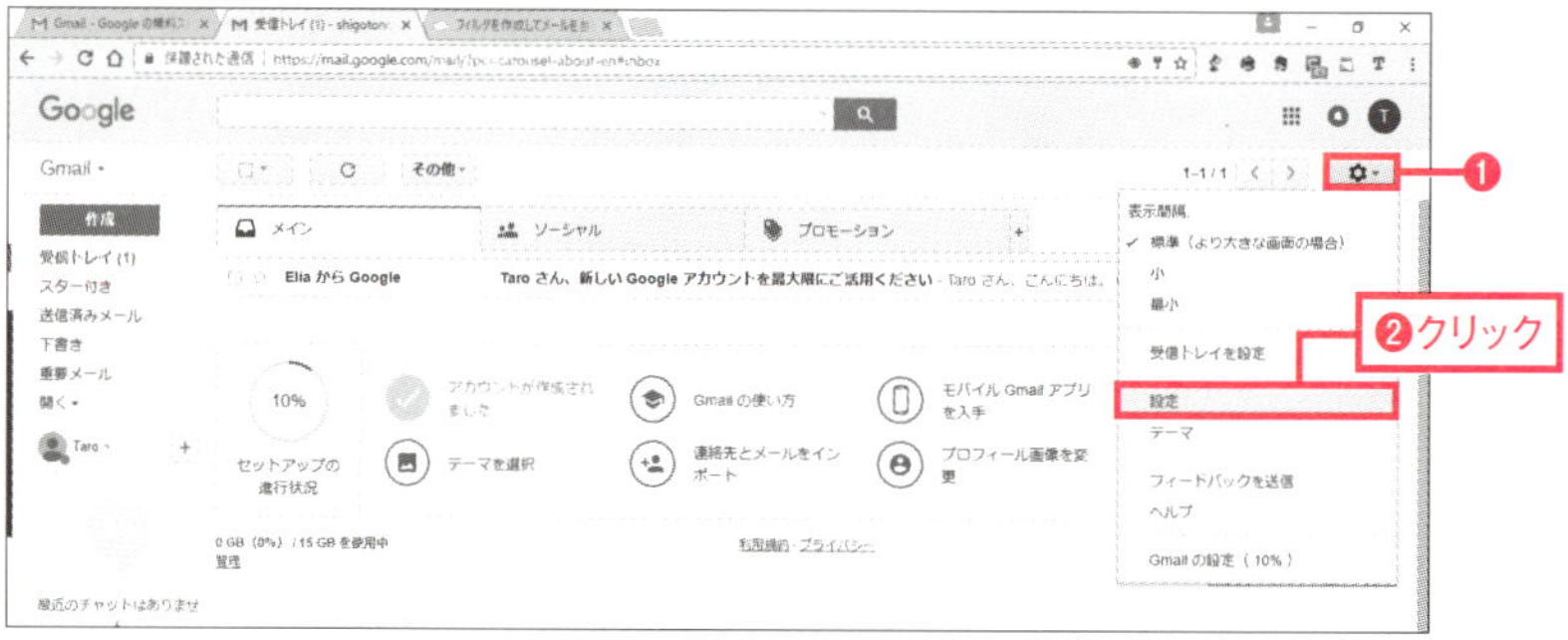

2 設定メニューの「ラベル」から、スクロールして「新しいラベルを作成」をクリック。「新しいラベル名を入力してください」の下の枠に、受信メールにつけたい注意書きを入れよう。「これだけは読む」など具体的なメッセージにするのがおすすめ。

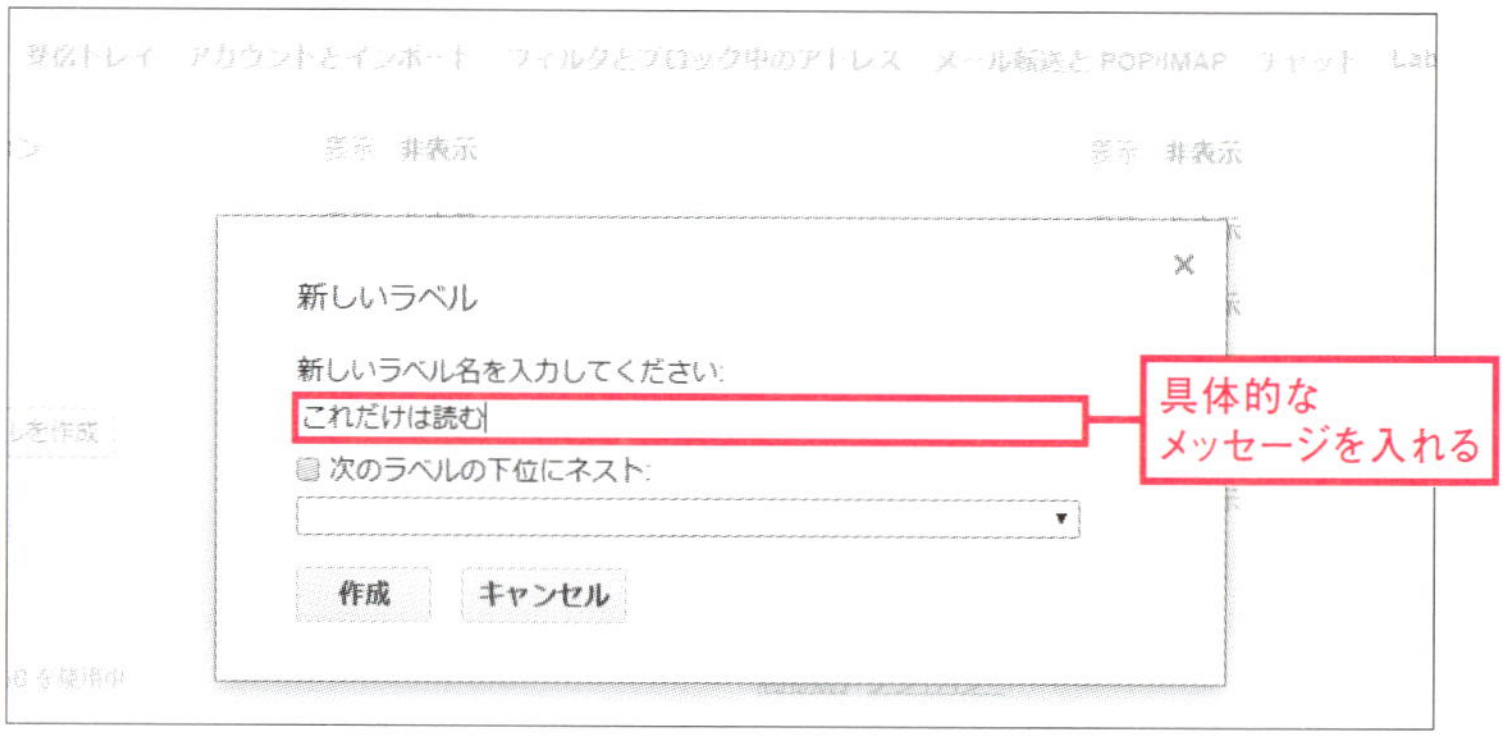

3 左端の「受信トレイ」「スター付き」などのフォルダーが並んだ一覧に、新しく設定したラベル名（例では「これだけは読む」）が追加される。この上にカーソルを合わせると右側に「▼」マークが現れるのでここをクリック→「ラベルの色」をクリックし、表示させたいラベルの色を設定する。赤など、目立つ色にしておこう。

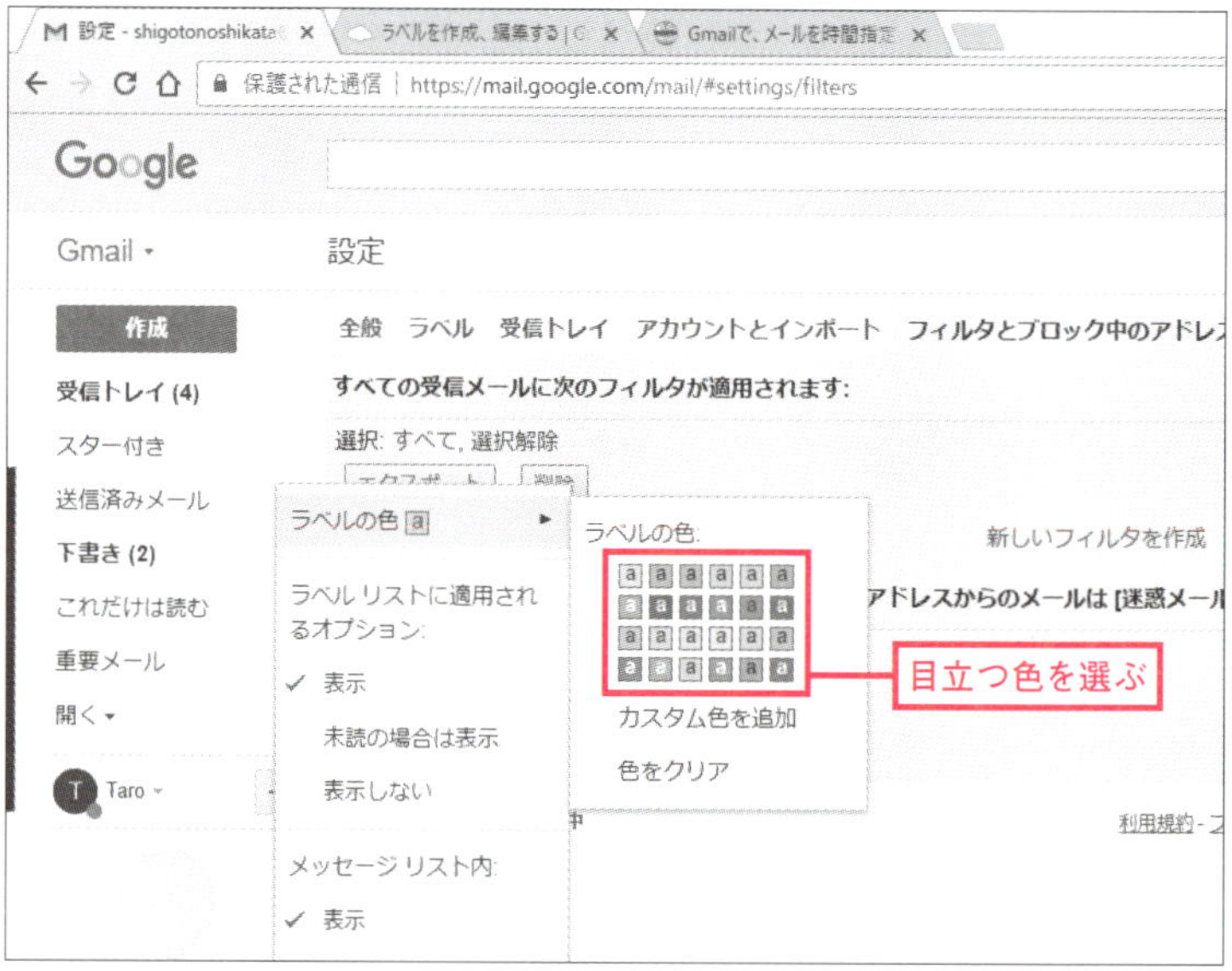

4 続いて設定メニューの「フィルタとブロック中のアドレス」から「新しいフィルタを作成」をクリック。「From」の欄に、強調表示したい相手のメールアドレスを入力し❶、「この検索条件でフィルタを作成」をクリックする❷。

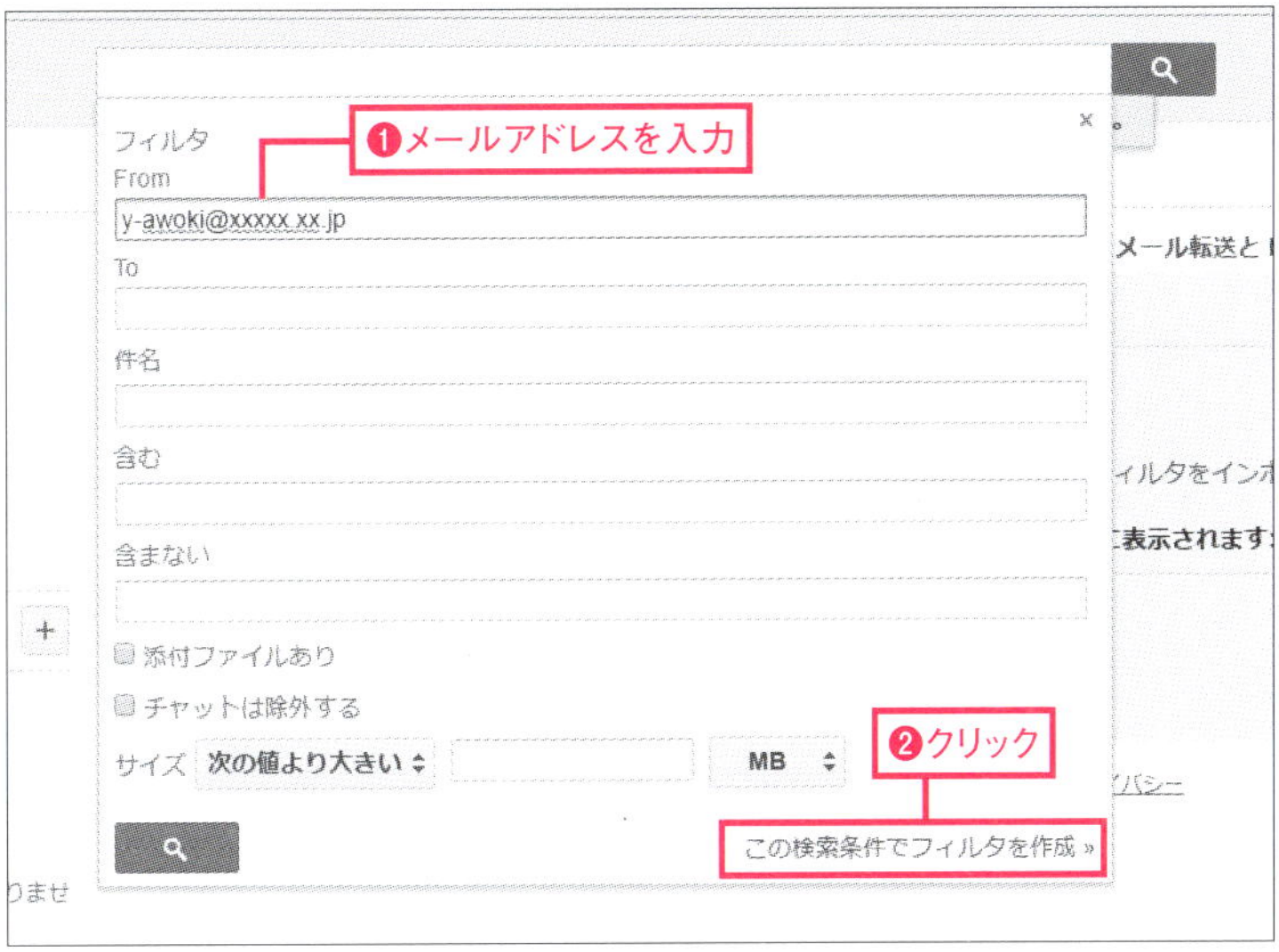

5 「ラベルを付ける」にチェック❶を入れてから、「ラベルを選択」❷→先ほど作ったラベル名（例では「これだけは読む」）❸をクリックし、最後に「フィルタを作成」❹をクリックする。

6 これで、設定したメールアドレスから届いたメールには設定したラベルが付けられる。扱いに慣れてきたら、アドレス別に別の色やメッセージのラベルを設定してみても良い。

何度もメールを誤送信してしまう

対策

- メール作成の手順は、宛先を最後にする
- 送信設定の変更で、とっさの場合にやり直せる環境にする

事例

宛先間違いに、敬称・添付ファイルの付け忘れ。メールのミスを頻発してしまう

お客様へのメールを打ち終わって、送信ボタンを押した瞬間に「様」の付け忘れに気づいた。慌ててももはや手遅れ。メールはすでに送信済み。仕方なく、すぐにお詫びのメールを書いて送信。

しばらくすると、先方から返事のメールが。「それはいいんですけど、添付ファイルがないようです」。

またもやお詫びメールの作成開始……。

この前は宛先を間違えて部長に同僚向けのタメ口のメールを送ってしまったし、自分はメールのミスが多過ぎる。

原因

ミスに気づかない不注意と、反射的に送信ボタンを押してしまう癖

宛先間違い、添付ファイルの付け忘れ、文面のミス。**「よくあるミス」**も、ADHDの不注意が関わるとその確率が跳ね上がってしまう。

メールを書き終わったら反射的に送信ボタンを押してしまうところは、衝動性も関係してくるかもしれない。

書き終わった文面を見直しながらもマウスカーソルが送信ボタンに向かってしまうため、事例のように送信ボタンを押した瞬間にミスに気づいて、「あっ！」となってしまうことも多い。

これはADHDだけでなくASDを持つ人にも多いのだが、

頭の中で「メールを書く↓送信ボタンを押す」の手順ができ上がってしまっているため、半ば自動的に手が動いてしまう。見直し忘れや、添付ファイル忘れが出るのもこの点が大きい。

解決法　メール作成の手順を変える&とっさのやり直しができるように設定を変更

メール作成の手順は、添付↓件名↓文面↓宛先で

添付忘れや見直し忘れの原因は、**メール文面を書き終わったら反射的に送信ボタンを押してしまう癖がついてしまっている**ことにある。

そこでメール作成の手順を変えることが、まず取り掛かるべき点となる。

新しいメールを書くときには宛先・件名・本文などを入力し、必要なら添付ファイルをつけて送信を行う。**それぞれの入力やファイルの添付を、自分はどういう順番で行っているかをまず確認してみよう。**

もし宛先から入力しているので

誤送信を防ぐためのメール作成の手順

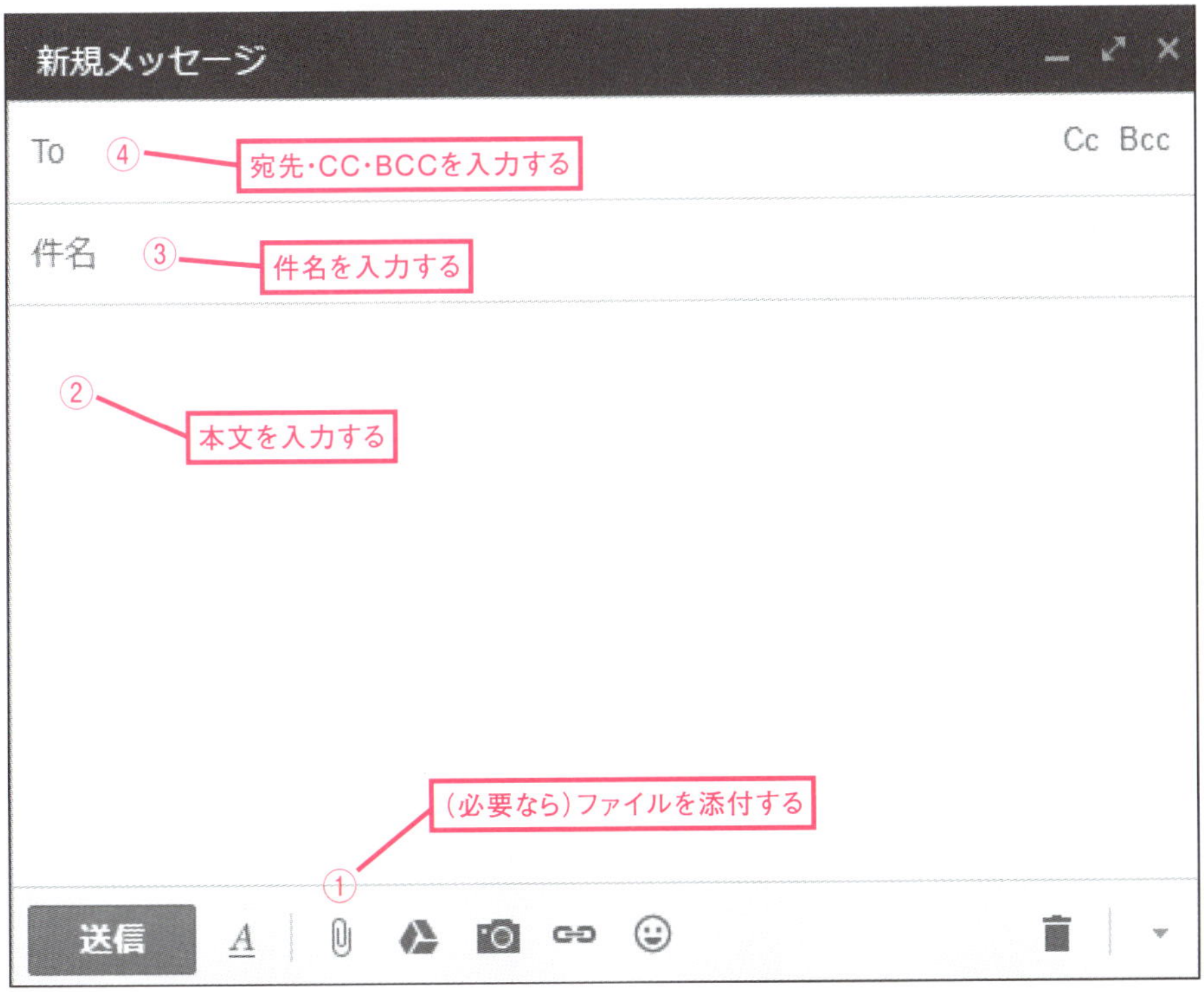

あれば、それは最もミスを引き起こしやすい順番だ。

　宛先を入れているということは、あとは他の項目がどうあれ送信できてしまう状態になる。メールソフトによっては件名や文面が空白なら注意が出ることもあるが、内容のチェックまではしてくれない。

　ミスを出しにくくするには、宛先を最後に入力するのがベストだ。

　具体的には、前ページの順番でメールを作成していく。

　宛先を入力するまではメールを送ることはできないので、本文を書いたあと誤って反射的に送信ボタンを押してしまっても送信されることはない。

　本文を書いたあと、件名・宛先と入れている間に冷静になることができ、文面などのミスに気づく機会も増やすことができる。

設定を変更して送信ボタンを押してからでも取消しができるようにする

　メールのミスは、送信後に気づくことが多い。せめて送信直後に気づいたものくらい取り消すことができたら……そう思ったことも、少なくはないのではないだろうか。

　設定によって、送信ボタンを押したあとに少しの猶予時間を作ることが可能だ。

　たとえばGメールでは、送信直後であれば取消しができる機能が実装されている。設定方法は、次ページの通りだ。

　この設定をすると、送ろうとしたメールは、「下書き」に入っている。内容を見直して、必要な部分を修正してから送り直せば良い。

「Right Inbox for Gmail」での予約送信を利用する

　Gメールで設定できる送信取消しの時間は、最長30秒。もう少し余裕が欲しい人もいるだろう。

　「Right Inbox for Gmail」というChromeブラウザー専用のアドインを使えば、これが実現できる。使い方は94ページの通り。

　「Right Inbox for Gmail」にはこのほか、送信予約時間が近づいたり送信相手からの返信がない際に通知をしてくれたりする「Remind Me」、決まった時間や曜日などに定期的に同じメールを送信してくれる「Recurring」など、発達障害の人にとって非常に便利な機能が装備されている。

　残念なのは、無料版だと月10通という制限があることだ。試してみて合うようなら、有料版にアップグレードするのが良いだろう。

Gmailで送信直後に送信を取り消す手順

1 Gmailのメニューから右上の歯車のマーク❶→設定❷をクリック

2 設定メニューの「全般」からスクロールさせて「送信取り消し」を探し、「送信取り消し機能を有効にする」のチェックボックスにチェックを入れる

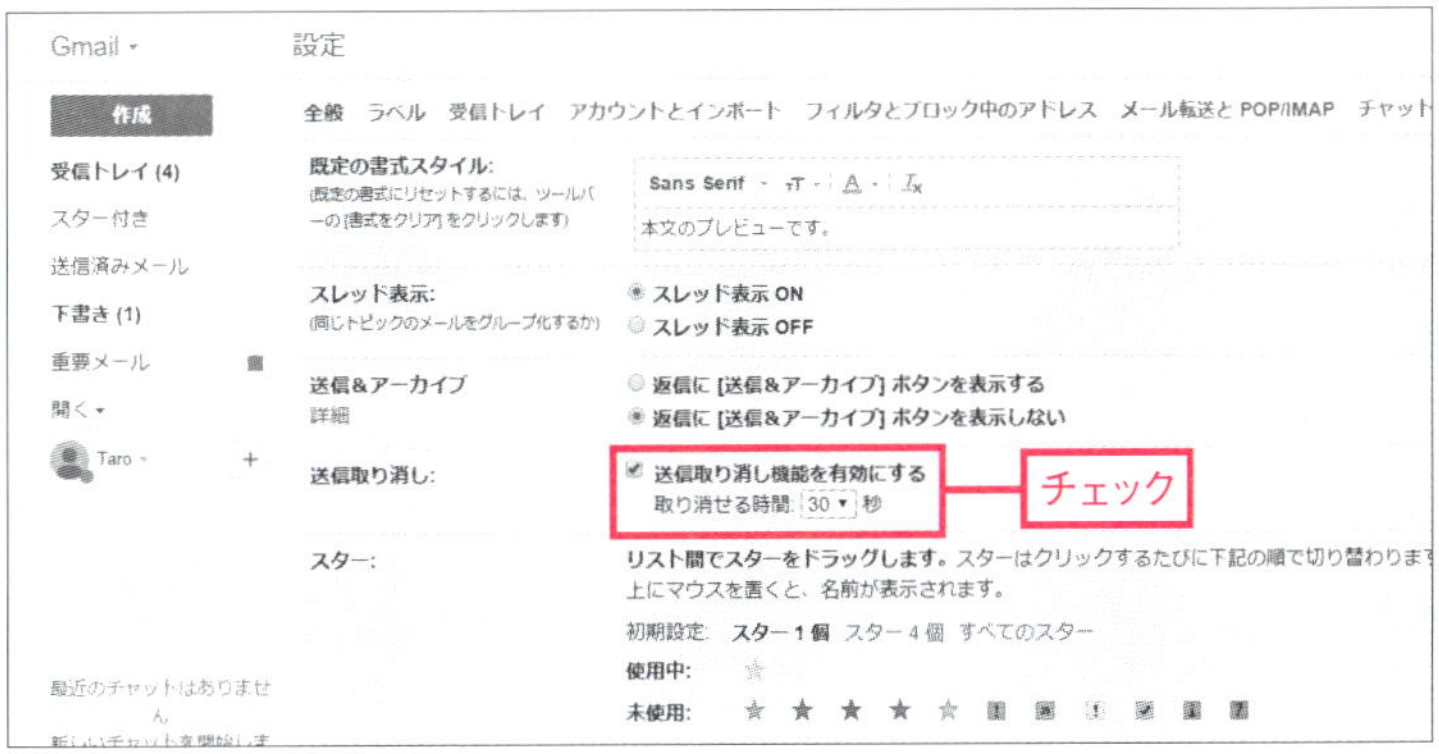

memo

「取り消せる時間」は最長30秒まで設定できる。これは30秒に設定しておくのが良いだろう。

3 「全般」メニューを一番下までスクロールさせ、「変更を保存」をクリックして設定は終了。この設定をしておくと、メールの送信ボタンを押したあと画面上部に「メッセージを送信しました　取消」という情報が表示される。このとき、「取消」の部分をクリックするとメール送信が取り消される。

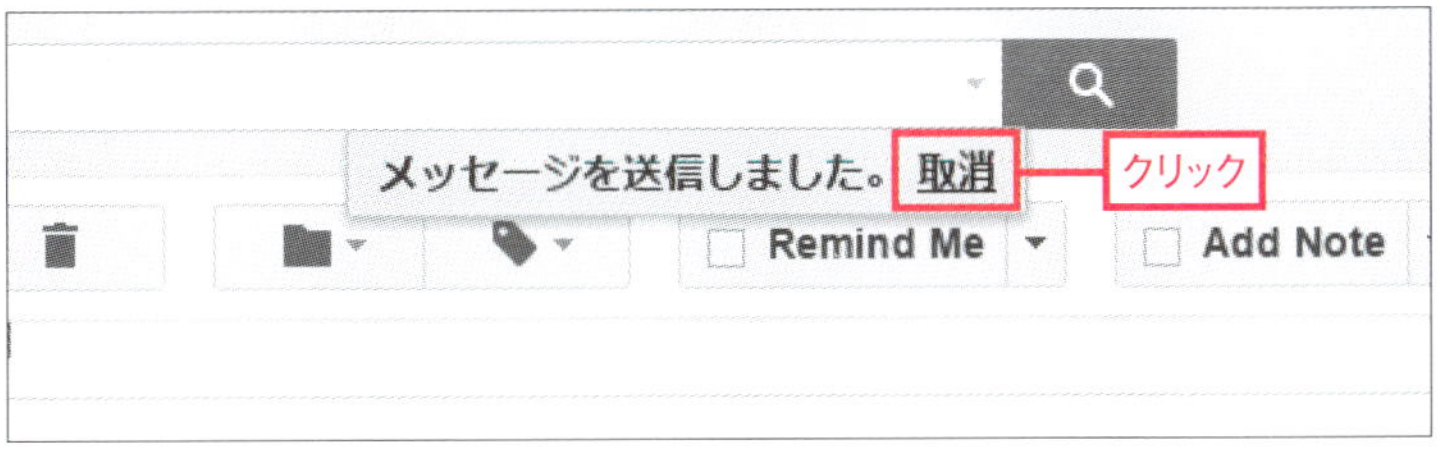

「Right Inbox for Gmail」の使い方

1 Chromeで次のURLを入力、あるいは「Right Inbox」で検索する。
https://chrome.google.com/webstore/detail/right-inbox-for-gmail/mflnemhkomgploogccdmcloekbloobgb

2 Right Inbox for Gmailの配布ページが開いたら、「CHROMEに追加」をクリックしてインストールする。

3 Right Inbox for Gmailをインストールしてから同じChromeブラウザーでGmailを開くと、はじめに課金設定が表示される。とりあえずは、無料版を選択する（「Limited」の下の「Select」をクリック）。

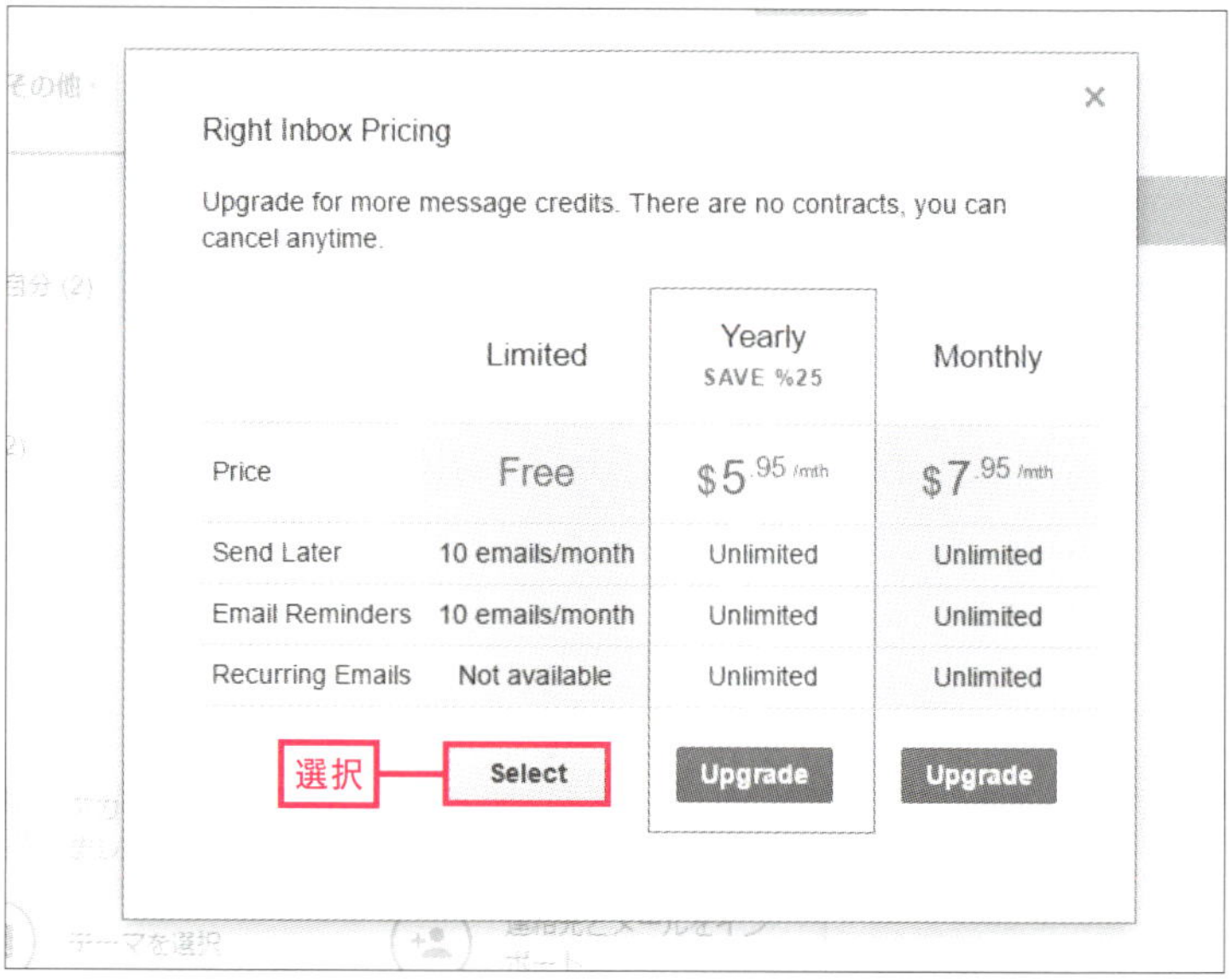

4 送信メールの作成を行うと、作成画面に「Send Later」「Remind Me」などのメニューが追加されている。メールを作成したあと、「送信」ボタンをクリックする代わりに「Send Later」をクリックすることで、そのメールをいつ送るかの設定が可能になる。急ぎのメールでなければ、1時間後（「in 1 hour」）に設定しておけば、十分にあとから見直しができる。

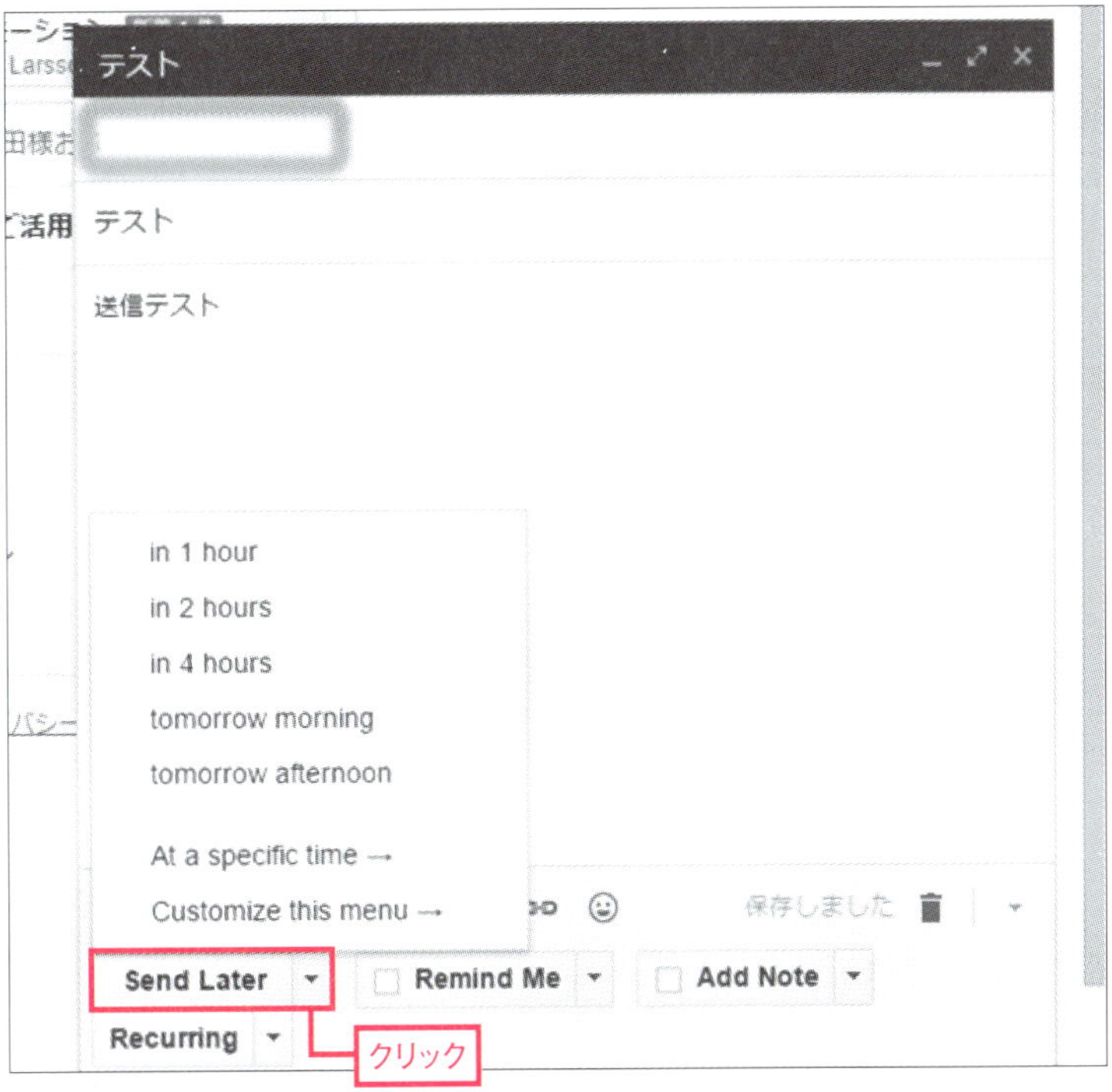

5 予約したメールは「下書き」に入っている。確認したあと、1時間後を待たずにすぐに送りたい場合は、メールを開いて「Send Now」をクリックすれば即送信される。逆に一旦予約を解除したいのであれば、もう一度「Send Later」をクリックして「Cancel Scheduled Email」をクリックする。

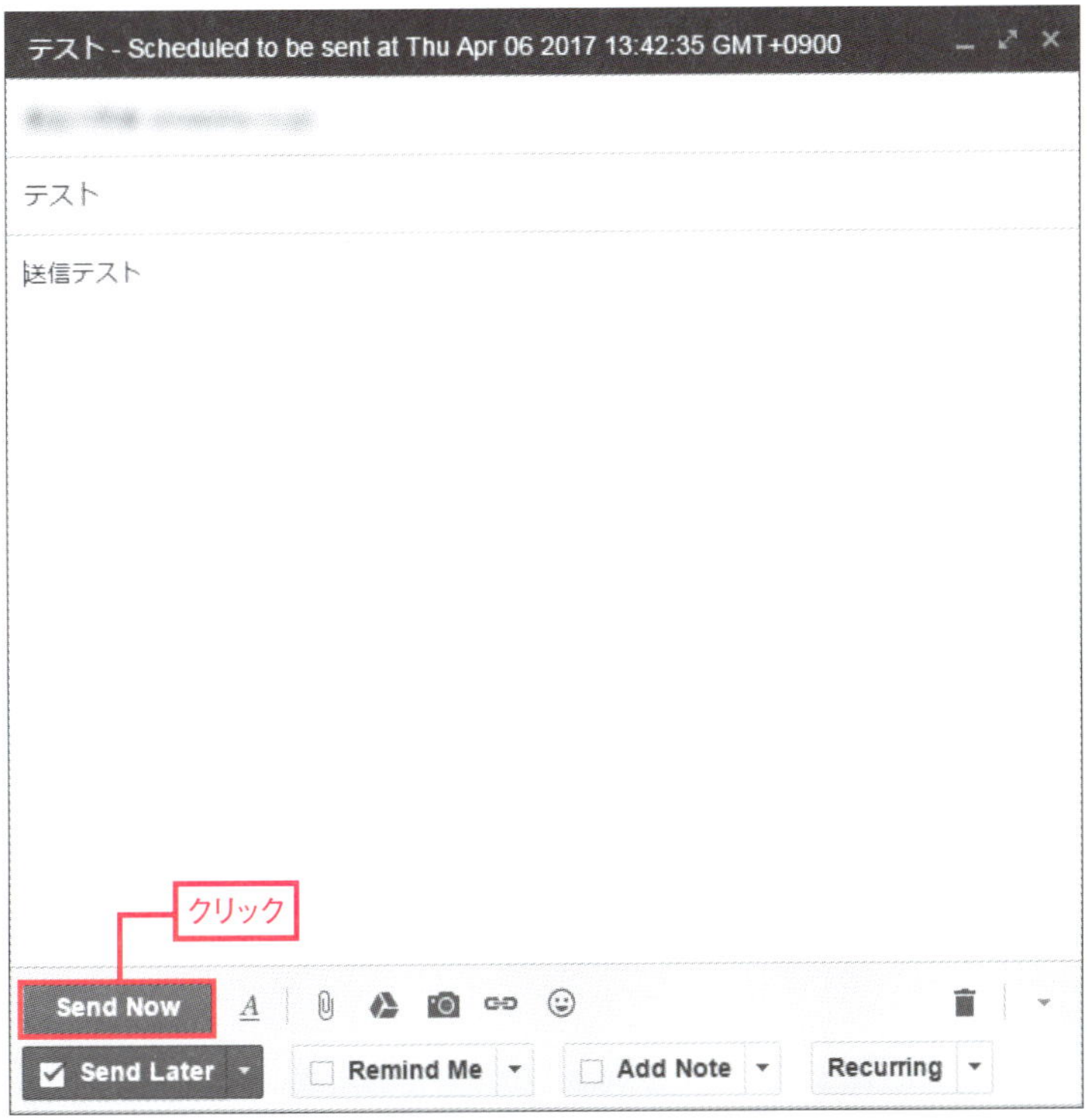

Column

障害者手帳の申請

障害者手帳には身体、知的、精神の３種類があり、それぞれ異なる制度によって成り立っている。発達障害者が障害者手帳を取得する際は、現在のところ「精神障害者保健福祉手帳」を取得することになっている。

精神障害者保健福祉手帳には1～3級の等級があり、１級が一番重い。その判定基準は、以下のようなものだ。

等級	判定基準
１級	精神障害であって、日常生活の用を弁ずることを不能ならしめる程度のもの
２級	精神障害であって、日常生活が著しい制限を受けるか、または日常生活に著しい制限を加えることを必要とする程度のもの
３級	精神障害であって、日常生活もしくは社会生活が制限を受けるか、または日常生活もしくは社会生活に制限を加えることを必要とする程度のもの

３級の基準に記される「社会生活」とは、仕事や学生生活を指す。障害者手帳とは、本人が障害のために仕事や学生生活に制限がある状態である、ということを認めるものなのだ。もちろん、細かい判定基準には具体的にどんな症状が出ているかといったことも掲載されているが、一番重要な点は、それで日常生活や社会生活に困難があるかどうかにある。

障害者手帳を取得すると決めたら、申請には医師の診断書が必要となる。その場合、発達障害の診断をしてもらった病院で相談するのが一番だろう。

手帳の申請は、自分の住む市区町村の障害福祉課、あるいは保健福祉センターの障害を扱う窓口（健康作り課など。自治体によって名称が異なる）に行う。申請用の書類も、ここでもらうことができる。

精神障害者保健福祉手帳は身体障害の手帳と異なり、2年ごとに更新の申請を行う必要がある。これは、更新時期になっても特に連絡はないので注意が必要だ。手続きを怠ると手帳が失効されてしまうので、気をつけよう。

誤解を受けやすいが、障害者手帳は障害者を認定したりレッテルを貼ったりするものではなく、公的なサービスを受けるためのライセンスに過ぎない。取得は義務ではないし、もちろんそれによって「障害」がついたり消えたりするものではない。必要があれば取得すれば良いし、必要がなくなれば返却することもできるのだ。

第4章

「物忘れ」を何とかしたい!

メモ取り編

大事な予定や持ちものを、いつも忘れてしまう。一度習った仕事のやり方を覚えていられず、何度も同じことを聞いてしまう。メモを取っていても、あとで見返すとどこに何が書いてあるのかわからない。仕事に響くことの多いこの物忘れ。対策のポイントは、「忘れても大丈夫」にしておくことだ。

メモが書けない、何を書いたらいいかわからない。全部書いたら間に合わない

対策

- あらかじめメモ用のフォーマットを決めておく
- メモはその場で依頼者に確認してもらう

事例　メモの取り方がわからない

手帳やメモ帳はいつも用意して、仕事の説明を聞くときには必ず準備している。でも、何をメモしたらいいかがわからなくて、説明が終わる頃にはいつも真っ白。仕方なくもう一度聞きにいったら、「ちゃんとメモを取れ！」と怒られてしまった。次第に聞きに行くのも遠慮するようになってしまい、わからないところを自分で判断してやってみたらまた叱られ……と悪循環に陥ってしまう。言われたことをそのまま書いていたらとても間に合わないし、ポイントだけと言われてもそのポイントがわからない。一体どうすればいいんだろう？

原因　言葉のコミュニケーションの苦手と、「大事なポイント」のズレ

ASDでもADHDでも、それらを抱えた人たちの多くは**人の話を聞くのが苦手**だ。

ADHDの脳は、興味のない話は長い時間集中して聞いていられない。一瞬でも別のことを考えると、もはや時間が飛んだような感覚でその間の話はまったく記憶に残らないのだ。聞こうと努力して

いても、頭に情報が入ってこないし眠気さえ出てくることがある。

　ASDを持つ人の理解の仕方は、コンピューター的なところがある。「大事なポイントを拾い出せ」ということをコンピューターにやらせようとするなら、「『大事』とはこの場合何か」をはじめに定義してやらなければ仕事はできない。ASDの脳も、個人差はあれ同じ要求をする。「大事」の意味はわかるが、「大事」は人それぞれ違うものだ。あなたの思う「大事」とは、どんなことなのか？

　そんなことから、メモすべき「大事な」ポイントも、明確な定義づけがなければ迷ってしまう。

　逆に一度定義づけられると、今度はその情報をすべて得なければ気が済まなくなることもある。この場合は、その情報はいらないと言われたなら、「この場合」の定義をもう一度伝える必要がある。

　そんなことから、「言わなくてもわかるだろう」と話の前提を略されたり、自分の辞書には載っていない微妙な言葉のニュアンスを使われたりすると、途端に情報不足でエラーを起こしてしまう。

解決法

ポイントはその場で考えるのではなく、あらかじめ「用意」しておこう

メモのフォーマットを決めておく

「メモはポイントだけ取れば良い」と言われても、一体何がポイントなのかもわからない。こうしたタイプの人は、練習して簡単にメモが取れるようにはならない。

　その場合には、**あらかじめメモのフォーマットを決めておく**のが良い。たとえば、何か業務指示を受けたときであれば、次ページのようなフォーマットを用いる。

　大事な点は、**必ずすべての項目を埋めるようにすること**だ。「わかっているから良い」とか、「この項目は関係ないから良い」などと考えて空白を残す癖をつけていると、結局また何のメモも残せなくなってしまう。ある程度強引でも良い（たとえば仕事場がいつもの自分のデスクでも、あえて略さず「自席」と書いておく）ので、とにかくすべての項目を埋めるようにする。それを考える癖づけが重要だ。

　たとえば、会議用の資料のコピーを頼まれたとしよう。次ページのフォーマットに従って、指示内容をメモにする。

　できたメモは、依頼者に見てもらって確認すると良い。聞き間違いや聞き落としは必ずあるものなので、確認してもらうことは大切だ。また、内容を確認することで依頼者が追加の指示を思いついたりすることもある。

メモのフォーマットを決めておく

日付：　／　／

内容：――①

目的：――②

日時：――③

場所：――④

関係者：――⑤

備考：――⑥

① 仕事や依頼の内容。「資料コピー」「営業会議」など、メモのタイトルになる部分。用件を簡潔に書くようにする
② 作業なら、最終的な提出物。忘れてしまってもいいように、ここはやや詳しく書いておく必要がある。資料のコピーなら「会議資料を8部」など、何の資料がいくつ必要なのかをはっきり書いておく。会議などなら、「A社案件進捗報告」など会議の目的を記しておく
③ 仕事の締切り日や、会議・打合せの開催日時など時間の情報を書いておく。「締切り：4/12 午前中」「5／16　15時開始」など、何の時間なのかわかるように書いておく。時間情報が複数あるなら、すべて記入しておく
④ 仕事に関係する場所の情報。訪問先の社名、待ち合わせ場所、打合せをする会議室番号などを確認し記入しておく。自席での作業なら、そのまま「自席」と書いておく
⑤ 業務の依頼者、訪問先の担当者、作業を教えてもらう人など、人名に関する情報。「依頼：長島部長　報告先：畑中課長」など、その人と仕事がどう関わっているのかも明記しておく
⑥ ①～⑤以外の必要な情報を記しておく

フォーマットに従って書いたメモの例

日付：2016／11／8

内容：会議資料のコピー

目的：明日11/9㈬13:00からの会議資料８名分の準備

日時：本日17:00まで

場所：3Fコピー室

関係者：依頼ー植田課長
営業一課全員（会議出席者）

備考：

・左肩留め

・会議出席者に配布

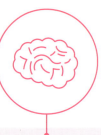

上手にメモが取れない

対策

- ○メモは1件1ページ
- ○一番上に大きく目立つように、日付とタイトルを必ず書く

事例

メモをしていたはずの仕事の手順、どこに書かれているのか行方不明に

仕事の手順がわからなくなって先輩に聞きにいったら、「それ、この前教えたところだよ。メモを取っていたでしょ」と返されてしまった。

慌ててメモ帳をめくってもぎっしりと詰まった文字の中、一体どこに書いてあるのかわからない。先週書いていた内容あたりのページを一生懸命探してみたけれど、それらしき記述は見つからない。ひょっとしてその日はメモ帳を忘れていて、適当に書類の裏にメモしたのだろうか？　その書類はどこだろう。捨ててはいないはずなんだけど。

メモの取り方はわかっているつもりだったし、実際書いた直後ならメモを見ながら仕事もできる。けれども、あとで読み返そうとすると、いつも見つからなくなってしまう。

ひょっとして自分のメモの取り方はダメなんだろうか？

原因

整理が苦手なASDとADHD、ノートにその傾向が出てくることも

発達障害の人のメモ帳を見せてもらうと、驚くほど整然と、きっちりと書かれたものがある一方で、まさに自由帳のように順番も内容の種別もなく書き込まれたものもある。

ASDを持つ人の場合、特によく見かけるのが、1冊のメモ帳に1行のムダもなく、予定も連絡

事項も仕事のやり方もぎっしりと書き込まれたメモ帳だ。タイトルも日付もなかったりするので、あとで読み返そうとすると頭から順に探していくしかない。

　ADHDを持つ人の場合は、その辺にある紙の裏にメモしておいてなくしてしまうことが多い。また、「忘れないように」と何冊もメモ帳を用意していて、あとでどのメモ帳に書かれているのか忘れてしまうこともある。

　ASDやADHDの特性としてよくいわれるのが**「整理下手」**だが、それが情報整理の不得意さとして現れる場合もある。あとで見返してもわからないノートには、この特性が現れている。

解決法 メモ帳の使い方にルールづけをしよう

仕事の手順などあとで見返すメモは、必ずタイトルをつけて書く

仕事の決まりや機械の使い方など、あとで見返すためのメモは、使い捨ての走り書きメモとは違う。内容を略さずしっかり書いておかないと、あとで使いものにならないものになってしまう。

　まずメモ用紙は、**「1件1枚（1ページ）」**と決めておく。もったいないなどと思ってはいけない。違う内容の情報がぎっしり詰め込まれたメモ帳をあとで見返しても、どこに何が書かれているのかまったくわからないものだ。

　そして、**1番上に大きく日付とタイトルを書く**。このタイトルこそ、メモの苦手な人の多くが書き落としているポイントだ。これが何のためのメモであるのかを表すタイトルは、あとで内容を見返すときの一番の頼りになる。よってタイトルは目立たせるため一番上に大きな字で書き、赤字にしたりラインを引いたりしておくと良い。

　業務のメモにタイトルをつけるということは、つまり「仕事に名前をつける」ことだ。何の仕事についての話なのか、意識していないままやり方だけ聞いても頭には入らない。記憶の棚にしまっておくためには、棚につけるラベルが必要だ。

　どうしてもタイトルが書けない場合は、教えてくれている人に思い切って「すみません、これは何

メモには必ずタイトルづけを

2016／4／8　週報の提出方法

締切り：毎週金曜日　午後3時まで

方法：メール にて、○○課長宛

フォーマット：共有サーバ　¥報告¥shuho_form.xls

その他：A4一枚以内

タイトルは目立つように大きな字で、赤字やラインを引いておく

ダイアリー式の手帳をメモ帳と併用する

2016／4／8
週報の提出方法

締切り：毎週金曜日
午後3時まで
方法：メールにて、
○○課長宛
フォーマット：共有サーバ
¥報告¥shuho_form.xls
その他：A4一枚以内

メモ用紙は1件1枚ページ

の業務についてのお話でしょうか」と聞いてしまおう。その回答を、そのままメモのタイトルにすれば良い。相手は鼻白んでしまうかもしれないが、何度も同じことを聞き直すよりは長期的に見てはるかに良い。

タイトルをつける癖をつけていくことは、仕事の吸収力を増すことにもつながっていく。

日付のついたダイアリー式の手帳を活用する

スケジュールを書いておくための手帳には「1日1ページ型」や「1日2ページ型」といわれる、1〜2ページが丸々1日分の記入スペースになっているタイプのものがある。

このタイプの手帳を愛用している人は、手帳に予定だけでなく、その日のメモ書きや記録をすべて書き込んでいることが多い。1件1ページのメモが合わない、またスケジュール帳とメモ帳が別々だと忘れやすいというタイプの人はこちらを活用しても良い。

あとでメモを探すときも、日付やその日の予定がインデックス代わりとなって探しやすくなる。

書き込む量が多い場合は日記帳を使っても良いが、必ず**はじめから日付が記されたもの**を選ぼう。日付を自分で書き込むようなタイプだと、結局それを無視して普通のメモ帳のように使ってしまうことにもなりうるからだ。

手帳とメモ帳を兼ねるのは、あちこちに適当に書いてしまうといった癖を防ぎ、情報を一本化するためになる。

デジタル派ならEvernoteを活用してメモを一括管理

スマートフォンが使えるのなら、**Evernote**の活用をおすすめしたい。Evernoteは、テキスト、手書きメモ、カメラ、音声とさまざまな情報を取り入れることができ、使いこなすことができれば、紙にメモするよりも自由度が高い。

また、データはネットワーク上に保存されるため、同じユーザーでログインすれば、スマートフォンやパソコン、タブレットなど、どの端末から読み出しても同じ情報にアクセスすることができる。これで「どの端末に保存したかわからない」ということは、もうなくなる。

しかし、フリック入力が大得意という人以外は、文字を書くスピードは紙にはかなわないかもしれない。スマホではとても先輩の説明のスピードについていけない場合には、ノートにメモをしてからEvernoteにアップするといいだろう。

会議でメモが取れない

対策

○目的、出席者、自分の言いたいこと、聞きたいこと。事前にわかる限りのことは書き出しておこう

事例

流れについていけず、メモが取れないまま終わった会議。一体何が決まったんだ？

新人のうちは問題なかった。先輩や上司から指示をもらって、その仕事をこなしていくだけ。指示をもらうときのメモは取れていたし、仕事も問題なくできて「期待の新人」なんて評価もされていたのに……。

先輩の手を離れて張り切って会議に出席したら、何人もの出席者がバラバラに言いたいことを言い合っていて、誰が何を言っているのかさっぱりわからない。

ホワイトボードを見ても会議の流れや何を話し合っているのかもわからず、なぐり書きで数字や日にちが書かれているだけ。

混乱しているうちに「じゃ、そういうことで」と解散になってしまった。

もちろん、手元のメモ帳は真っ白。一体何が決まったのか、自分は何をすればいいのかまったくわからない！

原因　ASDにとって複数人での会話は鬼門

ASDを持つ人は、**「みんな」に向かっての言葉を自分のものとして受け取れない**という不思議な特性が出ることがある。1対1なら誤解なくきちんと指示を受けられるのに、朝礼などで全体に向けられた連絡や指示は何ひとつ頭に入らず、「そんなこと言われました？」となってしまうタイプの人がよく見受けられる。これは、本人が自覚して頑張って聞こうとしても難しい場合がある、なかなかやっかいな特性だ。

会議の発言は基本的にすべてその場にいる「みんな」に向けての発言なので、同じように取り入れるのが難しくなる。

その上、複数入り混じっての会話も大の苦手だ。複数人が一斉に喋り出すと、ASDの当事者にとってはそれらの声を切り分けて理解するのが非常に難しい。

誰かの会話の内容を前提に誰かが話をするという状況も、苦手な要素だ。ただでさえ前提条件を元にした省略の多い会話が苦手なのに、それが複数人の話題によってしまってはどうしようもない。

アルバイトや派遣のうちは有能と言われたのに、正社員になった途端、仕事ができなくなった。新人のうちは仕事ができていたのに、自分の裁量に任されて会議や打合せに出るようになると何をやれば良いのかまったくわからなくなった。

そういうタイプの人は、会議や打合せに原因があるのかもしれない。新人のうちは直接上司や先輩から指示を受けることが多いが、ある程度仕事に慣れていくと会議や打合せなどで自分の仕事が決まるようになってくるからだ。

Column

障害年金の申請

障害者手帳を取得しただけでは年金は発生しない。障害年金を取得するためには、手帳とは別に申請する必要がある。

申請先は、最寄りの年金事務所の窓口になる。必要書類もここでもらうことができる。

ここで申請できる年金は、診断時に入っていた年金によって種類が異なる。

診断時に国民年金に加入していたなら、障害基礎年金。診断時に厚生年金に加入していたなら、障害基礎年金＋障害厚生年金となる。

つまり、診断時の加入年金によって金額が異なってくる。

申請には初診日の日付が重要になるので、あらかじめ医師と相談しておくと良い。病院での受診記録の保管義務期間は5年間で、それ以上遡ると記録が得られない場合があるので注意が必要だ。

申請は自分で行うこともできるが、この手続きはかなり複雑だ。このため、社労士へ依頼して手続きを代行してもらう人も多い。

社労士の情報については、発達障害者支援センターに相談してみると良いだろう。

解決法 会議前にわかっていることを予習する

会議メモは、事前にわかっていることをまとめておく

会議や打合せでは、事前の準備が大切だ。**会議が始まる前に、わかっている限りの情報を事前にまとめておこう。**

見落としがちな項目は、**会議の目的**だ。複数の人が話していると、会話の流れはどんどん変わってしまう。大きな目的を確認しておくことで、会議中も話の軸を見失わないようにする。

次に重要なのは**TODO**と**確認事項**の項目、つまり会議の中で自分がやるべきことや、確認しなければならない情報をあらかじめ整理しておくことだ。たとえば、「この会議によって、自分にどんな仕事が加わるのか」「自分の仕事がどう変わるのか」、この点は必ず確認しておくべき事項だろう。

用意しておいたメモは手元に置いておき、会議中いつでも確認できるようにしておこう。

実際に会議が始まったら、この事前メモに追加する形でメモを書き加えていく。**追加部分を赤字で書く**とわかりやすい。

この方法のポイントは、**事前に知っていること・わかっていることをあえて書き出す**ことで、頭に置いておかなくても良い状況にすることだ。頭に置いておくべきことを書き出しておけば、その分、頭のリソースを会議に集中させることができる。また、事前に用意した内容に書き加えていけば良いので、会議中のメモを最小限に抑えることができる。

Column

障害者向けの職業訓練

発達障害も含めた障害者が利用できるサービスの1つに、次のような職業訓練がある。

●就労移行支援

常設された施設で、就職を目指しての訓練ができるサービス。最大2年の期間を使って、職業訓練や就職活動のアドバイスを受けることができる。

就労移行支援の利用については、障害者手帳は必須ではないが、医師の診断を前提とした「訓練等給付」の申請が必要になる。詳しくは最寄りの自治体の障害福祉課で尋ねてみよう。

●委託訓練

都道府県などが、公共の職業訓練を民間団体などへ委託したもの。対象者であれば、基本的に無料で訓練を受けることができる。

訓練内容は実施団体や企画によってさまざまだが、基本的に短期のものが多い。時期によって開催されているものも異なるので、利用を検討する場合はその都度情報をつかむ必要がある。

委託訓練を検討する場合は、ハローワークの障害者対応窓口や支援センターを訪ねてみよう。

会議メモの具体例

2016／11／16　A社プロジェクト進捗会議 ❶

目的：A社プロジェクトの進捗報告・エラー対応の決定 ❹

日時：11/16 15:00～

場所：大会議室

出席者：石田部長、田中課長、山本、原田、谷本、杉田

事前準備物：
・メール送付資料を各自印刷、持参
・担当業務の進捗発表準備

❷ TODO：
・自分担当分の進捗報告　→完了
　→進捗の遅れはないがメンバー1名が退社予定、
　スケジュール通りであれば
　人員の補充が必要 ❺

確認事項：
・要請（人員補充）についての対応伺い
　→石田部長承認、選出は後日
・追加タスクの確認　→追加人員選出、引き継ぎ指示 ❸
　：

❶事前に知っていること、わかっていることを書き出しておく
❷会議の中で自分がやるべきことや、確認しなければならない情報をあらかじめ整理しておく
❸会議メモの追加の部分は赤字で記入する
❹会議の目的は見落としがち。大きな目的を確認して、話の軸を見失わないようにする
❺メモは手元に置いておき、会議中いつでも確認できるようにしておく

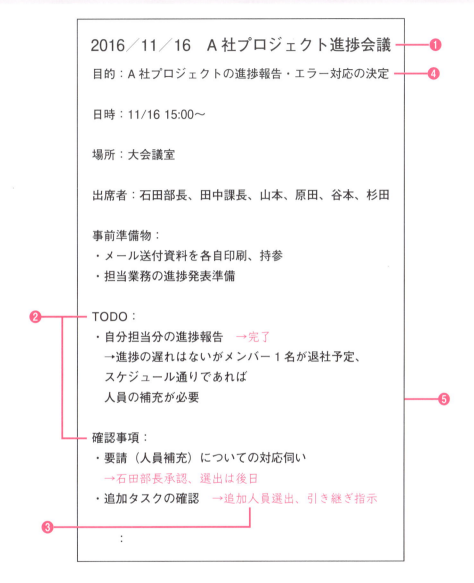

どんな方法を使っても、とにかくメモは無理

対策

記録の方法はメモだけではない。ボイスレコーダー、カメラを活用してみよう

事例

学生時代からノートが取れなかった。仕事でもメモが必要なんて……

高校生まではとにかく黒板の内容を書き写せば良かったから、ノートの取り方に悩むこともなかった。

大学に入ったら教授は話すばかりで板書してくれず、授業なんかさっぱりわからない。だけどサークルの先輩や友達にノートを借りて、何とか切り抜けていた。

ところが仕事に就いたら、これがどうにもならなくなった。手順が複雑な仕事なのでメモは絶対必要だが、書いているうちにも話がどんどん進んでしまうし、そもそも話がろくに頭に入ってこない。

先輩に相談してもネットで検索しても、「ポイントだけ書け」とか「5W1Hだよ」とか、昔先生に言われたようなことばかり。

そのポイントがわからないし、そもそもなんでみんな、「見て聞いて書いて」を同時にできるんだろう？

原因

並行作業が苦手なASD。集中が難しいADHD。書字障害の可能性大

ASDがあると、**基本的に並行作業が苦手**なことが多くなる。この度合いは人によってさまざまで、単純に抱えている仕事がいくつもあるとスケジューリングがうまくいかなくなる人から、〝左手で定規を押さえて右手で線を引く〟ことまで苦手なタイプの人もいる。

メモは高度な並行作業だ。目で手本を見て、耳で説明を聞いて、頭でポイントを考えながら手で書く。1つ1つのことはできても、同時にしなければならないとなると混乱が生まれる。その上、ASDの脳は説明もされてない「ポイント」を捉えるのがまったく苦手なのだ。

ADHDの場合は、**一人の話に意識を集中し続けるのが難しい**。ちょっと他のことに気を取られていると、気づいたら先輩の説明が終わっていたなどということにもなる。

また、LDの1つに、**書字障害**というものがある。文字がまったく書けない、漢字だけ書けない、鏡写しだったり部首の位置がちぐはぐだったりする。あらわれ方は人それぞれ違いがあるが、読めるのに書けない。書き写すだけなのに、大変な努力がいる、という人は、この障害がある可能性もある。

解決法　無理なく記録できる環境を整えよう

音声ならボイスレコーダーを活用しよう

メモの取り方がわからない。それならいっそ、メモを取ることは諦めてしまう手もある。

言葉なら、**録音してしまおう**。スマートフォンなら専用のアプリ、携帯電話にもレコーダーの機能を兼ね備えたものもあるが、音質を考えると専用のボイスレコーダーが望ましい。安いものなら3000円くらいで十分な機能のものが手に入る。ただし、録音が問題になる場合もあるので、事前に上司の許可は取っておこう。

録音し損ったら、「すみません、もう一度お願いします」と素直に相手にお願いする。相手も仕事のためなら、「あとでミスされたり、何度も聞き直されたりするよりマシ」と考えてくれるだろう。

録音しづらい状況なら、忘れないうちにすぐに自分で内容を吹き込む方法もある。

少し高価になるが、ポケットに入れておくだけで「会話を感知したら自動で録音開始」までしてくれるボイスレコーダーもある。家電量販店で、お店の人に相談してみるのが良い。

電話応対なら、電話専用のマイクも販売されている。イヤホンにマイクがついているもので、受話器からの音声を録音しつつ同時に

自分の耳でも聞くことができる。これを使いたいなら、外部マイクを使えるタイプのボイスレコーダーを選ぼう。

　ボイスレコーダーの良いところは、録音した日時まで記録してくれるところだ。録音した日時をすぐに出せるし、日時を目当てに必要な音声を探し出せる。

　またほとんどのボイスレコーダーは、パソコンに音声ファイルの形でデータを保存しておける。「20160607_会議」などとファイル名をつけて決まったフォルダーにしまっておけば、あとで探して聞き直すこともできる。

　トレーニングしてメモを書けるようになりたいという前向きなタイプなら、録音や写真から必要なところを文字にするようにしていけば良い。録音なら何回でも聞き直せるし、元のデータをとっておけば、「あ、メモしていないことがあった」というときも安心だ。

目で見る内容ならデジタルカメラで撮影。スマホのカメラなら、さらに便利

　会議でホワイトボードに板書された内容なら、**デジタルカメラで撮影してしまえば一発だ**。携帯電話、スマートフォンにも今は画質の良いカメラがついている。ただし、皆が話している最中に「パシャッ!」は止めておこう。会議が終わったタイミングに「自分が消しておきますよ」と言っておいて、撮影してから掃除。あるいは休憩時間などの合間に撮影。もし会議中に消されてしまいそうになったら、「すみません、撮影して良いですか?」と許可を得てから撮影するようにしよう。もし客先での会議なら、同様に会議が終わったあと、素直にお願いするのが良い。

　職場に皆の予定表があるのなら、それも撮影。廊下に連絡が貼り出されたら、それも撮影。とにかくスマートフォンの中に必要な情報が全部入っているのなら、あとで何とか探すこともできる。

　その点スマホの便利なところは、サムネイルでの画像一覧や日付からの検索ができるところだ。ＡＳＤやＡＤＨＤを持つ人には、視覚情報優先タイプの人も多い。言葉では思い出せなくても、ビジュアルから記憶をたどることは得意なタイプの人が多いのだ。なお、読字障害などのＬＤがある人にとっても、画像で探せることはメリットになる。

　道具の使い方や挨拶の仕方などの手順が入る場合は、動画で撮影してしまおう。

　特に文字の扱いが苦手な読字障害、書字障害といったＬＤがある人には、紙のマニュアルよりも動画で手順を記録したほうが有効になるだろう。

上手にメモが取れない人のための３つの解決策

① ボイスレコーダーの活用

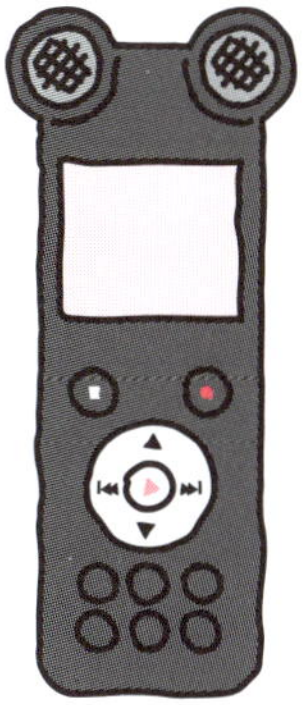

- 事前に許可を取っておく
- 録音に失敗したら、もう一度話してもらうようにお願いする
- 録音日時を記録してくれるので、すぐに検索できる

② デジタルカメラで撮影

- 会議が終わったタイミングで撮影する
- 予定表や連絡事項など、撮影できるものはすべて写し、情報を一元化する
- サムネイルや日付から検索しやすい

③ 動画で撮影する

- 手順があるときには動画のほうがわかりやすい
- 読字障害や書字障害の人には最適な方法

短期記憶が苦手で、データ入力の効率が悪い

対策

○デュアルモニターを活用する

事例

資料を見ながら入力作業。簡単な仕事なのに、効率が悪くてうまくいかない

パソコンで事務作業。もらった資料から別の表ファイルに写していくだけの作業だが、画面が狭くてどうにも効率が悪い。最初は資料と表ファイルを画面いっぱいに開いていたら、ウィンドウを切り替えるたびに入力するデータを「あれっ、何だっけ?」と忘れてしまって資料と表ファイルをいったりきたり。

同僚から「入力するウィンドウと資料のウィンドウを半々で開いてみたら?」とアドバイスをもらってその通りにしたら、今度は広い表の一部しか見えなくて入力する欄を間違えてしまった。

こんな感じで他の人より仕事が遅くて、上司にも「こんな簡単な仕事に何で時間がかかるの?」と言われてしまった。

原因

入力作業には、ワーキングメモリが関わってくる

ASDやADHDを持つ人の根本的な原因として指摘されているのが、**ワーキングメモリ**の問題だ。発達障害の人には「勉強は得意なのに物覚えが悪い」というタイプの人がいて、よく周囲に不思議がられる。

ワーキングメモリは、人の機能をパソコンのメインメモリにたとえた考え方だ。パソコンでは、単

純にデータを保存できる量ならハードディスクの容量に左右されるが、仕事の効率はCPUの性能とメインメモリのサイズで決まる。そしてパソコンを使っている人なら実感できるかもしれないが、メインメモリの広さはCPUの性能以上に作業効率に響く。どんなにCPUが優秀であっても、大容量のハードディスクを積んでいても、メモリの少ないパソコンでは極端に処理能力が落ちてしまう。

　勉強は得意なのに仕事の物覚えが悪いのは、CPUは優秀、ハードディスクは大容量、だけどメモリが少なくて**一度に扱える情報量が少ない**ということだ。1つ1つ思い出して解答していけば大丈夫なテストと違って、仕事は同時並行で進めなければならず、また必要な情報がケタ違いに多い。

　発達障害の人が効率的に仕事を行うには、この**ワーキングメモリを補う工夫が必須**になる。パソコンでメモリを増やすように、自分のワーキングメモリの代わりをしてくれるものを用意すれば良い。

解決法　資料と作業画面、両方がすぐ視界に入る環境を作ろう

ポイントは、**必要な資料がすぐ目に入る環境作り**だ。扱う資料が数枚なら、資料を印刷して作業するのが基本になる。それで済む状況であれば、印刷した資料を見ながらの作業のほうが効率が良い。

　しかし現在では、ペーパーレスの風潮から印刷を控える職場も多い。また資料が大量になると、整理が苦手な人は大量の資料で机が散らかったり、必要な資料が埋もれて見つからなくなったりと別の問題を引き起こすこともある。

　ここでは、パソコンを使った環境作りに絞って紹介したい。

デュアルモニター環境で、パソコン業務の効率も2倍になる

パソコンでの仕事がメインで、かつ職場環境が許すのであれば、是非おすすめしたいのが**デュアルモニター**だ。デュアルモニターとは文字通り、1つのパソコンに2台（以上）のモニターをつなげた状態のこと。テレビでデイトレーダーが出てくるとき、デスクにたくさんのモニターが並んでいるのを見たことがあれば話が早い。

　ビジネス向けのノートパソコンであれば、たいてい外部モニター用の接続ポートがある。VGAあるいはHDMIが一般的だろう。このポートがあるのなら、あとはこの接続ポートに対応したモニターをつなげるだけでいい。

　デスクトップの場合は、個体差がある。本体がデュアルモニター

に対応していれば良いが、そうでなければデュアルモニターに対応したビデオカードを別に購入する必要がある。自分のパソコンにデュアルモニター用の接続ポートがない場合、USBを用いることもできる。**「USBサブモニター」**は、USBで接続できる小型のモニターだ。

また、USBからVGAなどのインターフェースに変換して接続できるアダプタも販売されている。**「USB-VGA変換アダプタ」**や**「USB-HDMI変換アダプタ」**で商品を検索できる。余ったモニターはあるが、パソコンが外部モニターに対応していない場合には、こちらを検討するのが安上がりだろう。

サブモニターを接続したら、ウィンドウズキー(ウィンドウズの四つ窓のマークのキー)＋Pを押すと設定を呼び出せる。設定画面から、「拡張」を選ぼう。画面はウィンドウズのバージョンや機種で異なる場合があるが、設定方法はどれも同じだ。

拡張に設定すると、サブモニターの画面はメインモニターの右側に並ぶ画面として認識される。

注意点としては、下手に2画面に作業領域を拡げたりするとかえって効率が悪くなることだ。

そのため、メインモニターを作業領域、サブモニターを情報表示に使うのが良いだろう。たとえば調べものをしながら書類を書く場合には、メインにワードやエクセル、サブにブラウザーを開いておく、といった具合である。

スマホやタブレットをサブモニター化する

デュアルモニターは便利だが、やはりお金もかかるし、どんな職場でも実現できるわけではない。だが現代では、ほとんどの人が持ち歩いているモニターがある。しかも高画質で、小型軽量。そう、スマートフォンのモニターがそれだ。**スマホをサブモニター化するアプリ**を使えば、少ない投資でデュアルモニター環境ができ上がる。

スマホをサブモニター化するアプリは、次ページのようにたくさんの種類がある。ウィンドウズ、マック、アンドロイド、アイフォーン(アイパッド)とそれぞれの組み合わせによって対応するアプリが異なり、つなぎ方も有線・無線とある。自分のパソコンやスマホの種類、つなぎ方によって選んでいくといいだろう。アプリは有料のものが多いが、モニターを1台買うよりははるかにお手軽だ。どれもパソコンとスマホそれぞれにアプリをインストールすることで使うことができる。画面の広いタブレットを使えば、より効率的だ。

ウィンドウズやアンドロイドで

代表的なスマホをサブモニター化するアプリ

アプリ	特　徴
Komado2	• スマートフォンをWindowsのサブモニターとして活用できる • Wifiで接続する • サブモニターの表示には、セカンドディスプレイとミラーリングの2つの方法がある • 単一のアプリを常に表示したいときに最適
Splashtop Wired XDisplay Free	• Android、iPhone、iPadをWindowsもしくはMacのサブモニターとして活用できる • USBで接続する • 有線ケーブル接続なので安定性が抜群
Air Display 3	• Android、iPhone、iPadをMacのサブモニターとして活用できる • 従来のWi-Fi接続以外にUSB接続もサポート • サブディスプレイの他にタッチパッドとしても使える • 対応機種はMacのみ。Windowsの人はair display 2を使用
Duet Display	• iPhone、iPadをWindowsもしくはMacのサブモニターとして活用できる • USBで接続する

は、機種などによって相性問題もあるようだ。いろいろなものを試してみて、自分の環境に合うものを使うのが良いだろう。

ここでは「Splashtop Wired XDisplay」を例にとって、ウィンドウズとアンドロイドのスマートフォンを接続する手順を説明しよう。接続の手順は次ページの通り。

なお、WiredXDisplayの無料版はお試し版として配布されているため10分間の使用制限がある。無料版で試して気に入ったなら、有料版を購入して使用すると良いだろう。価格はドル円の相場にもよるが、2017年4月時点で822円だ。

パソコンやスマホのアプリケーションには、どうしても相性の問題が出てくるため、使用できないこともある。いきなり有料版を購入したりせず、まずは無料版で確認しよう。

パソコンやスマホに別のサブモ

WindowsとAndroidのスマートフォンを接続する手順

1 まず、PCにスマートフォンをつなぐためにドライバーを入れる必要がある。日頃スマートフォンとつないでデータをやり取りしているPCであれば、すでにドライバーは入っている状態なので問題ない。そうでなければ、まずはPCにAndroid端末と接続するためのドライバーをインストールする。うまくインストールできなかったときは、それぞれのスマートフォンの説明書や開発会社の公式ページを参照する。Googleでも、ドライバーをインストールするための案内ページを公開している（https://developer.android.com/studio/run/oem-usb.html）。

2 splashtopの公式ページ（http://www.splashtop.com/wiredxdisplay）につないで、「Download Xdisplay Agent for PC（Macの場合は、「for MAC」）」をクリックする。

3 ダウンロードされたファイル「Splashtop_Wired_XDisplay_Agent_v○○.exe」（○○部分はバージョン番号）をクリックしてインストールを開始する。「このアプリがPCに変更を加えることを許可しますか？」との表示が出たら、「はい」をクリックする。

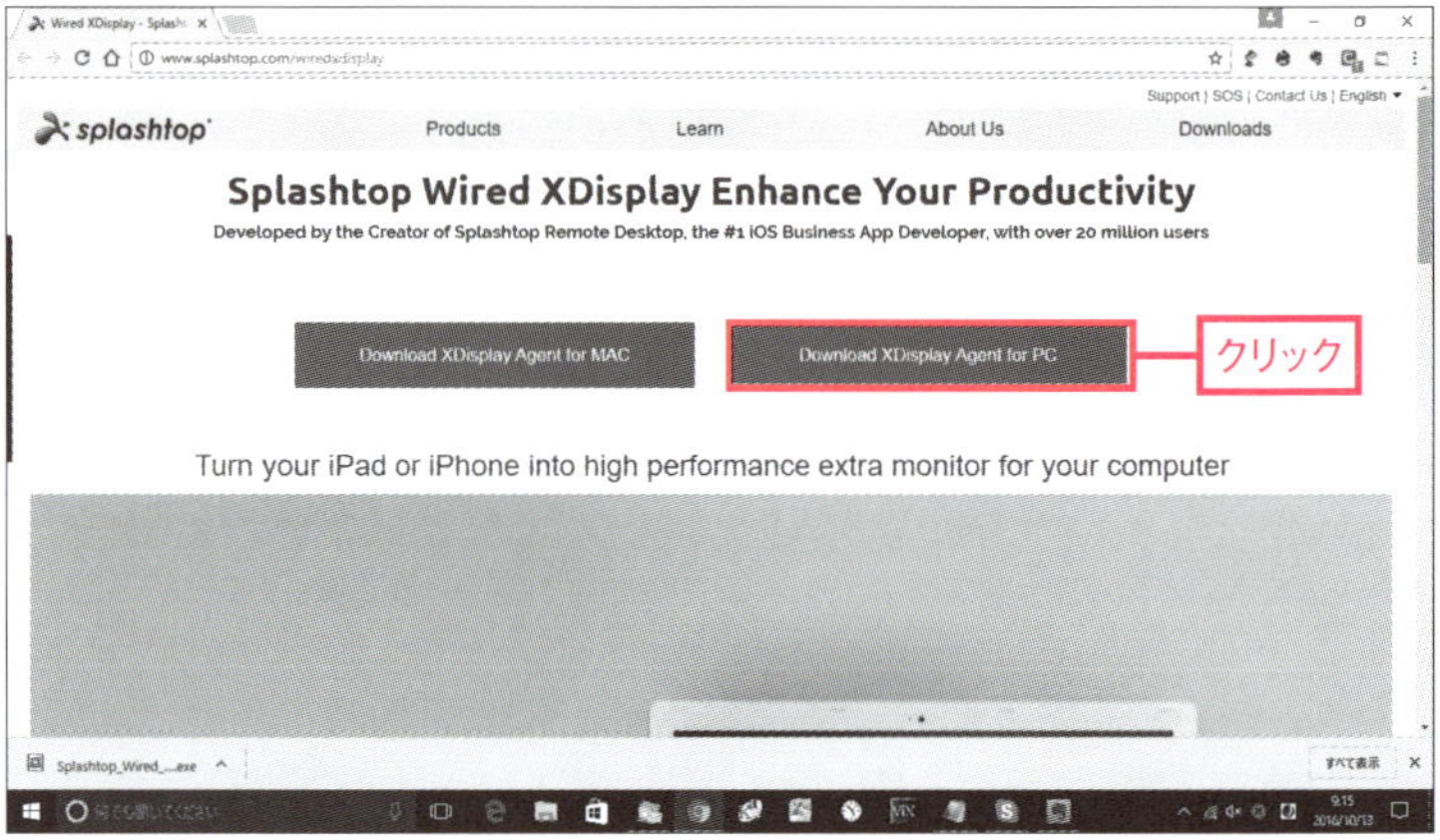

4 インストールが終了して右のような画面が出たら、「はい」をクリックする。クリックすると、再起動が行われる。右のようなメッセージが出なかった場合は、手動で再起動しよう。

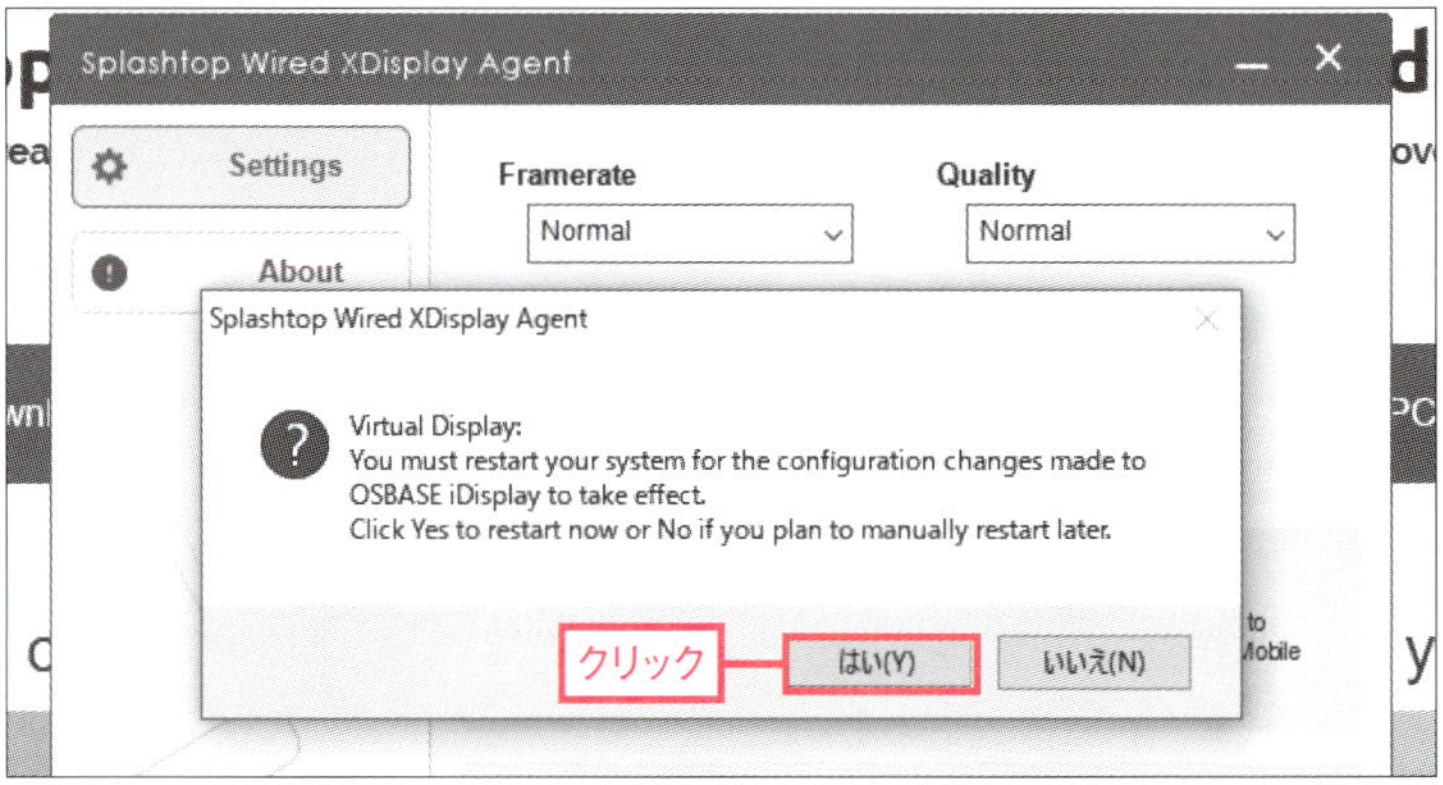

5 続いて、スマートフォン（タブレット）でアプリをインストールする。Playストアから「splashtop」で検索し、「WiredXDisplay」の無料版を探そう。「WiredXDisplay」には有料版と無料版があり、無料版には10分間の使用制限がつく。まずは無料版で試してみよう。

6 このアプリでは、「USBデバッグモード」をONにしておく必要がある。スマホで、「設定」→「開発者向けオプション」を開く。開発者向けオプションがOFFになっていた場合ONにして、「開発用の設定を許可しますか？」のメッセージが出たら「OK」する。「USBデバッグ」という項目があるので、これをON（「USBデバッグを許可しますか？」のメッセージが出たら「OK」）にしておこう。

memo
「開発者向けオプション」は、最近のバージョンのAndroidでは隠しメニューになっている場合がある。「開発者向けオプション」が見当たらない場合は、「設定」→「端末情報」から「ビルド番号」と書かれた上を7回連続でタップすると表示させることができる。

7 パソコン・スマホ双方でアプリのインストールが終了したら、まずパソコンのスタートボタンから「Splashtop Wired XDisplay Agent」を起動させる。

8 スマホで「WiredXDisplay」を起動させる。「USBデバッグ」がONになっていない場合、英語のメッセージが表示される。この場合は「Continue」を押して、**6**の手順に従ってUSBデバッグをONにしよう。

9 パソコンが右のような画面になったら、USBケーブルでパソコンとスマホを接続する。接続すると、「USBデバッグを許可しますか？」とメッセージが出るので「OK」を押す。

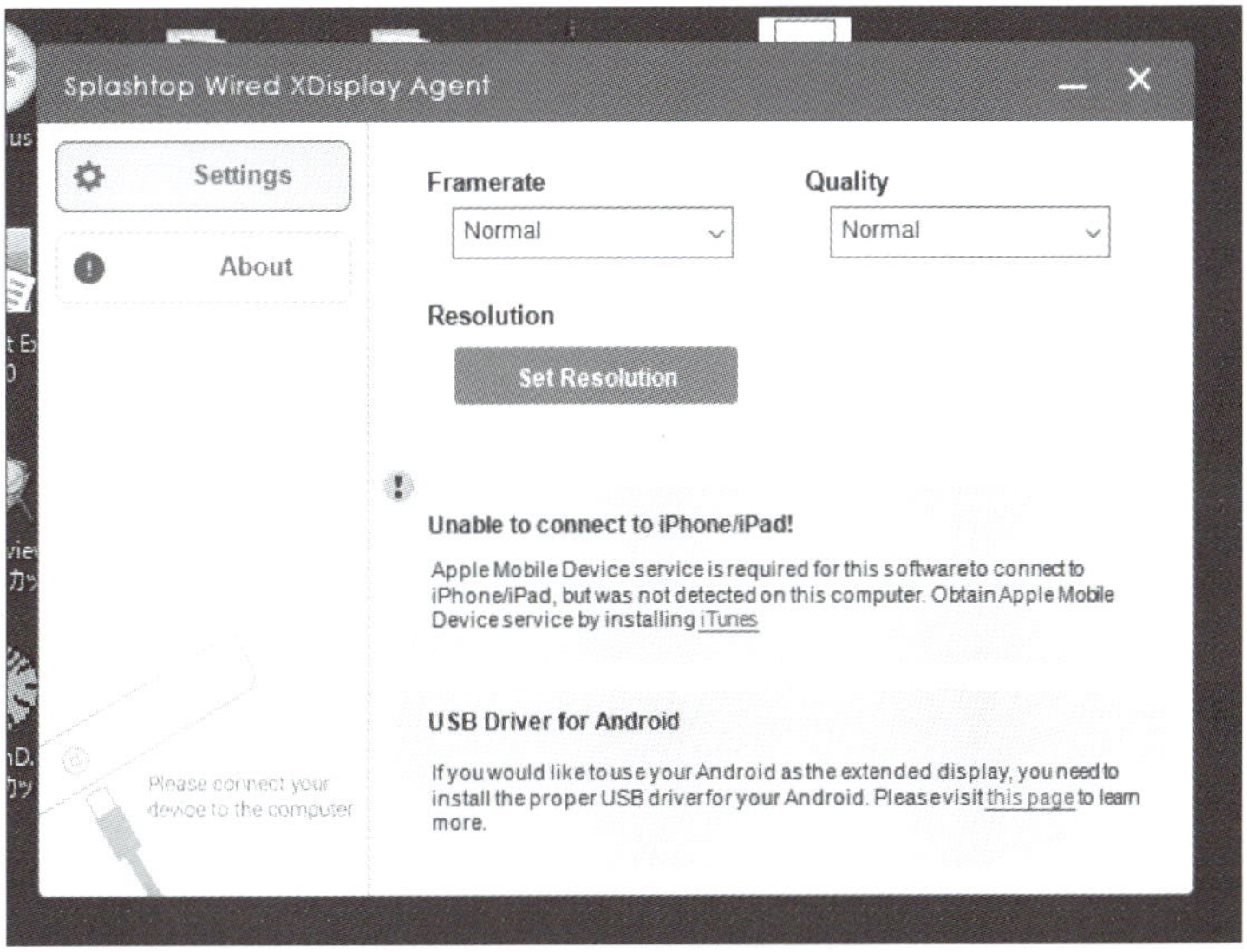

10 スマホの画面に、パソコンのデスクトップと同じ壁紙が表示されれば成功だ。この画面は、パソコンの画面の右側に並ぶ画面として認識されている。

memo
パソコンと同じ画面が表示されてしまったり、真っ暗で表示されないときには、Windowsキーを押しながらPキーで設定が現れるので、メニューから「拡張」を選択する。

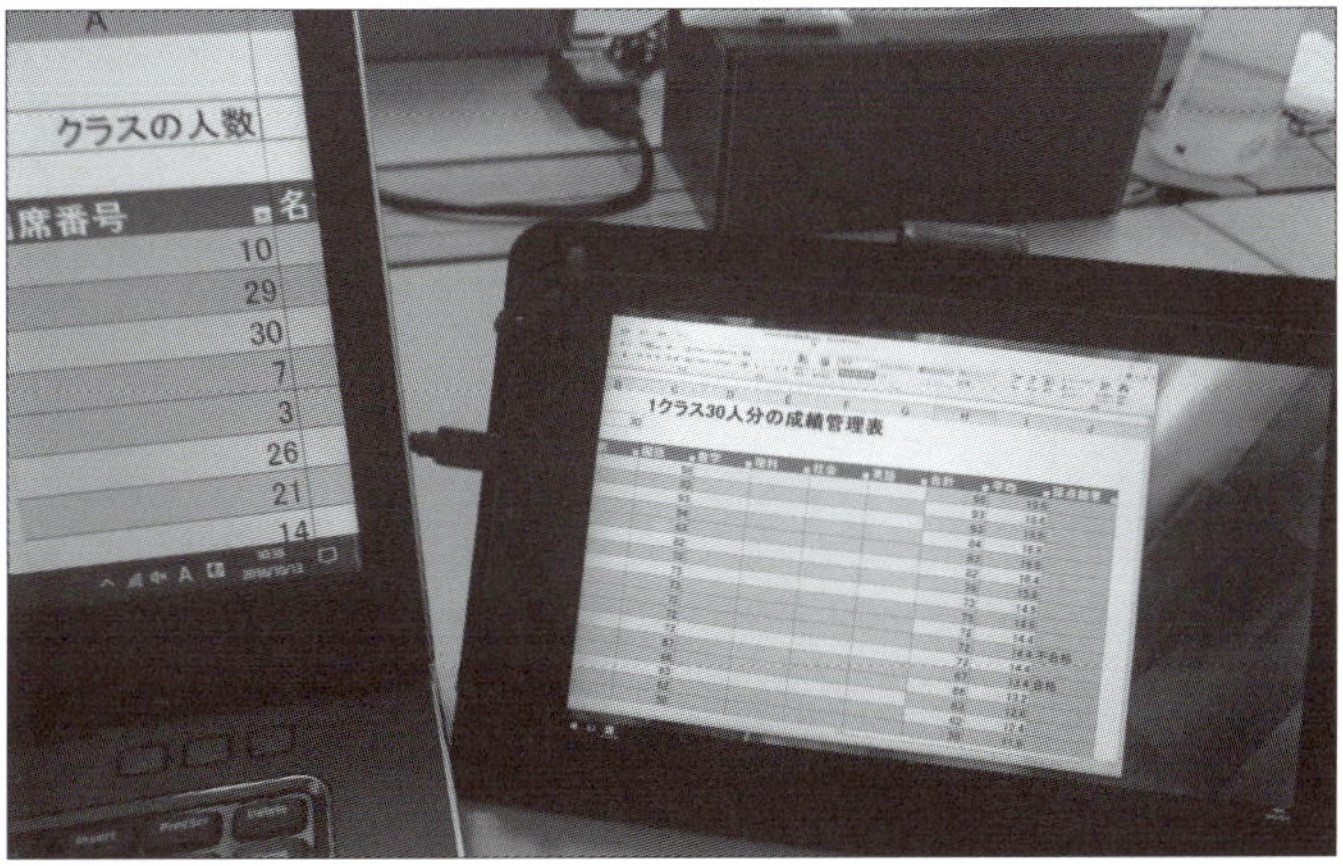

ニター系のアプリケーションが入っていると競合を起こし、問題を引き起こすことが多いようだ。この場合には、別のアプリケーションはアンインストールする必要がある。どうしても使用できない場合には、諦めて別のアプリケーションや方法を検討しよう。

データだけ見られれば良いなら、ドロップボックスやメールでもOK

サブモニターほどの自由度はないが、データを表示させておくだけなら**ドロップボックス**を使っても良い。スマートフォンやタブレットにドロップボックスをインストールし、パソコンと共通のアカウントでログインする。あとはパソコンから表示させたいファイルをドロップボックスに移し、スマホで表示させるだけだ。

余計なアプリをインストールしたくないなら、**メール**を使っても良い。アンドロイドならGメール、アイフォーンやアイパッドならアイクラウドのメールが標準で使えるはずである。あとはパソコンから必要なファイルを添付して送信し、スマホで受け取って表示させるだけだ。ただしメールでは、あまり大きなファイルを送ると不具合が起きる可能性がある。添付ファイルの容量は、1MB前後以内を目安にしておくのが良い。

ネットの情報やファイルの一覧など、画面には出ているがうまく1つのファイルにするのが難しい情報もある。その場合には、**画面キャプチャー**を使う方法がある。「PrintScreen（あるいはPrntScr、PrtScなど）」キーを押すと、今表示されている画面をそのまま画像としてコピーできる。あとはワードやペイントで右クリック↓貼り付け（あるいはCtrl+V）して保存してやれば、ファイルとして扱える。メールの作成画面で、そのまま本文に貼り付けて送ることもできる。ただし、この場合には、メールがリッチテキストモード（HTMLメールモード）で作成する設定になっている必要がある。

特定のウィンドウだけをコピーしたいのであれば、Altキーを押しながらPrintScreenキーで現在アクティブになっているウィンドウをキャプチャーできる。

画面キャプチャーをより使いこなすには、マイクロソフトから無料でダウンロードできる**「Snip」**というアプリケーションをおすすめしたい。

このソフトを使えば、画面の中から必要な部分だけをキャプチャーすることができる。そのまま画像ファイルにする機能もあるので、わざわざワードやペイントに貼り付ける手間も省ける。

しかし、スマホのモニターを見

ながらパソコンで作業をしていると、1つ不便なことがある。ほとんどの人の設定では、しばらく操作がなければスリープに入るようになっているはずだ。頻繁にタッチパネルを触っていなくては画面が消えてしまうのでは、サブモニターとして使うには非常に不便だ。

なので、スリープに入るまでの時間を設定し直す。設定↓ディスプレイ↓スリープで画面が消えるまでの時間を設定できるので、最長の時間に設定してしまおう。

また充電器を使える環境であれば、設定↓開発者向けオプション↓スリープモードにしないの設定をONにしておけば充電中ずっと画面をつけたままにしておける。

設定の中に「開発者向けオプション」が見当たらない場合は、「設定」↓「端末情報」から「ビルド番号」の部分を7回連続でタップすると表示できる。

簡単にできるスマホをサブモニター化するやり方

Dropbox

- スマートフォンやタブレットにインストールし、パソコンと共通のアカウントでログインする
- パソコンから表示させたいファイルを移し、スマホで表示させる

メール

- パソコンからファイルを添付して送信し、スマートフォンで受け取って表示させる
- 不具合が起きる可能性があるため、添付ファイルの容量は1MB前後以内に

画面キャプチャー

- PrintScreenキーで画像をコピーし、Wordやペイントに貼り付ける
- メールはリッチテキストモード（HTMLメールモード）の設定にする

Snip

Snip

- マイクロソフトのHPから無料でダウンロードできる
- 画面の中から必要な部分だけをキャプチャーできる

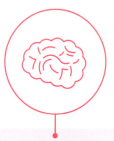

前日までは覚えていても忘れものをしてしまう

対策

○忘れてしまいそうな持ちものは、玄関のノブにかけたりかばんにくっつけたりしておく

○携帯電話やテレビにフセンを貼っておく

事例

忘れものが多い。前日に用意していても、朝出るときには忘れてしまう

今日はいつもと別の事務所で業務。いつもより早起きして、いつもと違う電車に乗る。どうやら問題なく到着できそうで、ほっと安心――しかけたところで、思わず「あっ！」と声が出てしまった。

昨日職場から持ってきた資料、かばんに入りきらないから別の紙袋に入れて自宅に持っていったんだった。今日の仕事に必要だから、わざわざ持ってきていたのに……。

原因

ADHDの脳は、「意識に置き続ける」ことが苦手

モノでも予定でも、**うっかり忘れが多い**というのはADHDの特徴としてよく挙げられる。学生時代の成績が優秀だったり、趣味の分野では膨大な知識を有していたりと、実はADHDの人の記憶力自体はとりわけ低いわけじゃない。ある記憶を「しまっておいて必要なときに取り出せる」ことと、「意識の中に持ち続けて、行

動できること」は違う能力なのだ。そしてADHDは、後者をとても苦手としている。

本人も、実は「忘れてしまった」わけではないのだ。言われれば思い出すのだから。ただ、その記憶を「しまってしまった」だけで。

解決法 自分が「絶対に気づく」ポイントを押さえる

忘れそうなものはすべて袋やかばんに入れて、玄関のノブにかけておく

たとえば朝目覚めたときに「あぁ、今日はあれを忘れないようにしなくちゃ……」と思い出していたとしても、その後の洗顔や着替えの間に全部忘れてしまうこともある。一番確実なのは、家を出る直前に思い出すことだ。

そこで、いつもと違う荷物や忘れがちなものは、**かばんや袋に入れて玄関のノブにかけておく**のが一番確実だ。ドアを開けるときに荷物が邪魔になるから、確実に気づくことができる。

ゴミ出しを忘れそうなら、明日履いていく自分の靴の上に置いておく。靴を履くことを忘れることはないから、確実にゴミ袋の存在にも気づく。

とにかく朝出がけの自分を邪魔する形で、忘れそうなものを配置しておくのだ。自分で自分にトラップを仕掛ける要領だ。

必ず持っていくものとセットにしておく

忘れものが多いといっても、毎朝持っていくかばんまで忘れてしまうようなことは少ない。忘れそうなものがかばんに入るサイズなら、かばんに入れてしまうのが一番だ。

問題は、かばんには入らないようなサイズの持ちものの場合だ。そこで、**キーチェーン**を活用する。購入する際は、伸び縮みするタイプのキーチェーンを選ぼう。これを1つかばんにつけておくと、いろいろと応用が利く。

翌朝忘れたくないものがあるときは、紙袋などに入れてこのキーチェーンでかばんとつなげてしまう。伸びるタイプのキーチェーンなら、つなげた状態のまま持ち運ぶこともできる。

キーチェーンは常にかばんにつけていてもそれほど邪魔になるものではないので、状況によってさまざまな使い方が考えられる。携帯のストラップをつないでおいても良い。また、鍵をつける部分に書類用のダブルクリップをつけておけば、封筒や紙袋などを挟んで使える。

朝イチの予定は、携帯電話やテレビにフセンを貼っておく

直行でお客様に会いに行くなど、忘れてはいけないことがものではなく予定の場合は、**朝確実に目にするものに予定を書いたフセンを貼っておく**。

起きたら必ずテレビをつけるのが習慣になっているのなら、テレビの画面のど真ん中に。携帯電話を見るのなら、携帯の画面の真ん中に。隅っこに貼っていたら気がつかない可能性もあるので、自分が絶対邪魔に感じる場所に貼っておこう。

出社してからの予定であれば、自分のパソコン画面に貼っておけば気づきやすい。このときも、端ではなく画面の真ん中に貼っておこう。

Column

就労継続支援施設

就労継続支援施設とは、一般の就労が難しいと考えられる人を対象に就労の場を提供する施設だ。就職は難しくても、仕事で社会とつながりを持ちたい。あるいは長期的に訓練を積んで、いずれまた就職に挑戦したいという人に適している。

就労継続支援にはＡ型とＢ型があり、それぞれ役割が異なっている。

●就労継続支援Ａ型

就労継続支援Ａ型とは就労活動の場を提供する福祉施設であるとともに、働く人と雇用契約を結んで営利的な活動を行う事業者でもある施設だ。つまりＡ型の利用者は、同時に社員でもあることになる。正式な雇用契約を結ぶため、最低賃金以上の金額で給料も支払われる。

ある程度の収入を得て働きつつ、福祉施設としてのサポートも受けられる点がメリットになる。

●就労継続支援Ｂ型

就労継続支援Ｂ型とは、日中活動の場として働く場を提供する福祉施設だ。利用者は働くことで社会とのつながりを得たり、長期的な視野で就職を目指して訓練を積んだりすることができる。

給料は支払われず、労働活動から利益が発生すればその分が工賃として支払われる。

収入はほとんどないが、就労移行支援と異なり長期的な利用ができる点がメリットになる。

忘れものをしない工夫

玄関のドアノブにかけておく

- ドアを開けるときに確実に気づく
- 自分の靴の上に置いておくのもアリ
- 自分にトラップを仕掛けるつもりで、忘れそうなものを配置しておく

かばんと忘れそうなものをキーチェーンでつなぐ

- 購入時には伸び縮みするタイプのものを選ぶ
- 忘れそうなものを紙袋などに入れてかばんとつなげる

朝、必ず見るものにフセンを貼っておく

- 隅っこでは気づかないこともあるので、画面の真ん中に貼っておく
- 携帯電話を必ず見るなら、携帯の画面に貼っておくのでも良い

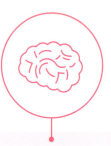

仕事の覚えが悪いと言われてしまう

対策

○業務手順のメモはルーズリーフに書いてクリアファイルに綴じ、ラベルシールでタイトルをつけて整理する

事例

仕事がなかなか覚えられない

「これ、前も言ったと思うけど……」と言われるたびに恐縮してしまう。確かに何かのやり方は聞いた覚えがあるけれど、何度も聞き過ぎて何を聞いたか覚えていられない。どんなに優しい先輩でも、3回、4回も同じことを聞くと表情が曇ってくる。「空気が読めない」とよく言われるわりには、そういうことばかりには敏感なのだ。

いつもメモ帳は持っているけれど、説明のペースに追い着けなかったり、何を書けば良いのかわからなかったり。

そんなことを繰り返すうちにだんだん質問もしづらくなって、何とか自力でやってみようとしてやっぱり失敗して、やがて職場にもいづらくなって辞めてしまう。

「誰にでもできる簡単な仕事」と聞いて今度こそと思っていたのに、何度こんなことを繰り返せばいいんだろう。

原因

発達障害の人は、他人のペースで教わるのが苦手

研修はしても、実際の仕事はOJT、つまり実践で教える方針の職場は多い。

しかし、人のペースに合わせることが苦手なASDの脳にとって、教える先輩やお客様のペースでどんどん情報が入れ込まれるOJTでは、メモリからあふれた情報がボロボロ取りこぼれることになる。特に、**言葉以外の情報**

は落としやすい。だから、「これ」とか「あれ」とか指示語の多い説明だと、終わったときには何も有益な情報が頭に残っていないなんてこともある。同じ内容でも先輩によって言葉や過程が違ったりすれば、さらに混乱が生じる。

さらにほとんどの場合、**仕事の手順は一本道ではない**。場合と状況によるルールの変化は、当然のように出てくる。これもまた、パターンを愛するASDの脳にとっては混乱のもとになる。

ADHDの場合も、説明に集中できずにあちこちに意識が移ってしまうため、結果的に情報を取りこぼしてしまうのは同じだ。説明を終えて「わかった？」と尋ねてくる先輩に「すみません、聞いていませんでした」と素直に言ってしまって、人間関係を悪くしてしまったりすることもある。

解決法

はじめから完璧は無理！繰り返す中でも着実な向上をしていこう

教えてもらってもわからないときには、素直に「わからない」と言うことは大切だ。しかし、それと同時に、こちらもなるべく教えてもらったことをスムーズに理解するための工夫が必要になる。

仮に何度でも笑顔で教えてくれる先輩がいたとしても、たいていそういう人は仕事もできて多忙だ。いつまでもそういう人に頼る

Column

発達障害者に関わる就職の制度と特例子会社

現在の日本では、全国の企業に障害者の雇用を義務化している。社員数の一定の割合を障害者手帳の所有者とすることを課す法律があり、それは2017年4月現在で全社員数の2％と定められている。つまり社員数100人なら、2人以上の雇用が必要だ。

このため雇用義務を果たしたいと考える企業では、障害者限定の求人を行っている。この求人は、障害者雇用枠と呼ばれている。

ハローワークではこの障害者枠専用の求人を一般の求人とは別に管理している。これに伴って、障害者枠での雇用を検討する人の相談を受け付ける窓口を設けている。

障害者枠での就職活動を検討する場合は、最寄りのハローワークの受付で障害者窓口について尋ねてみよう。

障害者手帳を所有している人は、障害者枠の求人・一般求人どちらにも応募することができる。一般の求人で雇用されたとしても、雇用先の企業に障害者手帳を所有していることを報告すれば、企業は障害者雇用枠を満たすための人数として申請が可能だ。

また大きな企業グループでは、障害者雇用のために特別な子会社を作っている場合がある。これを、特例子会社と呼んでいる。特例子会社は障害者雇用が前提になっているため、企業の中で障害のサポートについて研究してから設立されていることが多い。その分、働く人にとっては障害への理解ある職場であることが期待できる企業になっている。

わけにもいかないので、なるべく効率的に仕事を身につける方法を考えてみよう。

業務手順習得の基本

発達障害を抱えていると、業務を教えてもらいながらメモを取ることがとても大変な作業になる。相手の説明のペースに合わせることも苦手だし、聞きながらポイントを考えてメモに落とすのも苦手な場合が多い。

まず前提として、**「一度ですべてメモに取ることはできない」**、つまり、あとで書き加えることが必ずあると考える。

仕事の仕方を習うときには、下に掲げたものを準備しよう。

準備ができたら、今度は実際に仕事を習うときのコツだ。

まずは**自分なりにメモを取りつつ、説明を聞いていく**。既存のマニュアルがあるのなら、印刷やコピーをして、マニュアルに書き加えていくようにする。

必要な道具の場所など、目で見てわかる情報については、デジタルカメラで撮影しておく。

はじめは質問などはせず、聞くことに専念すると良いだろう。不明点があればメモしておき、説明が終わって「何か質問ある？」と聞かれたときに尋ねてみる。思い浮かばなければ、「一度やってみて、わからないことや聞き逃してしまったことがあればもう一度伺ってよろしいでしょうか」と伝えよう。

教えてもらった直後、記憶が鮮明なうちに、**覚えている限りのことを書き加えていこう**。可能なら、実際にその仕事を試してみながら手順や注意点を細かく書き記していく。

仕事の仕方を習うときに準備しておくべきもの

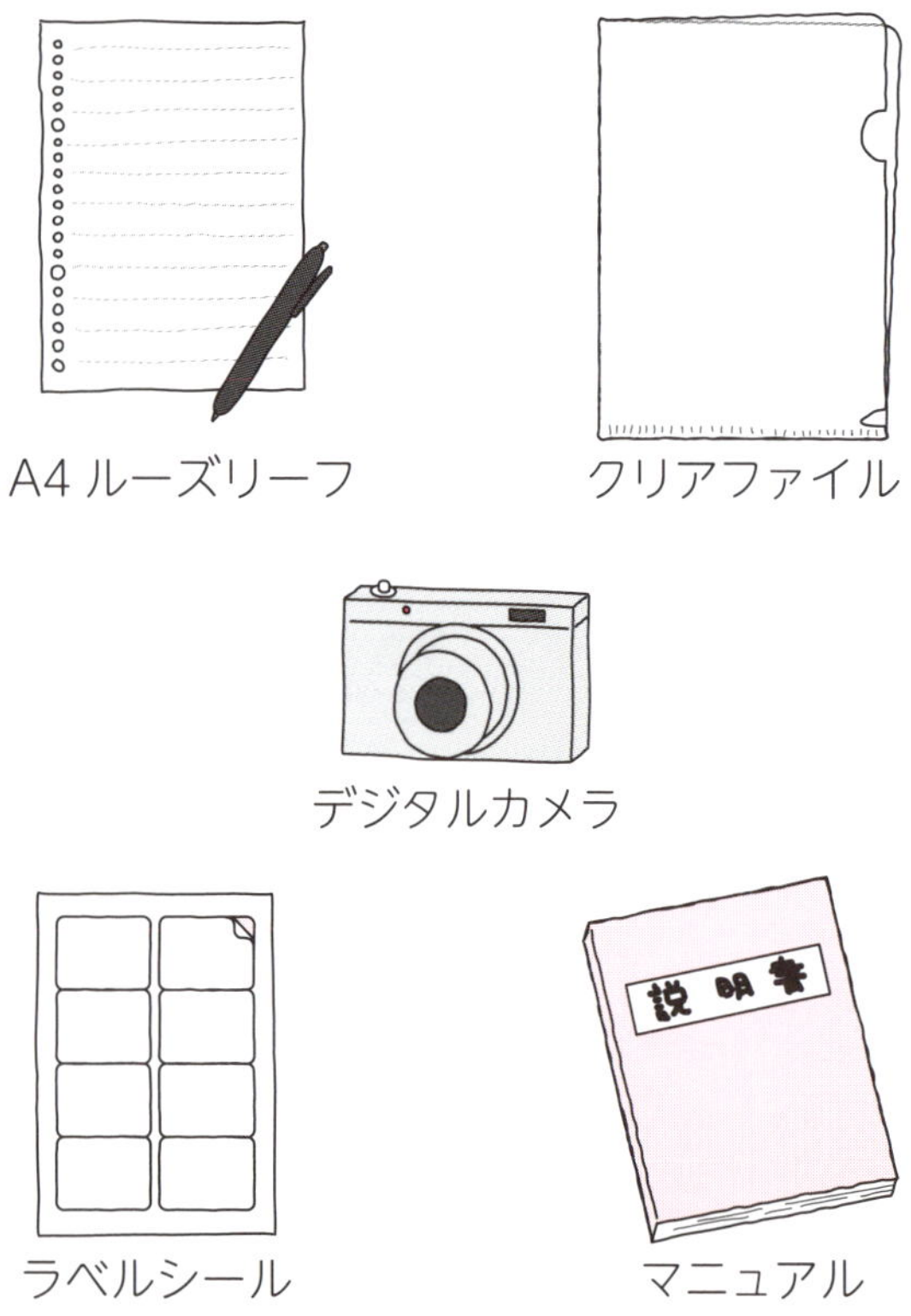

仕事を習うときの手順

STEP 1 自分なりにメモを取りながら説明を聞く

- 既存のマニュアルがあるのなら、印刷やコピーをしてマニュアルに書き加える
- 目で見てわかる情報はデジタルカメラで撮影

STEP 2 記憶が新しいうちに覚えている限りのことを書き加える

- デジタルカメラで撮った写真はワード文書などに取り込む
- マニュアルを作るつもりで手順の流れを書いていく

STEP 3 クリアファイルに挟み、ラベルシールで管理する

- 既存のマニュアルがあるなら、一緒に入れておく
- クリアファイルはすぐに取り出せるところに置いておく

「業務手順メモ」の具体例

◎ 社員カウンセリングサービス業務フロー ❶

5／12 松田さん

次月利用者の選定。利用者希望日の確認。

↓ ❷

次月予備スケジュールの作成
（共有サーバの事務￥フォーマット￥カウンセリング .xls）。

↓

予備スケジュールをカウンセラーに送付し、確認を取る。

↓

カウンセラーの確認を受け、確定スケジュールを作成。 ❸

↓

当日は、１名につき30分の利用。間に10分の休憩を挟む。

↓

全員のカウンセリングが終了したら、
カウンセラーからの聞き取りを行う。

↓

利用者に、次回利用の意向を確認。 ❹

❶記憶が鮮明なうちに、覚えている限りのことを書き加える
❷マニュアルを作るつもりで手順の流れを書いていく
❸手順を省略するのは、それぞれの意味を知ってから
❹該当する業務をする際には、必ずこのメモを確認する

パソコンが使えるのであれば、デジタルカメラで撮った写真はワード文書などに取り込んで、説明を書き加えて補助マニュアルにする。

業務手順のメモはマニュアルを作るつもりで、手順の流れを書いていくと良い。手順の流れに沿って書いていくことで、どこに抜けがあるかもわかりやすくなる。

それでも、聞き落としや不明点は出てしまう。こうした部分はなるべく早めに、できれば教えてもらった当日中に聞き直しておこう。優しく、詳しく教えてもらうには、初日こそが最大のチャンスだ。聞き直した部分は、必ず手順メモに書き加えておく。

でき上がった自作マニュアルはクリアファイルに挟み、ラベルシールを貼ってタイトルをつける。既存のマニュアルをもらっているなら、それも一緒に入れておこう。たとえば電話応対のルールについてのメモやマニュアルなら、ラベルに「電話応対」と書いておく。仕事の種類の数だけ、このクリアファイルは増えていくことになる。

クリアファイルは書類立てなどに入れて、すぐに取り出せるところに置いておこう。

大切なことは、**その業務をやるときには、必ずこのメモを取り出して確認すること**だ。仕事をしていくうちに聞き漏らしを発見したり、パターンからはずれた事例に出くわしたりする場合もある。このときには先輩や上司に質問して確認するのだが、その際には必ず手順メモにも書き加えていくようにする。

業務手順をメモ帳ではなくルーズリーフにメモしてクリアファイルに挟むのは、この追記をやりやすくするためだ。新しく知ったことは、どんどん書き加えてクリアファイルに綴じていく。

発達障害を抱えているために仕事で苦労してきた人は、何度も同じような質問を繰り返してしまって次第に気まずくなり、そのうちわからないことがあっても質問もできなくなってしまうという悪循環をたどるパターンが多い。事前にメモを確認し、理解したことでも必ず追加でメモを取るのは、この繰り返しの質問を避けるためだ。

慣れてくると「手順を略して効率的にしよう」という考えも出てくるが、これにも注意が必要だ。ムダと感じる手順にも、実際には隠れた意味があったりする。自分が手を加えるのは、手順の1つ1つの意味を知ってからにしよう。

見直しと追記を繰り返していくうちに、それは最高のマニュアルとして仕上がっているはずだ。そのときには、今度は教える側として再び業務メモが活用されることになるかもしれない。

大事なものをすぐになくしてしまう

対策

- マグネットを使って侵略されない縦の置き場所に
- キーチェーンを使ってかばんと一体化

事例 鍵、定期、携帯……毎朝何かを探している生活

部屋が散らかっているせいか、鍵とか携帯とかいつも何かが行方不明になる。毎日持ち歩いているものなのに、帰ってきてどこに置いたのかまったく記憶がない。いつも無意識にどこかに置いては、忘れてしまっているのだ。鍵を開けて入ったわけだから、家の中にあることだけは確実なんだけど。「置き場所を決めておけ」と家族にも同僚にもアドバイスされて、実際決めてはいるんだけど、ちゃんとその場所に置いたのは最初の1日だけ。3日坊主にすらなっていない。このなくし癖のせいでもう何度も遅刻しているし、本当に何とかならないものか。

原因 ADHDの不注意と整理の苦手

不注意は、ADHDの大きな特徴の1つだ。帰ったらテレビを見よう、お風呂に入ろうといったことで頭がいっぱいで、荷物を置くのも着替えるのもほとんど無意識にやってしまう。手に取ったものを「とりあえず」とその辺に置いてそのまま忘れてしまえば、翌朝「どこに置いたのかわからない」となってしまうわけだ。

「置く場所を決める」というのは基本的な方法で、これによって克服できる人もいる。しかし、たいていの人は、習慣が身につかず同じことを繰り返してしまう。

単に置き場所を決めたことを忘れてしまう場合もあるし、整理が苦手で部屋が散らかってしまい決

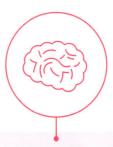

めた置き場所が侵略済みということもある。結局、「とりあえずここに」と適当な場所に置いては、またなくしてしまうのだ。

探していたら、結局ちゃんと決めた置き場所にあったりもする。他の品々に埋もれて見つからなくなっていたのだ。

解決法 道具を使って、「気をつけなくてもなくさない」工夫を

なくしもので悩んでいる人は多いようで、現在ではさまざまな対策グッズも販売されている。たとえばMagicflyの**「キーファインダー」**は、キーホルダータイプの受信タグをつけておき、なくしてしまったときは送信機のボタンを押せば受信タグからブザーが鳴って場所を教えてくれる。

こうした機器の活用も、自分の生活に合っていれば積極的に検討

手軽な道具を活用したなくしもの対策

マグネットのキーホルダー

- 市販のキータグにマグネットシートを貼り付ける
- 鉄製のドアや冷蔵庫にぶら下げる

キーチェーン

- かばんとつないで一体化
- 出歩くときはかばんの中に収納

キーファインダーの活用

- Magicflyの「キーファインダー」は、送信機のボタンを押せばブザーで場所を教えてくれる

していきたい。

ここでは、手軽な道具を活用して日頃持ち歩くものをなくしにくくする工夫を考えていこう。

縦の置き場所なら散らかりにくい。鉄製ドアなら、マグネットで貼り付けてしまおう

机でも床でも、散らかし癖のある人にとって横のスペースはすぐに侵略されてしまう。大事なものを見失わないためには、**縦の置き場所**が良い。とはいえキーフックなどを用意しても、なかなか鍵を下げる習慣は身につかない。

そこで、**マグネットのキーホルダーでそのままドアにくっつけてしまう方法**を提案したい。

やり方は市販のキータグにマグネットシートを貼り付ける。これをキーホルダーとして、鍵につけておくだけだ。キータグもマグネットシートも１００円ショップで気軽に手に入れられ、加工も簡単にできる。鉄製のドアや冷蔵庫など、磁石のつく場所であればどこでも気軽に下げることができる。

定期入れであれば、文具店などで購入できる強力マグネットを仕込んでおく。定期であれば磁石の影響は受けないが、別のポイントカードなどを入れている場合は注意が必要だ。

玄関のドアが置き場所になれば、ものに埋もれて見つからなくなる心配もない。帰宅してはじめに入る場所も、外出するとき必ず通る場所も玄関だ。玄関のドアの内側であれば、鍵や定期の置き場所としても習慣化しやすくなるのではないだろうか。

持ち歩くかばんの分だけ合鍵を作り、キーチェーンでかばんと一体化

日頃持ち歩くかばんの数は、いくつくらいだろうか。５つも６つもかばんを使い分けている人にはかなわないが、仕事用に１つ、プライベートで１つといったところならおすすめできる方法がある。

キーチェーンでかばんと鍵をつないで、そのまま外さずに使っていくのだ。

財布と鍵をつないでいる人や、キーケースと財布が一体化した商品を使っている人もいる。しかし、なくし癖のある人にとって小物と小物の組み合わせは危険だ。下手をすると、二重遭難に陥ってしまう。その点、かばんのような大きなもので毎日持ち歩くものなら、なくす可能性が低い。

キーチェーンは長めのものを使い、出歩くときはかばんの中に収納する。こうすれば目立たずに持ち歩くことができ、帰宅時にも苦労なく鍵を使うことができる。

第5章

「片づけられない」を何とかしたい！

仕事・情報・ものの整理

机がすぐに散らかってしまう。片づけようとしても片づかない。その一番の理由は、片づけのやり方を知らないことだ。片づけ方のルールを決めてしまえば、そんな悩みも解消できる。

仕事の優先順位がわからない

対策

- まず優先度の基本的なルールを把握
- 自分の仕事時間の見込みをつけられるようになるため、データを蓄積する

事例　複数の仕事の優先順位がつけられない

「ごめん、これ急ぎの仕事だけどやってもらえる？」

上司がやってきて、急にそんなことを言ってきた。

しかし困った。自分だって、忙しい。「すみません。今、研修の報告書を書いていますので」

すると上司は、なぜだか怒り出した。「研修の報告書なんて、あとでいいだろ！　こっちのはお客が待っているんだよ！」

そうなんですか、わかりましたと受け取ると、上司はイライラした顔のまま行ってしまった。

仕事はどれでも大切なものだって聞いていたのに、優先するものと後回しにしていいものってどう判断するんだろう？

原因　優先順位をつける力は、スケジューリングする力にリンクしている

仕事の優先順位といっても、ほとんどの職場ではそこに明確な基準やルールがあるわけではなく、個人個人が自分で判断している。

では、基準もないのにどうやって仕事を優先づけしているかといえば、**それぞれの仕事に対して予測を立てている**。1つ1つの仕事にどのくらい時間がかかりそうか見込みを立て、締切りから逆算して着手する順番を決める。すべての仕事の締切りを守るのが難しそうなら、重要な仕事を優先する。

物事の予測や見込みを立てるのが苦手なASDの場合には、これが難しい。優先順位が立てられ

ないのは、スケジュールが作れないことに密接に関わっている。

たとえば、締切りの近い順、ということならわかる。日付は明確でわかりやすいルールだ。

重要な仕事の順。これがわからない。何をもって重要とするのかの基準が示されていないからだ。

その仕事にかかりそうな時間の見込みもわからない。発達障害の脳は時間の感覚が独特だ。過去に同じような仕事をやっていても、集中しているときとしていないときでも仕事が進む速度が異なるので参考にならない。過去の仕事の記録もきちんと整理されていない場合が多く、自分の仕事の時間を推し測る材料がないのだ。

解決法　それぞれの仕事の情報を一覧表に整理してみよう

ビジネスのノウハウ本で優先度の決め方やスケジュールの立て方を見ても、「重要な仕事を優先して」とか「時間の見込みを立てて」などとさらりと書かれていて困ってしまう。逆にいえば、発達障害のある人にとってはそこができるようになることが重要だ。

しかし、ビジネス本にその方法が書かれていないことにも理由がある。その人の職場ではどんな仕事が重要か、その人が1つの仕事にどれだけ時間がかかるかは、他人にはわかりようがない。

そこでまず、自分の仕事の優先度とかかる時間をつかめるようになることを目指そう。

タスクの優先度の基本的なルールを把握する

仕事の優先度には、2つの要素がある。

1つは**緊急性**。つまり、どれだけ急いで対処しなければならないタスクであるかだ。基本的には、締切りの近いタスクになるだろう。たとえば「接客」などは、今まさに応対しなければならないお客様が目の前にいるわけで、緊急性の高いタスクということになる。

2つめは**重要性**。会社やお客様にとって、どれだけ重要なタスクであるかだ。会社にとってはどれだけのお金がかかっていることか、あるいは会社の存続や発展に関わる仕事であるかが重要性のポイントになる。

2つの要素の組み合わせを考えると、タスクは以下の種類に分類される。

A　緊急性：高　重要性：高
B　緊急性：高　重要性：低
C　緊急性：低　重要性：高
D　緊急性：低　重要性：低

人の命に関わるような仕事になれば、緊急性も重要性もダントツに高い、再優先のタスクとなるだろう。つまりAに分類される仕事となる。

終わった仕事の書類の整理などは必要な仕事ではあるが、緊急性も重要性もさほど高くない。空いた時間にでも入れ込めばいいタスクになる。これはDのタスクとなる。

判断が難しいのは、Bの「緊急性は高いが重要性は低い仕事」とCの「緊急性は低いが重要性は高い」仕事だ。

毎日書く日報などは、締切りは毎日来るものだがさほど重要度が高いとはいえないだろう。重要な報告であれば、別に口頭などで行うべきものだからだ。次の仕事のための調査や基礎研究などは重要な仕事だが、緊急性は低い。これは、どちらを優先すべきだろうか？

結論としては、緊急性は低いが重要性の高い仕事については毎日1時間程度、定期的に時間を取るのが良い。多忙で時間が取れそうにない場合は10分ほどに縮めても良いし、余裕のある日には半日取っても良い。つまりCの仕事の時間は、時間調整のクッションとして利用する。Cの仕事がない場合には、代わりにDの仕事を入れ込めば良い。

大まかな分類がわかったところで、次は重要性や緊急性をどう判断できるようになっていくかだ。

●重要性の判断は？

やっかいなのは、同じ仕事でも人と場合によってどの優先度に分類されるかは違ってくることだ。締切りの近さによって緊急性は変化するし、仕事への立場や関わり方によって重要性も異なってくる。

しかしまずは、重要度の目安として、おおよそ次ページのイラストを参考にしてほしい。①が最も重要性が高く、⑤を最も低いものとしている。

覚えておかなければならないのは、重要度が低い仕事は「緊急時には後回しにしていいもの」ではあっても、「やらなくてもいいもの」ではないことだ。机の中の整理などは⑤に入るだろうが、ずっとやらずにいれば上司に注意を受ける羽目になる。自分の勉強をずっとやらずにいれば、自分の成長や将来の展望にも関わってくる。あくまで、二者択一になったときの優先度をつけるための目安として見てほしい。

同じ優先度なら、緊急性をもとに判断する。自分の主業務と急ぐ同僚の手伝い、同じくらいに切羽詰まっているならば基本的には自分の仕事を優先すべきだろう。しかし、その同僚の仕事が①や②の優先度になるものなら話は変わってくる。その際には、上司の判断を仰ぐべきだ。

●緊急性の判断は？

緊急性を判断するためには、時間の見込みがつけられなければならない。しかし、急にそれができるようになるわけではない。

そこで、とりあえず3つの分類で緊急性を判断しよう。

1：今すぐに対応しなければならないもの。接客、緊急対応、上司に「すぐに」との指示があった仕事。またはお客様とのアポ

仕事の重要性の判断

など、約束の時間が迫っているもの

2：締切りが早いもの。自分でもわかるくらい、締切りの日が近づいているもの

3：締切りが遠いもの。「いつやってもいい」と言われているもの

こちらも、1が最も優先され3が後回しにされることになる。

以上の重要性と緊急性の2つが、仕事の優先度を図るための目安となる。緊急性が高いものは比較的重要性が高くなる傾向があるので、まずは緊急性、そのあと重要性で判断を行うのが最も無難だろう。

自分の仕事時間の見込みをつけられるようになるため、データを作ろう

仕事時間の見込みをつけられる人は、これまでの経験や感覚で「何となく」これくらいの時間がかかるだろう、と予測をつけて見込みを立てている。まったくやったことのない仕事についても、経験を応用してだいたいの時間を計る。発達障害を持つ人に、これは極めて難しい。だが、自分の仕事の速度さえわかれば、そこから予測はつけられる。

そこでまず、**自分の今やっている仕事の記録**をつけよう。仕事のスケジュールを立てるためによく使われるガントチャート（線表）を、あとからつける形だ。

しかし、事後記録とはいえガントチャートを作るのは意外に面倒。面倒は発達障害の敵だ。そこで次ページのようにエクセルで簡単に記録をつけていく。

また、仕事の種別に傾向を見たいのであれば、**エクセルのフィルタ**を活用する。

フィルタ機能は、表のデータを昇順・降順に並べ替えたり、特定のデータを抽出したりすることができる。これを用いて、たとえば表の「伝票整理」のデータだけを抽出して出す、といったことが可能だ。使い方は、142ページの通り。

時間感覚に欠けるタイプであっても、単発の仕事が1つ終わったあとに振り返れば「1時間くらいかかった」「30分くらいかかった」といった時間は出せることが多い。その記録を重ねていけば、似たようなタスクで自分がどの程度時間がかかるのかをおおよそ割り出すことができる。

「この仕事、何時間くらいでできる?」と聞かれたときも、この記録をたどれば「以前100件の入力に4時間かかっているので、50件であれば2時間でできます」といった回答も可能になっていくだろう。

今やっている仕事の記録の仕方

1 右のようにタスクごとに1日1マスを用意した表を作る。タスクははじめから入れ込む必要はなく、発生したときに随時増やしていけば良い。そして、当日その作業をやったのであれば、時間は関係なく「1」を入れる。

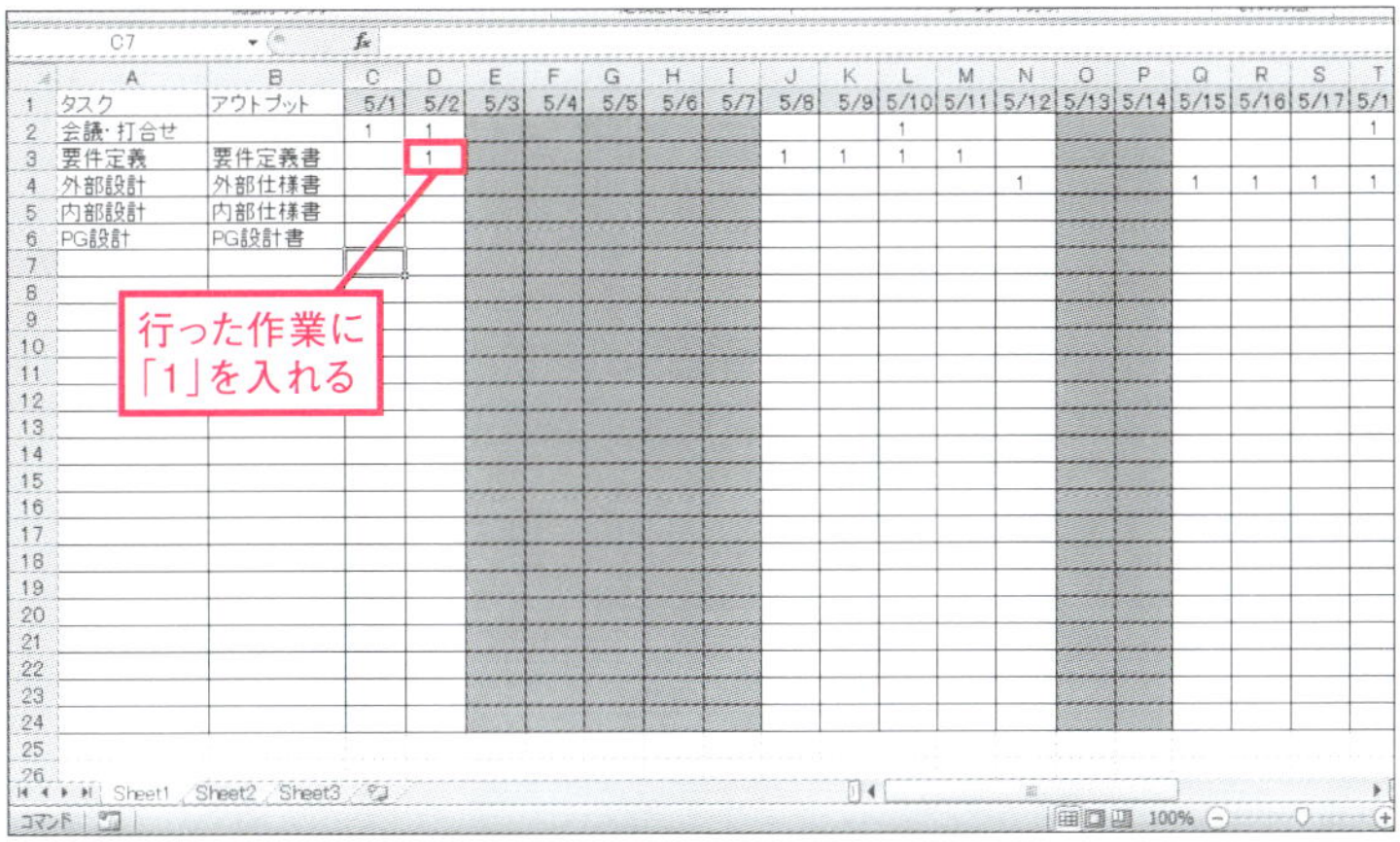

	A	B	C	D	E	F	G	H	I	J	K	L	M	N	O	P	Q	R	S	T
1	タスク	アウトプット	5/1	5/2	5/3	5/4	5/5	5/6	5/7	5/8	5/9	5/10	5/11	5/12	5/13	5/14	5/15	5/16	5/17	5/1
2	会議・打合せ		1	1								1								1
3	要件定義	要件定義書		1						1	1	1	1							
4	外部設計	外部仕様書												1			1	1	1	1
5	内部設計	内部仕様書																		
6	PG設計	PG設計書																		

2 1つのプロジェクトが終わったら、最後にSUM関数を入れて行ごとの合計数を出せばタスクごとの作業日数が出せる。

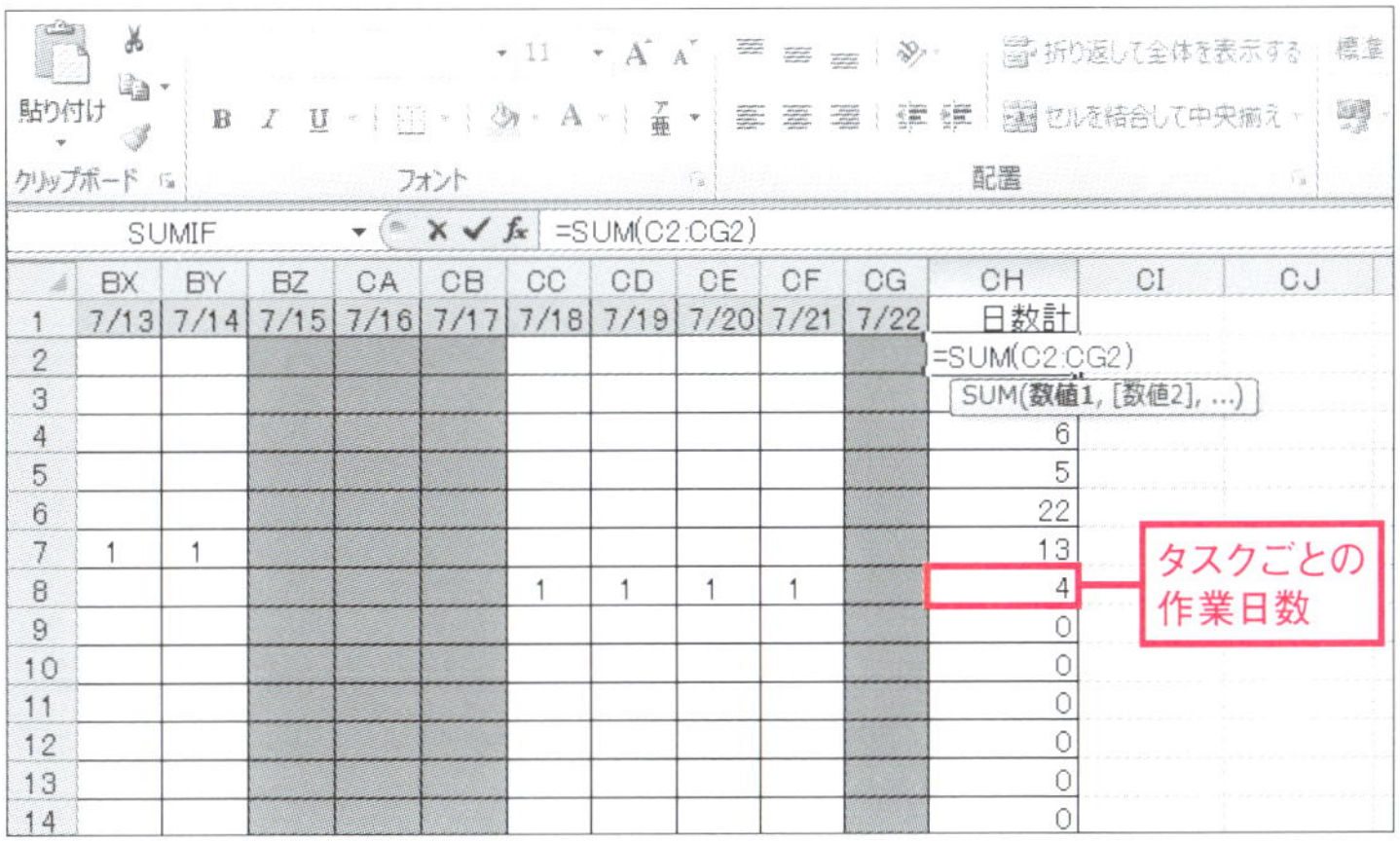

	BX	BY	BZ	CA	CB	CC	CD	CE	CF	CG	CH
1	7/13	7/14	7/15	7/16	7/17	7/18	7/19	7/20	7/21	7/22	日数計
2											=SUM(C2:CG2)
3											
4											6
5											5
6											22
7	1	1									13
8						1	1	1	1		4
9											0
10											0
11											0
12											0
13											0
14											0

3 それがつまり、自分がそのタスクにかけたおおよその日数である。自分の仕事がプロジェクト単位ではなく、1日の中で終わるような単発仕事が多いなら、記録ももっと簡単だ。右のように、1つの仕事が終わったらおおよそのかかった時間を記録しておけば良い。

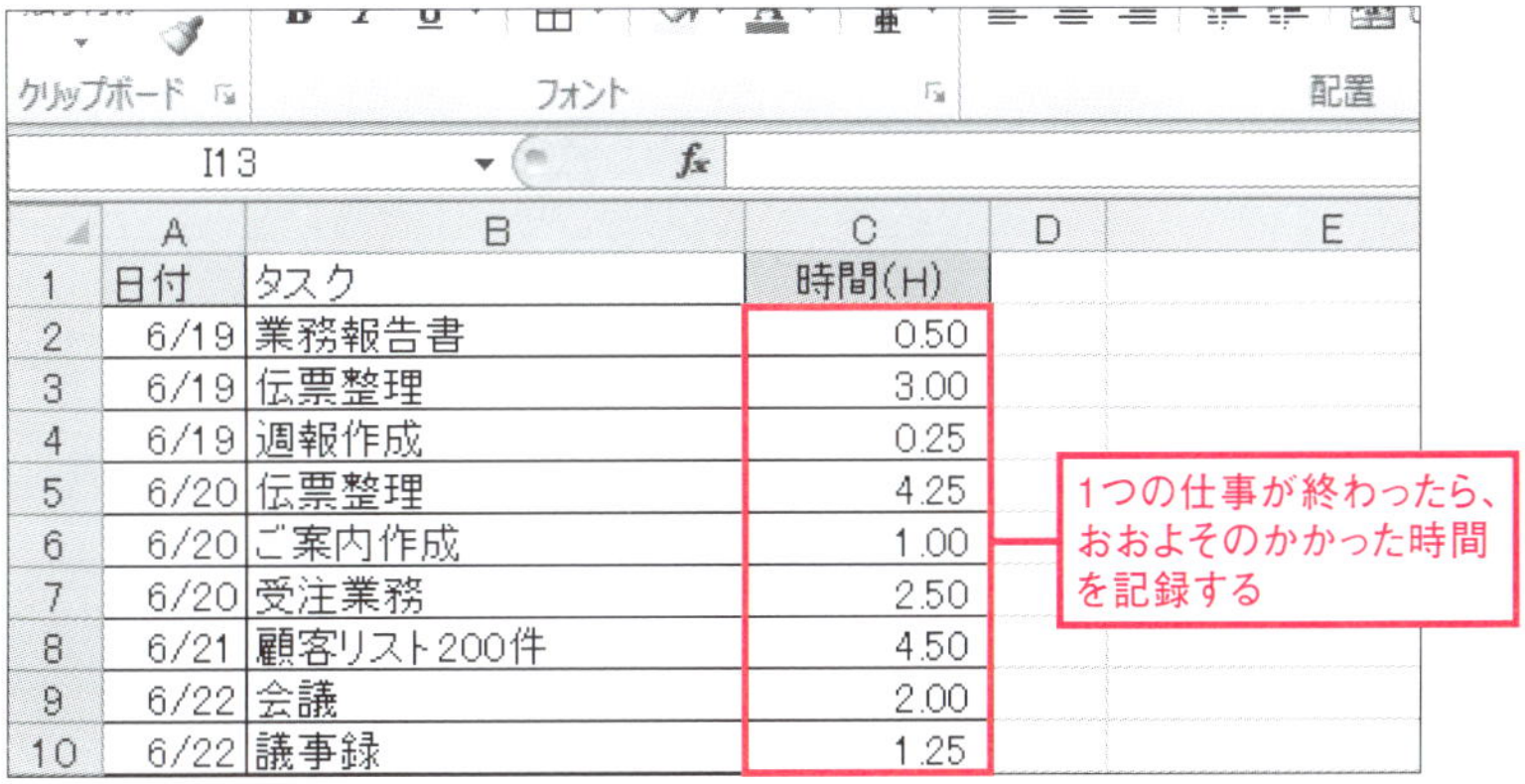

	A	B	C
1	日付	タスク	時間(H)
2	6/19	業務報告書	0.50
3	6/19	伝票整理	3.00
4	6/19	週報作成	0.25
5	6/20	伝票整理	4.25
6	6/20	ご案内作成	1.00
7	6/20	受注業務	2.50
8	6/21	顧客リスト200件	4.50
9	6/22	会議	2.00
10	6/22	議事録	1.25

仕事の種別の傾向を見る

1 データが入力された表内の、どのセルでもいいのでクリックする。

2 「ホーム」タブの「並べ替えとフィルター」をクリックする❶。「フィルター」をクリックする❷。

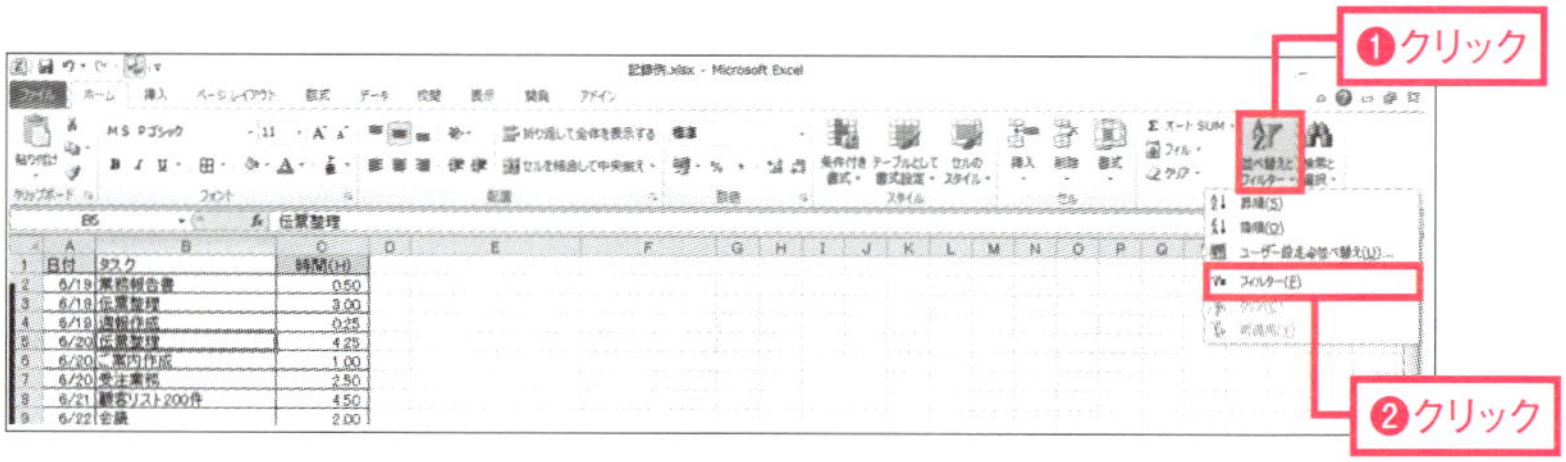

3 見出し部分に▼マークが現れるので、「タスク」の▼をクリックする。

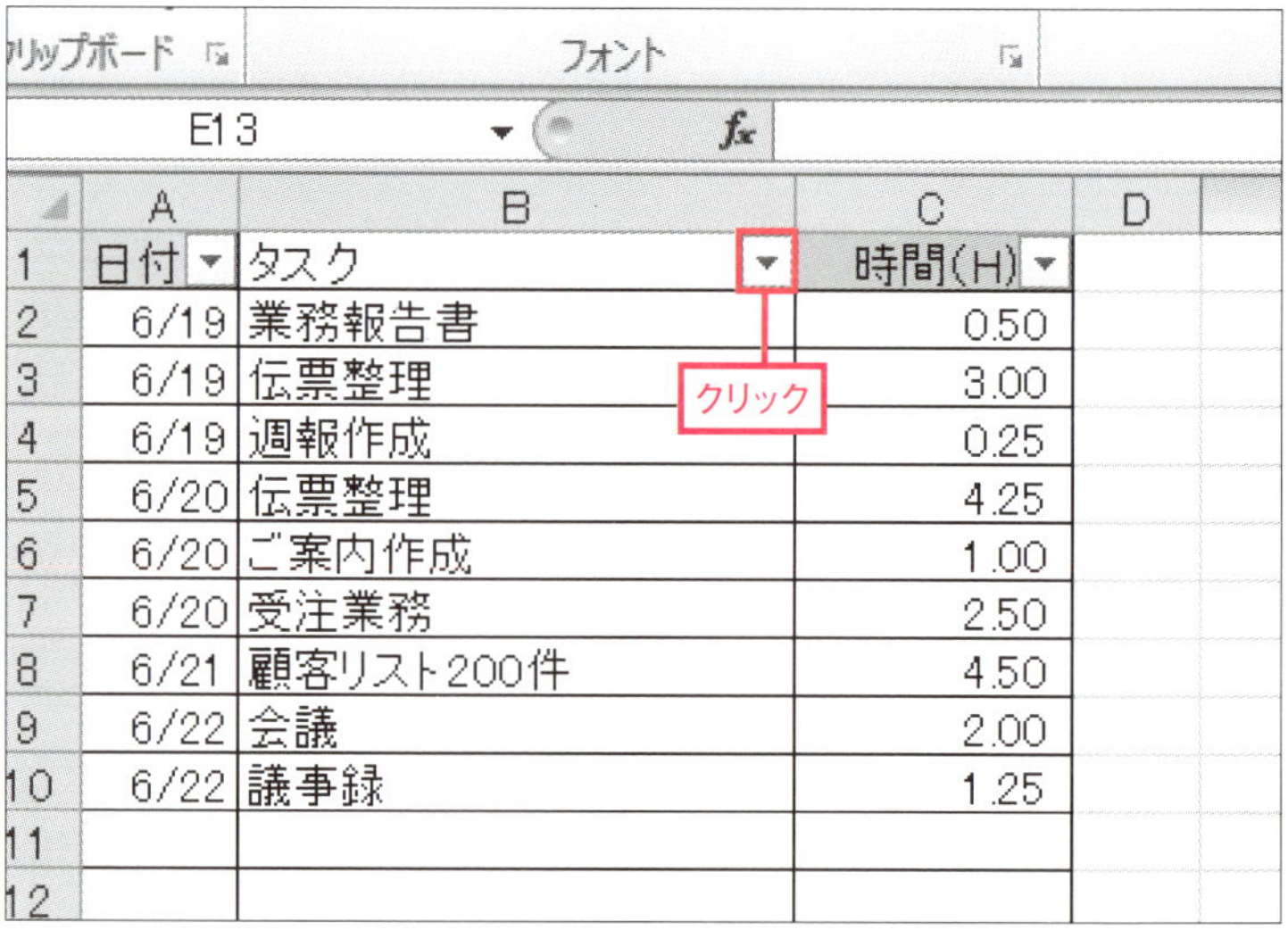

4 見たいタスク以外のチェックをすべて外す。

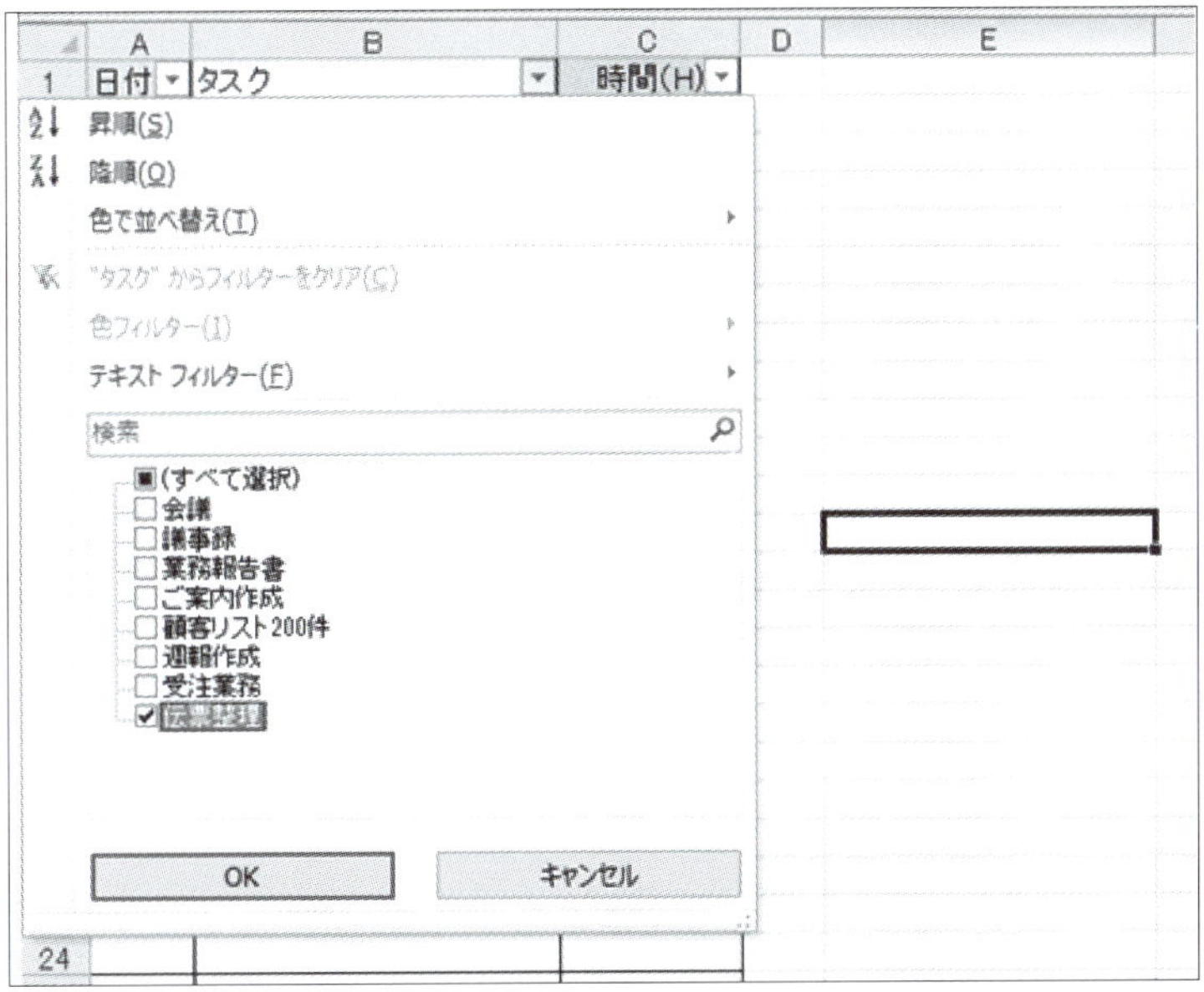

5 「OK」をクリックすると、チェックを入れたタスクのみが表示されるようになる。元に戻すには、もう一度「▼」をクリックしてすべてのチェックを入れ直せば良い。

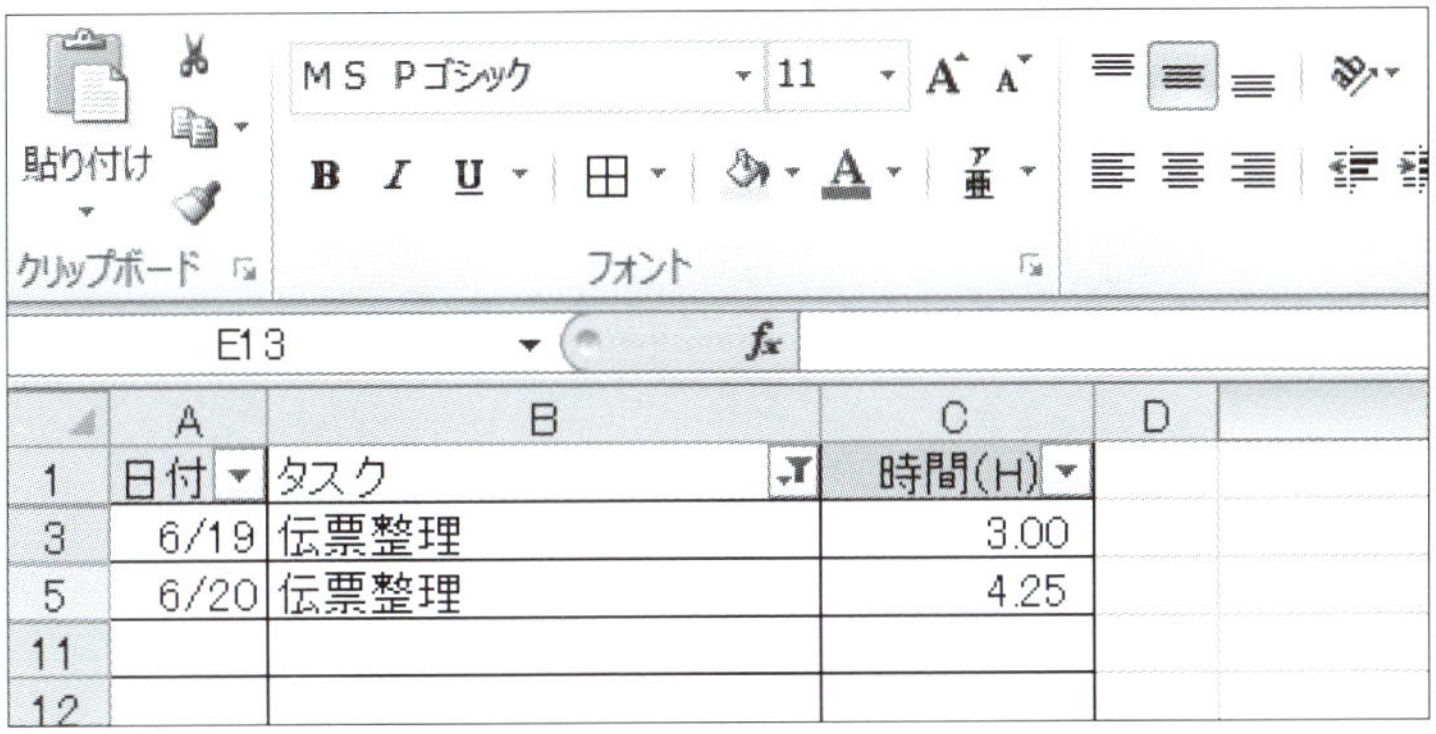

紙の書類の整理がつかない

対策

○細かい分類は不要。とにかく〝いる〟か〝いらない〟かだけで整理する

○紙資料はスキャンして、収納スペースを空けよう

事例

いつの間にかたまってしまった書類の束。整理しようとしても、うまくできない

机の引き出しにいつの間にかたまってしまった、大量のコピー用紙や紙資料。

もうこれ以上入らない、という状況になってしまい、一念発起して整理を始めた。

まずは種類別によりわけて、と始めたはいいが、これは昨年終わったプロジェクト資料、これは会社からの連絡資料……と分類していったら果てしなく種類が増えていって、机が足りなくなってしまった。

おまけに、どれを捨てればいいのかわからない。どんな資料も、あとで必要になりそうな気がして捨てられない。

結局机に広げた資料をまた重ねて引き出しに入れ直しただけで、何の進展もなく半日ムダにしてしまった。

原因

手順を考えるのが苦手な発達障害

「片づけられない」は、ADHDを象徴する言葉として少し昔に流行した。発達障害でもその出方はさまざまだが、**整理整頓が苦手**という点は多くの人に現れる特徴の1つだ。

ADHD、ASDともに出やすい特徴だが、これは手順を考える、計画を立てる力の弱さが原因にあると考えられている。

整理整頓は「どう分類するか」「どこにしまうか」「どの順番で片づけるか」などを考えていかなければ完成しない、段取りの極めて重要な作業だ。

段取りを考えるのが苦手な発達障害の当事者にとっては、コミュニケーションと同等に苦手な作業となる。

ものを捨てられないのも、予想・予測が苦手なために「〝多分〟もう使わない」「捨てても何とかなるから問題ない」といった見切りがつけられず、捨てるものの判断をすることが難しいのだ。

解決法 分類は3種類だけ

ASDを持つ人は、分類を始めるとそちらのほうに集中してしまうことが多い。分類内容も果てしなく細分化していき、場所と時間ばかり取って何も片づかないこともある。

これを防ぐため、**分類はわかりやすくシンプルに**。そして、**あとから条件を付け加えないこと**が大切だ。

3種類の分類で迷わず整理できる

ここでは、**紙の書類の整理**だけに絞って対策を考えよう。社内であるなら、それでおおよそは片づくはずだ。

まず、**A4の資料が入る手ごろな箱**を3つ用意しよう。段ボール箱でも良いし、書類トレイのようなものでもいいが、なるべく大量に紙が入れられるものが良い。

次に、それぞれの箱にラベルを貼って名前をつける。問題なければ、箱にフェルトペンで書いてしまっても良い。それぞれの名前は、「いる」「いらない」「わからない」だ。

あとはたまった書類を、次々3つの箱に投入していくだけ。

確実に必要な書類は「いる」の箱。絶対いらない書類は「いらない」の箱。判断がつかない書類は、すべて「わからない」に分類する。おそらくは「わからない」に大量の書類が入ることになるが、それでかまわない。

このとき「いらない」「わからない」に入れる書類にステープラやクリップなどがついていたらはずしておこう。注意点はそれだけで、あとはどんどん入れていけばいい。

分類が終わったら、「いらない」に入れた書類はまとめてシュレッダーにかける。個人情報や機密情報などが入っているかもしれないので、すべてシュレッダーにかけておけば安心だ。

「いる」に入れた書類は、上下やページ順などを丁寧にそろえてファイルに綴じておこう。

「わからない」に入れた書類だが、職場でスキャナーが使えるならすべてスキャンをかけておく。複合機があれば、自動原稿送り装置（ADF）で一気にスキャンできて手っ取り早い。

スキャンしたデータは、「20160125_整理書類」などと日付を入れたフォルダーを作ってまとめて入れておく。

スキャンし終わった資料は、やはりシュレッダーにかけて処分してしまおう。もしもあとで必要になったら、スキャンした画像で探していけば良い。

スキャナーが使えない場合はひもで束ねたりファイルに綴じたりして、なるべくコンパクトにまとめてしまおう。

スペースに余裕があれば、分類した箱にそのままフタをしてしまっても良い。そこにラベルシールを貼るなどして、整理した日の日付を書いておく。

あとで必要な書類があったときには、束から探して抜いていく。1年後まで救い出されなかった書類は、もうまとめて処分してしまってもかまわない。

スマートフォンを使って、手軽に書類をスキャンする

職場にスキャンできる設備がない、あるけれど自由に使えない、あるいは形状的にスキャンが難しい資料だといった問題がある場合は、**手持ちのスマートフォンでもスキャンが行える**。

現在のスマホのカメラは画素数も多く、コンパクトデジタルカメラ並みの画質で撮影できる機種も少なくない。これを利用したスキャンアプリが多く出ている。

ここでは、アンドロイド版**Evernote**を使ったスキャンを試してみよう。スキャンの仕方は次ページの通り。

自動モードをON（画面右上のアイコンで切替え）にしておけば、自動でフォーカスを合わせてシャッターを切ってくれる。スマホを固定したまま文書を入れ替えていけば、次々に撮影して取り込んでくれる。反応の精度はかなり高いので、効率的な文書取り込みが可能だ。

連続して撮影したものは1つのノートにまとめられてしまうので、ステープル止めされていたり冊子になっていたりするものは独立したノートにしておこう。1枚のものは、枚数を決めてまとめて

Evernoteを使ったスキャンの実行法

1 Evernoteが未インストールであればPlayストアで「Evernote」を検索し、インストールする。

2 Evernoteを起動したら、まずスキャン用のノートブックを作成しておくと良い。他の文書との混乱を防ぐためだ。

3 ⊕マークをタップして、ノートを追加する。

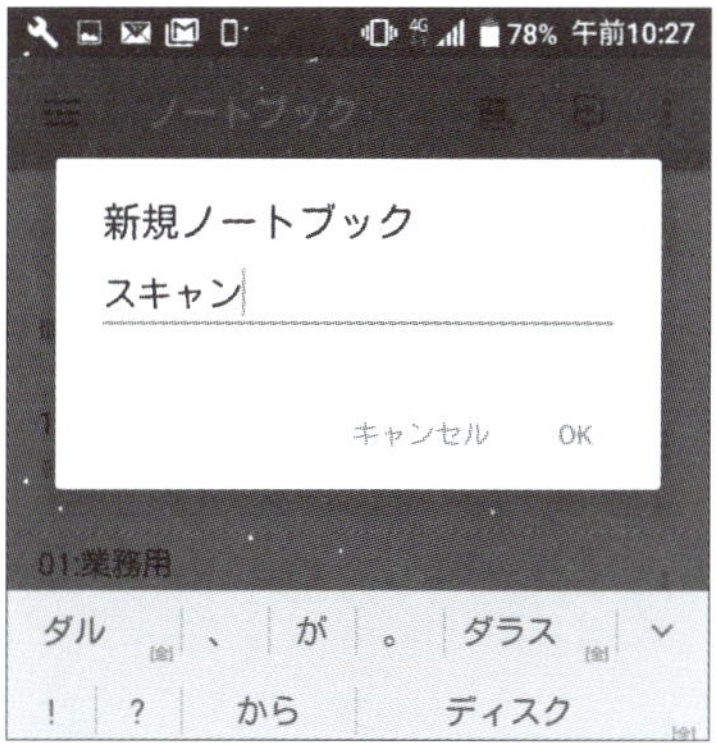

4 「カメラ」をタップする。

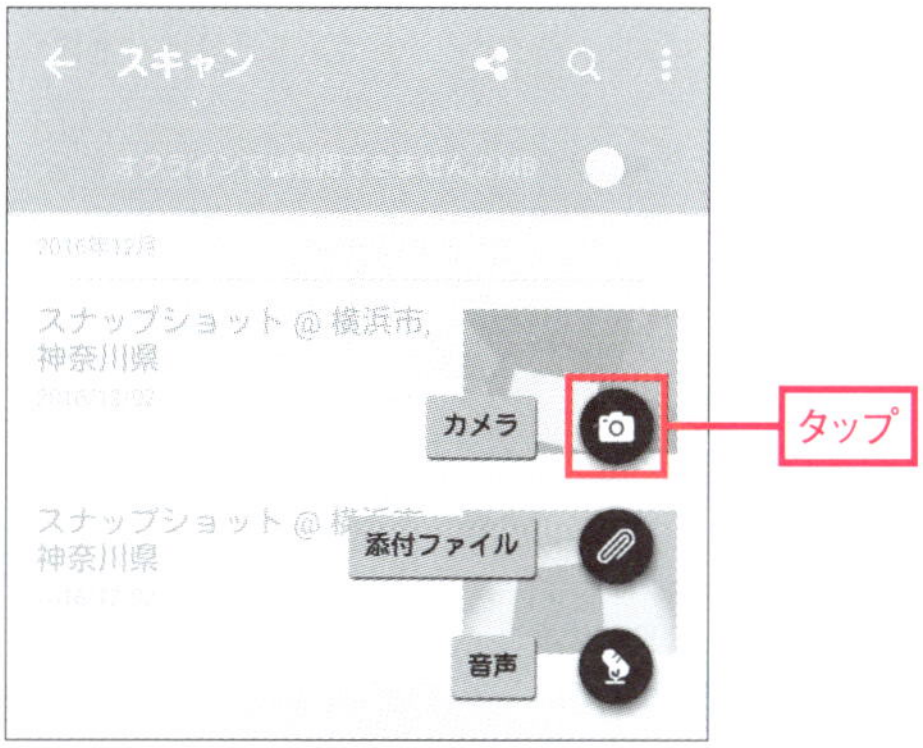

5 カメラが起動するので、平らなところに文書を置いて撮影する。Evernoteのアプリが自動的に文書の部分を感知し、きれいに補正して取り込んでくれる。多少斜めの状態で撮影しても、真上から撮影したように修正をかけてくれる。

memo

文書と背景とは色の差で感知しているので、文書も机も真っ白だとうまく取り込めない。その場合は、机に黒い布などをかけて撮影すると良いだろう。

6 1組分の撮影が終わったら、✓マークを押せば撮影を終えて一連の写真をノートに貼り付け保存してくれる。

代表的なスマートフォン用スキャンアプリ

アプリ名	特　徴
Evernote	• Android用の高速スキャンアプリ • 紙をすばやくスキャンして高品質なデジタルデータに変換し、保存・共有できる • プレミアム版では、名刺を取り込むとOCR機能で名前や連絡先などの情報まで読み取り、データベースとして保存してくれる
Evernote Scannable	• iPhone・iPad用の高速スキャンアプリ • 紙をすばやくスキャンして高品質なデジタルデータに変換し、保存・共有できる • プレミアム版では、名刺を取り込むとOCR機能で名前や連絡先などの情報まで読み取り、データベースとして保存してくれる
CamiApp	• iPhone・iPad・Androidいずれでも使用できる • ノートを撮影すると、自動で傾きなどを補正してきれいにデータ化してくれる

ノートにしてしまおう。

Evernoteはクラウドサービスなので、パソコンにもソフトをインストールしておけば、取り込みなどの作業も必要なくそのままパソコンで編集ができる。スマホで取り込み、パソコンで編集を行うというやり方が一番作業しやすいだろう。

紹介したのはアンドロイド用だが、アイフォーン用にEvernote Scannableというアプリもある。また、いずれの端末でも利用できるCamiAppというスキャンアプリもある。それぞれの特徴を上表に掲げたので参考にしてほしい。

なお、ここで紹介した以外にもさまざまな種類のスキャンアプリがあるので、PlayストアやiTunesで「スキャナー」で検索して探してみよう。いろいろなものを試して、自分に合ったアプリを使っていくのが一番だ。

紙の書類の整理の仕方

STEP 1 A4の史料が入る3つの箱を用意する

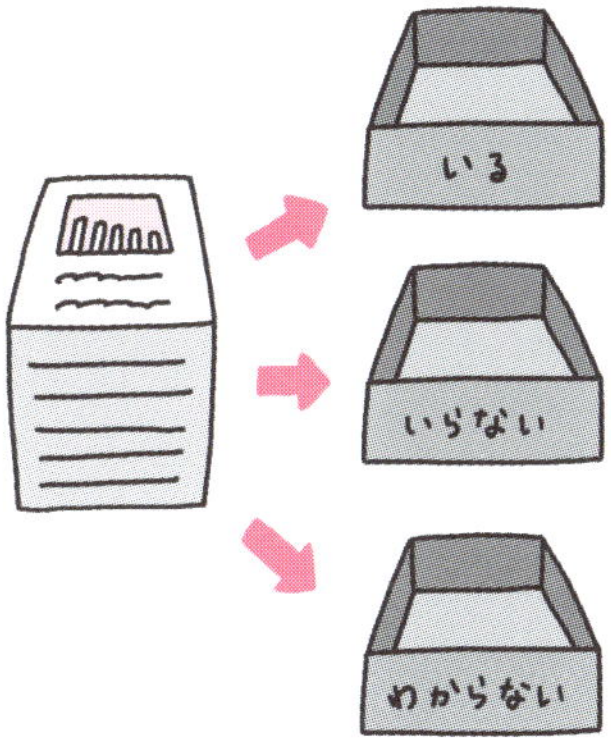

- 3つの箱に「いる」「いらない」「わからない」のラベルを貼る
- たまった書類を3つの箱に分類する

STEP 2 「いらない」に入れた書類をシュレッダーにかける

- 個人情報や機密情報などが入っている可能性があるので、すべてシュレッダーにかけておけば安心

STEP 3 「いる」に入れた書類はファイリング、「わからない」に入れた書類はスキャンする

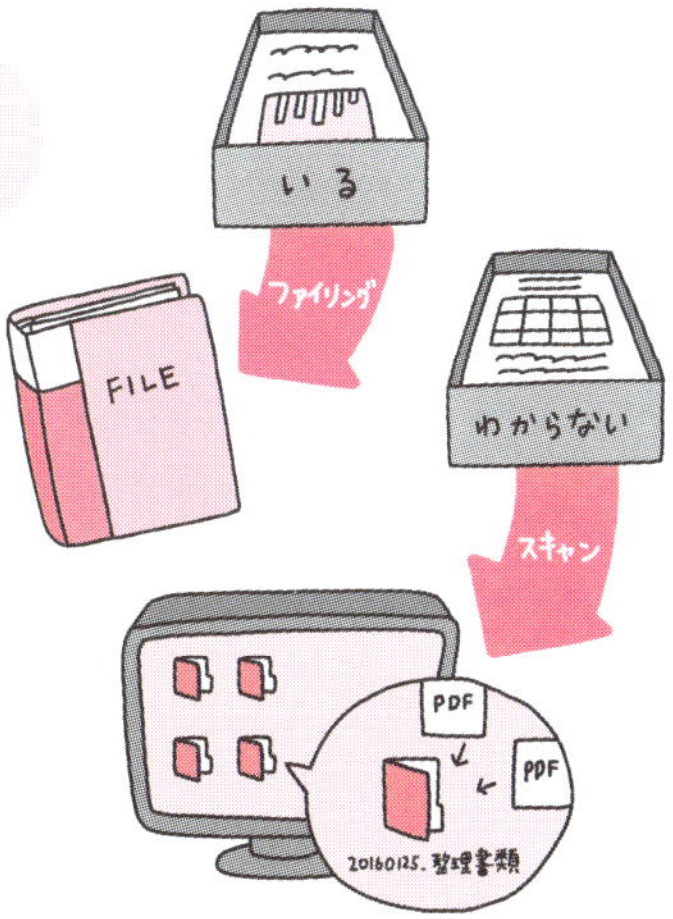

- スキャンしたデータは、日付を入れたフォルダーを作ってまとめておく
- スキャンし終わった資料はシュレッダーにかける

デスク・引き出しの整理ができない

対策

○整理・分類は諦める。まとめて透明なケースに入れてしまえば、見た目にはきれいになる

事例 文房具にパソコンの小物類、細かいものでグチャグチャの引き出し

机の一番上の引き出しは、文房具入れ。そう決めていたはずが、書類からはずしたクリップやらパソコンのUSBケーブルやら、とにかく細かいものを入れているうちにグチャグチャの混沌状態。何とか整理して使いやすくしたいが、入っているものの種類が多過ぎてどう整理したものやら、自分の頭まで引き出しの中身同様に混乱してしまう。

こんな引き出し、どうやってきれいにしたらいいんだろう。

原因 「もの」が好きなASD、「もったいない」のADHD

ASDにもADHDにも共通する性質として、**ものが捨てられない**という点がある。

すでに不要なものでも愛着があって捨てられない、という場合もあれば、まだ使えるものだから（使っていなくても）捨てられないという場合もある。

どちらにせよこの性質のため、ものがどんどん増えていくのがASDやADHDの人の机や部屋の傾向だ。

その上で整理が苦手なため、小物がたまると収拾がつかなくなってくる。

解決法 とりあえず見た目だけでもきれいにする

ものをきれいに整理したり、い

らないものを捨てられるようになるにはやはり訓練と時間が必要だ。いずれはそうなることを目指すとして、ここではまず第一歩として**「とりあえず」見た目だけでもマシにする**方法を考えてみよう。

クリアケースやジップロックを活用し、散らばるものはすべてまとめてしまおう

１００円ショップや文房具店で見かける、**クリアケースやジップロック**。これをいくつか、まとめ買いする。

あとは分類など考えず、細かいものはとにかくこのクリアケースに入れていくだけだ。とりあえず見た目にはきれいになるし、席替えなどがあっても移動が簡単になる。

注意点は、必ず透明で中身が見えるケースを選ぶこと。中身が見えないケースでは、必要なものを探すときに、いちいち開いて探さなければならない。これでは、再び、散らかりを生む原因となってしまうのだ。

クリアケースに入れておけば、引き出しに入りきらなくなったらロッカーなどに立てて置いておくこともできる。いずれは、少しずつでも整理する習慣をつけていきたい。

「きれいになった状態」を写真に撮っておく

苦労して机を整理できたら、**きれいになった状態の机をデジタルカメラで写真に撮っておこう**。机の上、引き出し、棚に並んだ書類や書籍などすべてだ。

これは、記念写真というわけではない。ＡＳＤでもＡＤＨＤでも、**「視覚優位」**の理解力を持っていることが多く、言葉や理念で説明されるより、見て覚えたり考えたりするほうがずっと早い。

「片づいた状態」の具体的なイメージがあれば、その状態にもっていくのは比較的得意なのだ。何をどこに置くのか、明確にわかる写真があれば、片づけの手際も別人のように良くなる。

写真はできれば大判で印刷しておいて、いつでも見返せるようにファイリングしておこう。

パソコンのファイル整理ができない

対策

- ファイル名は「日付_種類」で統一
- フォルダー名は、可能なら仕事の種別。難しいなら、年度で分ける

事例　パソコンのファイルの整理ができない。気づけばデスクトップに大量のファイル

事務仕事なので、パソコンをよく使う。もちろん大量のファイルが出てくるのだが、同じパソコンを使っているうちにファイルがたまって、混沌とした状態になってしまった。

特にデスクトップがひどく、壁紙も見えないほどにぎっしりとアイコンが並んでしまっている状態。

お目当てのファイルもなかなか見つからないし何とか整理したいけれど、いちいちファイルを開いて確かめるのも時間がかかるし、何をどうしたらいいのかさっぱりわからない。

原因　ファイルやフォルダーの命名が得意でない

整理整頓が苦手なのは、部屋や机の上ばかりでなくパソコンの中も同様になる。特にデスクトップが散らかりがちなのは、**ファイルの「とりあえず」の置き場所として使われることが多い**ためだ。しかし、発達障害の当事者にとっては、「とりあえず」の置き場所はそのまま恒久の置き場所になってしまう場合が少なくない。

また、ファイルやフォルダーの命名もあまり得意ではないので、その場で適当な名前にしてしまうことが多い。ひどい場合は「Book1.xlsx」とか「新しいフォルダー(2)」のようなファイルやフォルダーが並んでしまっている状態になる。名前に規則性がない

ために、あとの検索や整理に苦労してしまうのだ。

解決法 ファイルやフォルダーの命名ルールを決めよう

会社によっては、ファイルの命名規則がはじめから決められていることも多い。クラウド化でデータの共有も進む今、それぞれが勝手にファイルの名前を決めていたら混乱を生んでしまうからだろう。

職場でルールがないとしても、**自分でルールを決めて守っておけば**自分でファイルを探すときはもちろん、同僚から見てもわかりやすくなる。

ファイルの命名は、「日付_種類」で

ファイルの名前をつけるルールとしては、**「日付_種類」**を基本としよう。たとえば、ワードで作った会議の議事録なら、「20170209_議事録.docx」といった名前に統一する。例はもちろん、2017年2月9日の会議の議事録の場合を表している。英数字や記号はすべて半角、区切りも必ず_（アンダーバー）と決めておく。

月や日は2桁とし、ひと桁の日付であっても「0213」のように0をつけて2桁にそろえる。こうしておけばファイルを名前順に並べたとき、きれいに日付順に並んでくれる。

パソコンのファイルには、もともと更新の日付も情報として残る。それでもあえて日付をファイル名につけるのは、まずファイルの更新日＝仕事の処理日とは限らないからだ。

たとえば5月11日に会議をしたとしても、その議事録を作るのは

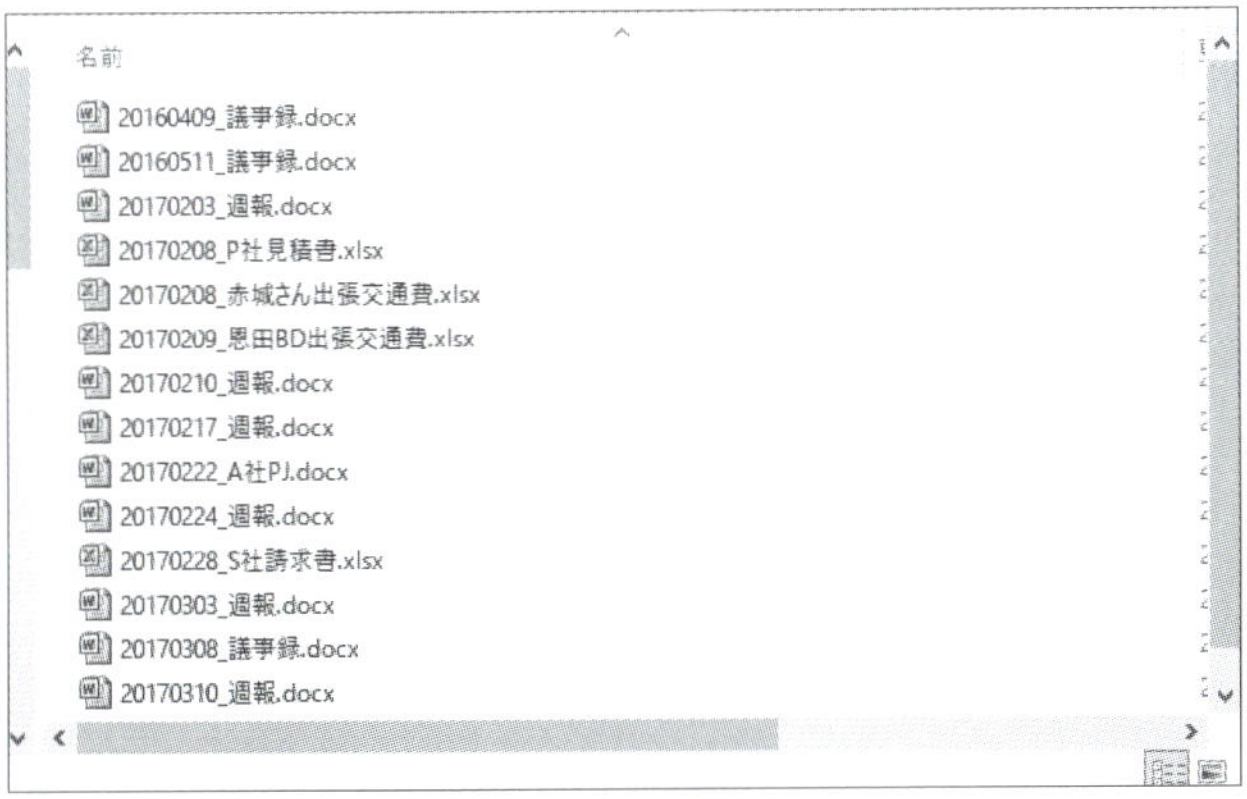

ファイル名を日付にすれば整理がしやすい

5月11日とは限らない。しかし、ファイル名に「20160511_議事録」とつけておけば、あとでスケジュール帳などと合わせてファイルを探すのも楽になる。

また、ファイル名を規則通りにつけていくことによって、並べたときに日付と要件がきれいにそろう。これもあとでデータを探すときに、ファイルの探しやすさにつながる。

フォルダー分けは、明確・確実に分類できるもので

フォルダーはデスクトップではなく、別に**業務用フォルダー**を作成する。面倒ならば、せめてドキュメントフォルダーを使おう。

業務用フォルダーの中をさらにフォルダー分けしていくのだが、このときのフォルダー名は**自分で確実に分類できるもの**にしておこう。

たとえば、営業なら顧客別に分けておくのが良いかもしれない。SEなら、プロジェクト別のフォルダー分けが良いだろう。

うまく分けられないなら、「2016年度」「2017年度」……といったフォルダーで良い。このフォルダー名ならば、1年ごとに確実にファイルを分散できる。事務などカレンダーで動いている職種では、むしろ適しているはずだ。

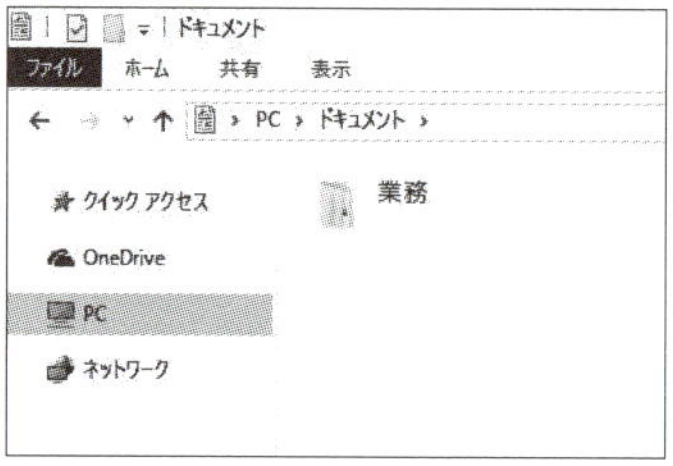

フォルダーは別に「業務用フォルダー」を作成する

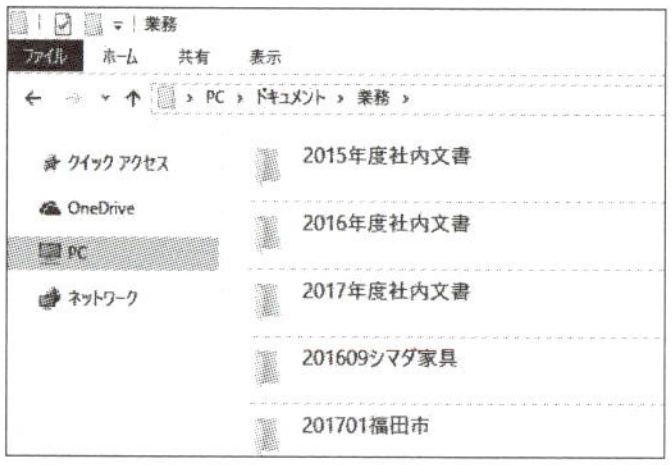

フォルダー名は自分で確実に分類できるものにする

Column 就労移行支援・就労継続支援の利用

就労移行支援と就労継続支援（A型・B型）を利用するためには、「訓練等給付」の申請が必要になる。この2カ所の利用については、訓練等給付の申請も含めて最寄りの自治体の障害福祉課を訪ねて相談してみよう。現在利用できる施設や、申請の方法などを教えてもらえる。

注意点として、これら訓練等給付の申請が必要な施設については一定の利用料がかかる。利用料には補助金が支給されるが、利用する本人の世帯収入（自分と配偶者の収入・資産）によっては自己負担金が発生する場合がある。

具体的に自己負担金がいくらかかるかは収入によって異なるので、これも自治体の窓口で確認してほしい。

第6章

「職場・仕事の人付き合い」を何とかしたい！

報連相・コミュニケーション

仕事のチームワークがうまくいかない。なぜだかわからないけれど、同僚と気まずくなってしまう。コミュニケーションは、発達障害を持つ人の最大の難所だ。仕事をうまくこなすことを目的にして、自分なりのコミュニケーション方法を作っていこう。

報告って、何を言えばいい？

対策

- 用件、結論、理由、対策案。細かい点は、質問を待とう
- 報告内容を箇条書きでメモ書きしてから報告する

事例　業務の報告をしたら、「何を言っているのかわからない」と言われてしまった

上司に呼び止められて、「昨日の打合せどうだった？」と聞かれた。

「はい、えーとまず松本さんに会って、あっ松本さんというのはいつもの小田さんがお休みなので小田さんの代わりに対応してくれた人なんですけど、小田さんから伺っていない話もあるかもしれないので、まず詳しい話をして確認してもらいまして……」

しばらくじっと目をつむって聞いていた上司は、突然「何を言っているのかよくわからんから、あとでメールにして送って」と話を打ち切ってしまった。

自分が報告とか相談をするといつもこうなってしまうが、これは上司の理解力が悪いんだろうか。それとも、自分の話し方に問題があるのだろうか。

原因　相手の求めるポイントがわからない

ASDを持つ人はすべてを説明しようとして多弁になるか、逆に言葉が不足し過ぎるか、どちらか

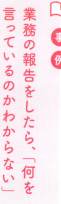

の傾向になりがちだ。

多弁なタイプは、事例のように一から時系列で話したり、主観を交えたりするために聞く人に負荷を与える情報量になってしまう。

一方、言葉不足なタイプは、自分の持っている情報の何を切り出せばいいのかよくわからずに困ってしまっている。

どちらにも共通する原因は、**相手の求めるポイントがわからない**ところだ。「経験則」なんていう曖昧な基準で勝手にポイントを決めるのも嫌だ、という考えにいたっている場合もある。

ADHDの場合は1つの内容を話すときも、頭の中は高速で回転している。流れなど関係なく思いついたまま話していくので、聞いている人は内容を把握できない。また、頭に浮かんだ内容をそのまま口に出していくために主観的な内容になってしまうことが多く、それも相手の理解を妨げる原因となってしまう。

話を聞くとき、人は相手の話のすべてを吸収するわけではなく、無意識に重要なポイントを拾い出して理解しようとする。

結論が最後に来る時系列的な話し方では、聞いている人は話の中でどこが重要なポイントなのかを絞り切れず、ストレスが高くなってしまう。ADHDの場合のような飛び飛びの話になると、なおさらだ。

解決法 業務の報告のポイントは、用件・結論・理由・対策案

経緯は省いて、4点のポイントを簡潔に。詳細は質問されたらで良い

報告の内容は、

- **うまくいっている→用件・結論**
- **うまくいっていない点がある→用件・結論・理由・対策案**

の内容・順番でいい。

たとえば、うまくいった打合せの報告なら、こうなる。

「A社発注の件、昨日打合せに行ってきました」（用件）

「こちらの見積もりで概ねOKです」（結論）

うまくいっていない打合せなら、理由・対策案を加える。

「A社発注の件、昨日打合せに行ってきました」（用件）

「こちらの見積もりですが、見直しを求められました」（結論）

「予算を超えてしまっていて、追加は難しいとのことです」（理由）

「部品を一部輸入品にすれば、品質は落ちますがコストカットでき

ます。必要なら、資材部と打ち合わせて見積もりを作り直しますがいかがでしょうか？」（対策案）

それ以上の経緯は、カットしてしまって良い。「打合せが15時に始まる予定だったのが、先方の担当者がクレーム対応で遅れて15時半からになった」とか、「見直しと言われても、こっちもギリギリで出しているし困ったなあと思った」とか、そういう情報はすべて省略してしまおう。

それ以上の細かい点は、相手が質問してくれる。あとはその質問に、1つ1つ答えていけば良い。

うまくいっていないときや、ミスの報告の場合はなるべく自分なりの対策案をセットで持っていく。可能なら、複数の案を用意していくと良いだろう。上司は自分の案のどれかを選んでくれるかもしれないし、あるいはもっと良い方法を思いついてくれるかもしれない。

人は丸投げされるとアイデア出しに苦労するが、具体的な案を出されればその対策を出しやすくなる。素晴らしい、完璧な対策である必要はない。自分で思いつく限りの解決策を、上司にアイデアを出してもらうための踏み台のつもりで持っていけば良い。

ただし対策案は、基本的に**「自分でやる・やれること」**を前提とすること。人任せになるような対策案を出してしまうと、仕事の回避と見られてしまう恐れがある。

しかし、理屈ではわかっていても、いざ報告しようとするとうまく言葉にできないこともある。対策案などはなおさら、アドリブで浮かぶものではない。

報告の際は、**事前に考えて用件・結論・理由・対策案を箇条書きで書き出しておき、そのメモを持っていくこと**をおすすめしたい。

たとえば、先ほどの例を報告する際のメモなら図のようなものになる。一度文章にしておくと自分でも客観的に見直すことができるので、より伝わりやすい報告にすることができる。

報告時に準備するメモの例

4／21

用件：4／20 A社打合せ報告

結論：見積もり見直しが必要

理由：予算超過、追加が難しいとのこと

対策案

1. 部品を一部輸入品にしてコストカット

　→資材部と打合せ

報告は進捗具合で使い分ける

うまくいっている

用件
↓
結論

Point

- 上記以外の経緯は省略して良い
- 細かい点は相手が質問してくれるので、それに答えていけば良い

うまくいっていない点がある

用件
↓
結論
↓
理由
↓
対策案

Point

- 自分なりの対策案をセットで持っていく
- 可能なら、複数の案を用意する
- 「自分でやる・やれること」を前提とする
- 事前に上記について箇条書きで書き出しておき、そのメモを報告の際に持っていく

雑談の仕方がわからない

対策

- 基本理念は「相手が主役」
- 会話のいくつかの約束事
- あえて無口なキャラ・敬語キャラを貫くのもあり
- 発言はしなくても良いが、雑談の輪には加わったほうが良い

事例

普通に話しているつもりなのに、なぜか相手を怒らせてしまう

昼休みに、同僚と雑談。自分としては楽しく話をしているつもりだったが、あるとき相手がいきなり「お前、いい加減にしろよ」と怒り出した。無遠慮にものを言い過ぎる。休憩時間に話すような話題じゃない。お前に言われる筋合いじゃないなど。

周りの誰も止めてくれないし、どうやら何も言わない人も同じ意見のようだ。

悪意を持って話したことなんか一度もないのに、一体何が悪かったんだろう。

原因

思ったことを口にしてしまう衝動性

ADHDにある衝動性という特性は、**頭に浮かんだことを吟味せずに実行に移させてしまう**。相手が気にしている欠点なども、それに気づいた途端、反射的に口に出してしまい、相手を傷つけてしまう。

言ったあとでの吟味はできるので後悔するのだが、次の会話のときにはもう忘れたかのように同じことを繰り返してしまう。

ASDの場合は、根本的に**「自由な会話」**というものが苦手だ。「相手の好みは○○かもしれない」「相手には○○の経験があるのかもしれない」などと仮定しながら言葉を組み立てるのも苦手だし、何より着地点のない、作らない会話というものがわからない。趣味の分野や、仕事の話なら普通にで

きるのは、背景や着地点がわかっているからだ。

心の距離感がわからない、というのも会話の障害になる。礼を尽くすべき人になれなれしくしてしまったり、逆に親しくすべき相手に敬語を使い続けたりして相手の心象を害してしまう。

また、悲しいことだがASDの場合は障害上、自分自身が他人に批評されるような言動を受け続けてきた人も多い。相手を批評するような言葉の多いタイプは、ひょっとしたら自分自身がそういう言葉を投げられていたことの多い人なのかもしれない。つまり、会話とはそういうものだという学習をしてきてしまったのだ。

解決法　いくつかのポイントを押さえて、聞き上手を目指す

ADHDの場合は、その思考の自由さから、エンターテイナー的に周囲を楽しませる話術を持つ人がいる。

ASDの場合は専門分野や趣味の領域ならひたすら話し続けられるので、職場や友人が同じ専門の人であれば、コミュニケーションに不自由を感じることはないだろう。

ここでは、残念ながらその分野での才能や環境に恵まれなかった人のための対策を考える。

基本的なスタンスとして、「相手が主役」を貫こう

人は基本的に、聞くことよりも話すことに喜びを感じる。話すことで相手を楽しませることができる話術があるなら別だが、基本的には**「相手の話を引き出すこと」**を自分のスタンスにしよう。

話の流れでどうしても自分のことを話さなければならないときには、さらっと短めに。あとは相手の話題を拾って、質問を中心に考えていく。

会話がかみ合ってないと、自分の考えが相手にうまく伝わってないと思って言葉を重ねがちだが、そこを我慢して相手が今話していること・話そうとしていることを優先しよう。

もしもうまく質問や言葉が浮かばないなら、まず相手の言葉に合わせてうなずきを入れていくようにする。

なお、会話をする前に、次ページの条件を必ず頭で復唱しておく。

無口キャラ、敬語キャラも悪くない

相手が同僚なら、「嫌な奴」と思われるよりは「つまらない奴」という評価のほうがまだマシだ。仕事上の付き合いであれば、「な

れなれしい」と思われるよりは「よそよそしい」と思われるほうがまだ自然。

人付き合いが難しければ、割りきって**無口や敬語で通すのもあり**だ。

仕事の報連相だけはしっかりやること、雑談のときは上の約束事を守ること。これを通していれば、人気者になる可能性は薄いが大きな支障も生まれにくい。

発言はしなくても、仕事中に雑談の輪ができていたらなるべく加わろう

自分と同じ仕事のチームで、仕事中に雑談の輪ができている光景を見たら、よほど忙しくない限りは**なるべく加わるようにしよう**。特に発言はしなくても、話の内容を聞いているだけでも良い。自分が呼ばれていないので関係ない、と思うかもしれないが、業務時間中に出る雑談は仕事に関係した内容のことが多い。

職場によっては、その雑談で仕事の内容や方針が決まってしまうこともある。自分の仕事の内容が、自分の知らないうちに決まってしまうこともあり得るのだ。

とりあえず加わってみて、本当に自分にはまったく関係なさそうな話題ならそっとその場を離れれば良い。

会話の前に頭の中で復唱すべきこと

- 目線は今話している人の口元
- 立ち話なら、相手との距離は1mくらい
- 自分が話すのは、相手が話し終えるのを待ってから
- 相手の息継ぎのタイミングに合わせて、うなずきを入れる
- 自分の喋る時間は、長くても相手と同じ時間
- 会話相手に、褒める以外の批評・批判はしない（たとえ自分が批評・批判されても）
- たとえ相手の言葉を肯定するときでも、否定的な言葉（いや、でも、それよりなど）から入らない
- たとえ相手の言葉を否定するときでも、肯定的な言葉（うん、そうだね、はいなど）から入る
- 他の人（その場にいない人も含めて）の考え方の否定はしない
- ミスの指摘や注意を受けたら、まず「すみません」と謝罪。相手の話を全部聞いて、理由や誤解があればその後に説明する

コミュニケーションを成り立たせる４つの工夫

「相手が主役」を貫く

自分のことはさらっと短めにし、基本的には相手の話を引き出すことを優先する。

会話の前に約束事を確認

会話をする前に頭の中で復唱しておく。

無口キャラ、敬語キャラもアリ

報連相だけはしっかり行い、それ以外は割りきって無口や敬語で通す。

雑談の輪には加わる

特に発言する必要はなく、話の内容を聞いているだけでも良い。

会議についていけない

対策

- 発言や質問はまず文字にして、発言して良いかを考える
- 質問や発言は事前に用意し、タイミングだけ見計らう
- 議事録を映してもらえばわかりやすい

事例

会議で発言しても、周りに変な顔をされたり苦笑いされたり。何がいけないんだろう？

会社に入って、自分もようやく先輩からの指示待ちではなく、会議や打合せに参加できるようになった。だけど自分が何か発言しても、周りは良いとも悪いとも言わず、「まあそれは置いておいて……」みたいな雰囲気で別の話を続けてしまう。

今日などは自分では重要な提案をしたつもりだったのに、上司に「ハア……」とため息をつかれて終わり。

一体、自分の何がいけないんだろう？

原因

「今の話題」と「目的」に沿わないと、会議の発言は受け入れられない

衝動的な発言をしやすいADHDタイプは、会議の中でもアイデアや疑問が浮かぶと**即座に口に出してしまう**。それがリアルタイムな内容であればまだ良いが、すでに終わった議題やまだ話されていない議題であってもパッと口に出してしまうので、周りからは唐突で不自然な発言に感じられる。また目的のない雑談のような発言や質問で、周囲に「だからどうした」と思わせてしまうこともある。

複数相手のコミュニケーションが苦手なASDタイプは、**会議自体も苦手**だ。本来は理論的で目的のある仕事の会話が得意であっても、相手が複数となると困難を生じる。本人からすればそれぞれが好き勝手に発言しているようにしか聞こえず、話の流れが見えないのだ。

ものの見方の癖として「一点集中」になりやすいASDタイプは、**全体的な流れが見えにくい**。全体の流れが見えないため、「今何を話しているのかわからない」と混乱してしまったり、自分の話題で理解しやすい流れにしようとしたりする。結果として会議に参加できなかったり、一人だけズレたことを言っているような印象を周囲に与えてしまったりするのだ。

解決法

発言したいことは、まず一旦文字に書き出そう

黙って聞いていれば良い会議なら「何も言わない」で通せばいいが、昨今は若い社員であっても、積極的な参加を求められる。ここでは、会議で発言や質問をするときの対策を中心に考えよう。

反射的な発言や質問はNG。まず文字で書き出して、発言すべきかを考える

会議中に意見や質問が浮かんでも、**ひとまず一旦我慢する**。ここが要点になる。発言したいことが浮かんだら、左のようなメモを**手元のノートに書き出そう**。

ADHDの衝動性にあらがうのはなかなか大変だが、事前に「発言しない、まずは書く」と頭で復唱しておくか、あるいはメモを開いた場所に書いておくと良いだろう。

発言前に書き出すメモの具体例

3／8（水）　企画会議

公式HPのリニューアルについて
目的：アクセスアップ→集客力の向上
日時：3／8（水）　10：30〜
場所：本社会議室
出席者：宮下専務、北島営業部長、春山課長、三川、鈴元

事前情報：
◎公式HPのアクセスが右肩下がり
◎現状のHPの費用対効果がわからない

事前準備物：
会議告知メールを印刷

TODO：
・自分の担当タスクを確認

確認事項：
・自分の担当タスク
　→多分業者選定からの実務担当？
・締切り⇒質問（だいたいの期間）　← 質問にはどんな目的があるか
・予算⇒質問（あとでいい？）　← リアルタイムで話されていることか
　：

書き出したら、次は以下の2点を確認する。

①その意見や質問には、どんな目的や効果があるか。自分や皆の仕事に、直接影響を与えるものか

これを自分に問うてみて、「ただ何となく」とか「気になったから」のような答えしか浮かばなければ、その発言はボツにする。目的や効果が思い浮かばなかったり、「気になって仕事が手につかなくなる」といった心情的な目的しかない場合でも同様だ。

②その意見や質問は、リアルタイムで話されている内容のものか

この条件に合わない意見や質問なら、発言は一旦保留にする。

①の条件をクリアしていないなら、残念ながらその発言は無条件でボツだ。

①はクリアしているが②をクリアしていない場合は、タイミングを待とう。会議の終わり際に「他に何かある？」と聞かれたときでも良いし、チャンスがなければあとで上司に伝えても良い。

会議の議題や目的、出席者などを予習して、発言も質問も事前に考えておく

わざわざ業務時間に会議をやるなら、意味もなく集まることはほとんどない。少なくとも、話すべき議題くらいは事前に周知があるはずだ。

そこで会議が始まる前に、**議題と目的、出席者をまとめて自分用に資料を作っておく**。その内容に関係した情報も、今自分が知っている限り書き出そう。自分の仕事の進捗、と現在抱えている問題点は必須だ（106ページ「会議でメモが取れない」を参照）。

その上で、議題・目的・出席者に合わせて**意見や質問を事前に考えておく**。特にこの会議で自分の仕事はどう変わるのかは必ず捉えておくべき点だし、捉えきれなかったら質問しておかなければならない。

意見や質問が決まったら、あとは**発言のタイミング**だ。基本的には、その話題で皆が話しているときになる。言い出す機会がなかったら、会議の終わり際に切り出そう。

意見や質問については、基本的に**自分が直接関わる仕事の内容に絞る**。他人がやる仕事についての意見・質問は、批評しているような印象を与えてしまう場合があるので避けるようにしよう。

パソコンで議事録を取っているなら、なるべく映写してもらう

複数人の会話を捉えるのが苦手

なＡＳＤだが、文字で読めば比較的流れをつかみやすい。パソコンで議事録を取っている人がいるなら、できれば**プロジェクターなどで映写してもらおう。**会議の流れは、投影された文章でつかめば良い。

聞き取りとタイピングに自信があれば、自分が議事録係を申し出てもいい。発言が少なくてもある程度納得してもらえるし、「すみません。聞き取れませんでした。もう一度」も言いやすい。

議事録を取らないなら、せめてレコーダーなどで録音しておこう。事後に会議の内容だけでもつかんでおくためだ。この内容を踏まえて復習・予習を経てから次回の会議に活かせば、発言の内容も徐々に流れをつかんだものになっていくはずだ。

会議についていくための3つの工夫

発言の前にノートに書き出す

会議の前に自分用の資料を作っておく

議事録を映写してもらう

結果は出しているのに評価されない

対策

- 常に片手にペンを持って、リアルタイムで仕事の記録
- 指示がなくても、定期的に状況報告を

事例　一生懸命仕事をしているに、「サボっているでしょう」と言われてしまう

仕事では基本的に、1日中パソコンに向かっている。

自分で言うのも何だけど真面目さが取り柄と思っているし、仕事にもいつも集中して取り組んでいるつもり。だけどイマイチ同僚からの評価は高くない。

仕事の効率が悪いからかな、あるいは真面目過ぎてとっつきにくいと思われているのか。そう考えていたところ、ある日上司に呼び出されて言われたのが「いつもボーっとしてサボっているでしょ。」。周りは見ているんだよ」。入り込み過ぎでこそあっても、サボっているなんて絶対にないのに！

原因　見た目と言葉、さりげないアピールがポイント

仕事はしているのに評価が悪い場合、まず勤怠を見直そう。欠勤や遅刻、早退が多いと、どうしても印象は悪くなる。体調を崩しているなどの理由があるなら上司に相談して、可能なら出勤時間の見直しなどをお願いしてみよう。

それ以外でサボっているという印象を与えてしまう場合、主な理由は2つある。**①仕事時の姿勢が悪い、②報連相の不足**の2点だ。

ADHDでもASDでも、発達障害のある人が仕事をしているとき、その姿勢が周囲からはわかりにくい場合がある。本人は大真面目に集中しているし、実際に仕事も進んでいる。しかし傍目には、まったくサボっているようにしか

見えない場合がある。

発達障害がある人の仕事の様子を観察すると、集中するほどだんだん姿勢が崩れてくる場合が多い。表情もなくなっていくため、客観的に見ると「だらけた姿勢で、ボーっとしている」ように見えてしまうのだ。

報連相の不足も、本人は気づいていない場合が多い。

一般的に会社では、手順を踏んだ報告や相談ばかりではなく、ちょっとした立ち話で仕事の進捗や課題を話し合っている。これによって上司や同僚は、「何となく」その人の忙しさや仕事の状況を把握している。

ASDなどでコミュニケーションの苦手があり、必要最低限の報連相で済ませようと考えている場合、気づかないうちに自分の評価を下げてしまっていることもあるのだ。

解決法　仕事の中で、自然にアピールできるプロセスを入れよう

もちろん、真面目にやっていてもミスが多かったり、結果に結びついていなかったりで評価が低い場合もある。これはまた、別の問題だ。今回は、結果は出しているのに勤務態度での評価が低い場合の対策を考えてみよう。

仕事の手順に"リアルタイムメモ"を入れる

仕事をしている最中も姿勢に気を配ることができれば、それが一番ではある。しかし、姿勢のことが気になってしまい、かえって仕事に集中できなくなるのでは本末転倒だ。仕事に集中しながらも、その動きが周りにきちんと「働いている」と認識されるものであれば問題ない。

そこで**メモ帳とペンを用意して、いつも手元に置いておくようにする**。ASDタイプの人は、1種類の仕事ごとに1冊のノートを用意する。これは、

- いちいち「○○業務」とページにタイトルを振らなくてもすぐに書き出せるようにするため
- 見返したり整理したりするのに便利

といった理由からである。文房具

店などで、色違いのセット売りされている学習用ノートを購入すると良いだろう。

ＡＤＨＤタイプの人は、日記帳のように日付がつけられているノートを利用する。時系列に沿って、実行したことを記録していくと良いだろう。仕事とノートに意識を分散させることで、結果として仕事に意識を向けやすくなる効果もある。仕事に飽きたな、と思ったら記録に移れば良いのだ。

ノートは開いて置いておき、日付を入れたらあとは自由に仕事の過程を書き込んでいく。チェックした入力データ、使用したファイル名、注意されたことや指示内容。暗算できるような計算でも、あえて式を入れて記入しておく。

パソコンに向かっていて手が止まる場面は、何かを考えていたり迷ったりしている状況だろう。そうした思考過程も、すべて書き記しておくのである。独り言の癖があるなら、口に出す代わりにこのノートに書き込むと良い。人に見せるものではないので、見やすさや形式などにこだわることはない。

パソコンの画面を見ながら常にペンを持ち、メモに記入していることで姿勢も自然に整えられる。視点もパソコン画面とノートの間を移動していることで、周りから見た不自然さも軽減されるはずだ。

リアルタイムメモは「サボっているのでは」という周囲の誤解を防ぐばかりでなく、**実際の業務にも役立つ**ものだ。仕事の過程を記録しておくことで、あとで「どこでミスが出たか」「自分はどう作業していたか」などを振り返りやすくなる。

また何かの理由で仕事が中断したとき、ＡＳＤがある場合、復帰にとても時間がかかることがある。リアルタイムメモを取っておくことで中断前の仕事の状況がわかり、スムーズに仕事に戻ることが可能になる。

予定の掲示と定期報告でさりげないアピール

一般に社員は、ちょっとした空き時間での立ち話や雑談で上司や同僚に、仕事の進捗や問題点などを共有している。

しかし、立ち話や雑談で「さりげない」状況報告といった行動は、発達障害を持つ人にとっては鬼門だ。「さりげない」の限度がわからなかったり、そもそも雑談が苦手だったりする。下手に頑張ろうとすると、過度な自己アピールになってしまい逆効果になることもある。

そこで過剰にならずに自分の忙しさをアピールし、かつ業務管理にも役立つ方法として、**ブックスタンド&ホワイトボード**の利用を

日付がつけられているノートの記入例

4/6　データチェック&ファイル名変更作業

H290309__〇〇石油製品株式会社

H290309__株式会社〇〇製紙__1 ——— ※どうする?

H290309__株式会社〇〇製紙__2

H290309__株式会社〇〇工業__1

H290309__株式会社〇〇工業__2

（上記2行 ——— 同じ内容）

H290308__株式会社〇〇商事

H290308__株式会社〇〇フード__1

H290308__株式会社〇〇フード__2

H290307__株式会社〇〇事務所

H290307__社会福祉法人〇〇福祉会

H290306__株式会社〇〇産業__1

H290305__株式会社〇〇産業__2

H290306__株式会社〇〇産業__3

（上記3行 ——— ※日付順のほうがいい?）

H290304__株式会社〇〇産業__4

H29030[redacted]__〇〇不動産株式会社 ——— 日付潰れて読めず

H270405__株式会社〇〇興業 ——— ※日付変、大丈夫?

H290302__〇〇テレビ株式会社

ホワイトボードで業務管理＆仕事のアピール

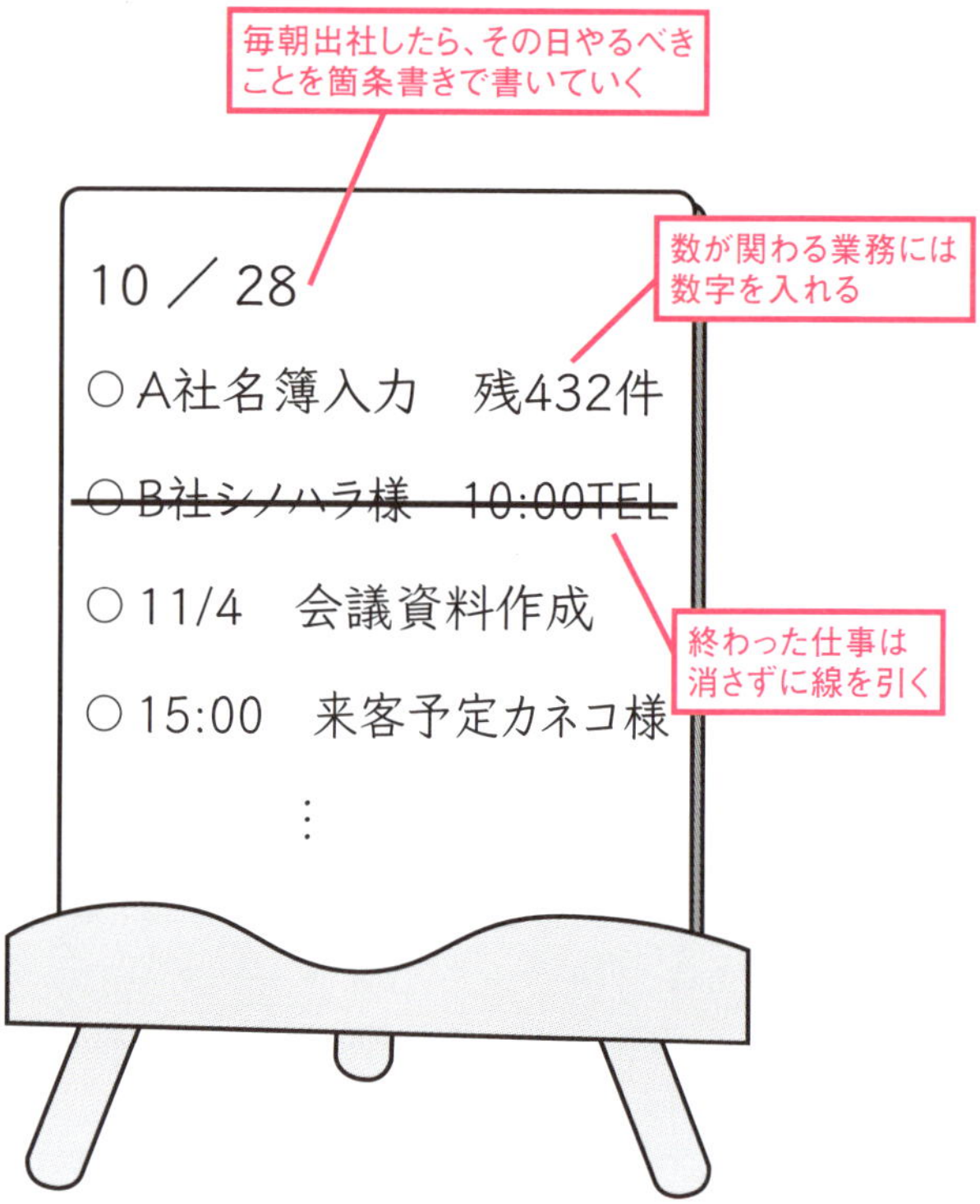

おすすめしたい。

準備は、100円ショップなどで小型のホワイトボードと、それを机に立てておくためのブックスタンドを購入するだけだ。壁際に吊しておけるような環境なら、それでも良い。とにかく、立てた状態で目につくところに掲示できるようにする。

毎朝出社したら、まずホワイトボードにその日やるべきことを箇条書きで書いていく。数が関わる業務であれば、それも入れておくと良いだろう。予定数を書いておければ良いが、難しければ残数でも良い。

終わった仕事は、消してしまわず線を引いて管理する。終わった仕事を消してしまわないのは、それが周囲へのアピールになるからだ。仕事の一覧に刻々と線が引かれていく様子が、そのまま仕事が進んでいることを周囲に知らせてくれている。これを見ても、サボっていると考える人はそういないだろう。

さて、このホワイトボードもさすがに就業後には消して帰ることになるのだが、そのまま消してしまうのはもったいない。

内容は上司への日報として、そのまま使うことができる。

たとえば、メールで上司に定期報告を行うとしよう。上記のホワイトボードに記した業務予定を元に、報告メールの文例を考えてみる。次ページがその具体例だ。

内容はあまり詳細にせず、結果だけを端的に記すのがコツだ。報告内容で気になることがあれば、詳細は上司から聞いてきてくれるだろう。

予定も一緒に報告しておけば、上司も仕事が予定通りなのか遅れているのか、忘れていることはないかなどを把握しやすくなる。

ホワイトボードに記した業務予定を元にした報告メールの文例

林田TL

お疲れ様です。山中です。

本日の業務内容を報告いたします。

- A社名簿入力　残432→205
- B社篠原様 折り返しTEL

お問合せの件→クローズ

- S社金子様ご対応
  ご注文→営業三田さんに共有しました
- 11/4会議資料→作成中

現状の問題点：B社の件、判断が難しいので後ほど相談させてください。

明日の予定は、以下の通りです。

- A社名簿入力　残205
- 11/4会議資料
- M社藤田様にTEL、アポ取り
- 月次報告の作成

以上です。

結果だけを端的に記す

予定も一緒に報告する

電話応対がうまくできない

対策

- 引き継ぎだけならパターンで習得
- よく電話がかかってくる相手をまとめたお得意様連絡表を作ろう
- 同じ部署の同僚の「今日の予定表」が手元にあれば、電話応対は格段に楽に！

事例

新入社員で電話応対が必須だが、何を言ったらいいかわからなくなってしまう

わが社では新入社員が率先して電話応対するのが決まり。礼儀作法を実地で学べるし、お得意先の名前も覚えられるからと言うが、正直電話応対は大の苦手。

もちろん研修は受けたが、教わったことなんか電話を取った途端に全部消し飛んでしまう。とにかく早く引き継ごうとして電話の相手に「誰に引き継げばいいですか」などと言ってしまい、あとで「何だ今の対応は」と先輩に怒られてしまった。

原因

ASDにとって苦手の集大成、電話応対

ASDの場合、そもそもコミュニケーションの苦手があるが、**電話ではそれが一層強くなる**。周囲が騒がしければ、聴覚過敏で電話の音が聞こえにくくなる。用件を聞きながらメモを取らなければならないとなれば、苦手なマルチタスクを強いられる。目で理解する視覚優位の傾向の人が多いのに、苦手な聴覚のほうですべてを理解しなければならない。電話応対はＡＳＤの人には、あらゆる点で不利な戦場だ。

一方でＡＤＨＤの場合も、得意なものではない。ＡＤＨＤの人は相手の話を聞くことに意識を向け続けるのが難しいが、**相手が目の前にいないとこれがさらに顕著になる。**電話中、何かに気を取られたり、別のことを考えてしまったら、たちまち意識はそちらに引っ張られ、相手の声が完全に頭をすり抜けていってしまうのだ。

解決法 手元に電話応対用シートを用意しておこう

電話応対の基本は引き継ぎ。パターンを覚えれば対応できる

発達障害があっても、事前にシミュレーションを十分にしておけばたいていのことは問題なくできる。だから自分からかける電話であれば、自分のペースで会話を進めることができ、相手の反応も想定しやすいのでうまくやれることが多い。

そこで、相手からの電話を受ける応対でも、**あらかじめパターンを絞って言葉を用意しておこう。**そうすることで基本的な対応は十分可能だ。

電話応対に慣れていない場合の自分の役割としては、引き継ぎがほとんどだと思われる。引き継ぎだけなら、対応はほぼパターン内に落とし込める。

次ページに挙げるのは、その一例だ。「はじめの挨拶」、「相手の社名・名前を聞く」、「引き継ぎ相手が社内にいるか確認する」、「不在時の対応」、「切るときの手順」とステップごとに応対のやり方を紹介している。応対のセリフなどは会社によって決まっている場合もあるだろうから、内容は適宜差し替えてほしい。

例では社名を「株式会社ヨツカワ」、部署名を「営業部」、社員名を「宮田」としている。

次ページをコピーして社名・部署名・社員名を自分のものに置き換え、手元においていつでも見られるようにしておこう。

この①〜⑤のパターンを習得すれば、自分にかかってきたものの以外の外部からのたいていの電話には対応できるはずだ。

また、178ページで紹介している「よくかかってくる電話相手の一覧表」、すなわち**お得意様連絡表**も一緒に机に貼っておくとさらに良い。通し番号を振っておけば番号だけメモすれば良いし、とっさの場合には表を指さすだけでも対応できる。

電話を引き継ぐときの手順

① はじめの挨拶

〈3コール以内に出たとき〉

「はい、株式会社ヨツカワ、営業部の宮田です」

Point 落ち着いて、「電話してきてくれて嬉しい」という気持ちを表現する

〈3コール以内に出られなかったとき〉

「お待たせいたしました。株式会社ヨツカワ、営業部の宮田です」

Point ほんの少し早口気味に、急いで電話を取った様子を表現する

② 相手の社名・名前を聞く

〈相手が名前を名乗ってきたとき〉

相手「株式会社△△の安田です」

宮田（メモを取りながら）「株式会社△△の安田様ですね。いつもお世話になっております」

Point 社名、名前はいちいち復唱。復唱のときこそ、電話のメモを取るチャンス

相手「木村さんはいらっしゃいますか」

宮田（メモを取りながら）「木村ですね。少々お待ちください」

Point メモを取るスピードに合わせてゆっくり復唱すると、相手にも「メモを取っているんだな」と伝わる。人名などのメモは、カタカナで書けば速い。

〈相手が名前を名乗らなかったとき〉

相手「そちらに、木村さんていう人がいると思うんだけど」

宮田「はい、木村ですね。失礼ですが、お名前を頂戴してもよろしいでしょうか」

Point まずは先方の用件を受け止めて、引き継ぎ相手の名前を復唱する。その後いる・いないを伝える前に、先方の名前を伺う。

相手「あっ、すみません。安田と言います」

宮田「安田様ですね。それでは、少々お待ちください」

Point 最後までいる・いないは言わずに引き継ぐ。本人のいる・いないを最後まで言わないのは、セールスなど引き継ぎ相手にとって歓迎しない電話相手である可能性もあるからだ。もし歓迎できない相手であれば、不在ということにして引き継がない選択肢を残しておける。

③ 引き継ぎ相手が社内にいるか確認する

〈いない場合〉

「今日は戻ってこない」か「○時に戻る予定」かを確認する。

Point 引き継ぎ相手不在時の対応が一番のポイント。ここをうまくできるようになれば、電話応対も大丈夫。

④ 不在時の対応

〈折り返しのとき〉

相手「それでは、折り返しでお願いします」
宮田「承知いたしました。それではお手数ですが、ご連絡先のお電話番号を頂戴できますか」
相手「□□□－□□□□－□□□□です」
宮田（メモを取りながら）「繰り返させていただきます。□□□－□□□□－□□□□ですね」
相手「はい」
宮田「それでは後ほど、木村のほうから折り返させていただきます。私、宮田が承りました」

〈伝言のとき〉

相手「それでは、ご伝言をお願いできますか」
宮田「承知いたしました」

【メモを用意】

宮田「それでは、お願いします」

- 伝言内容をメモ

Point コツは、相手の言葉をメモしながら、メモと同じ速度で復唱すること。これによって、相手にメモしていることが伝わる。

【最後に、もう一度通して復唱】

宮田「以上でよろしいでしょうか」
相手「はい」
宮田「それでは、木村のほうにお伝えいたします。私、宮田が承りました」

⑤ 切るときの手順

宮田「ご用件のほうは、以上でよろしいでしょうか」
相手「はい」
宮田「それでは、失礼させていただきます。お電話ありがとうございました」
相手「こちらこそ。失礼いたします」

Point

- 相手が切ったのを確認してから、こちらも切る。
- 相手も待っているようなら、もう一度「失礼いたします」と言って、電話のフックを指で押して切る。直接受話器を置くと、乱暴な音を立ててしまうことがある。

「お得意様連絡表」の具体例

社名	部署	役職	お名前	TEL	FAX
レイクミシガンケミカル株式会社	研究・開発部		芝田信也 様	0866-××-××××	0866-××-××××
株式会社○○電気産業	技術改良課	チームリーダー	児島健太 様	025-×××-××××	025-×××-××××
株式会社○○薬品	物流課	チームリーダー	荒木知世 様	046-×××-××××	046-×××-××××
○○ソリューションズ株式会社	建設水道部	部長	滝延子 様	0846-××-××××	0846-××-××××
○○コーポレーション株式会社	畜肉グループ	社外取締役	福士武雄 様	023-×××-××××	
○○商事株式会社	研究・開発部		西本一夫 様	059-×××-××××	059-×××-××××
○○ホールディングス株式会社		副社長	松島喜美江 様	0853-××-××××	0853-××-××××
医療法人○○クリニック	総務課	チームリーダー	山形千春 様	0766-××-××××	0766-××-××××
株式会社○○フード	生産課		山岡広樹 様	0153-××-××××	0153-××-××××
○○輸送株式会社	管理本部	部長代理	安原貴江 様	022-×××-××××	022-×××-××××
○○住建株式会社	営業企画室	室長代理	笠井明信 様	095-×××-××××	
○×薬品株式会社	システム開発部		西野庸子 様	0586-××-××××	0586-××-××××
××薬品株式会社	システム開発部		佐竹穂奈美 様	0796-××-××××	0796-××-××××
○×フード株式会社	貿易課	課長	赤尾宏 様	054-×××-××××	054-×××-××××
○○ネットワークス株式会社	研究・開発部	部長	村越翔太郎 様	045-×××-××××	045-×××-××××
○○テック株式会社	マーケティング部	副部長	寺内武夫 様	011-×××-××××	
○○テクノロジーズ株式会社	澱粉グループ	キャプテン	鶴田由佳梨 様	025-×××-××××	025-×××-××××
○○シャドウフード株式会社		副社長	武田拓海 様	0247-××-××××	0247-××-××××
株式会社○×商事	業務課	課長代理	田村真衣子 様	022-×××-××××	
○○製作所株式会社	広報課	チームリーダー	鳴海知美 様	0867-××-××××	0867-××-××××
株式会社○○ビルディング	生産課	課長	江島麻里 様	0193-××-××××	0193-××-××××
○○総合開発株式会社	マーケティング部	部長代理	川又紗羅 様	0538-××-××××	0538-××-××××
株式会社○○情報システム	システム開発部	部長	竹島恵子 様	0852-××-××××	0852-××-××××
株式会社○○電気工業	システム開発部		広田雅宏 様	0567-××-××××	0567-××-××××
株式会社○○興業	鮮魚グループ	社外取締役	大坂紀久子 様	025-×××-××××	025-×××-××××
○×住建株式会社	生産課		鳥居翔一郎 様	0182-××-××××	
株式会社○○エンジニアリング	生産課	課長代理	安井文子 様	0889-××-××××	0889-××-××××
株式会社○○住宅	生産課	チームリーダー	亀井健司 様	0766-××-××××	0766-××-××××

電話を引き継ぐ際の応答集

<table>
<tr><td rowspan="4">社内にいる</td><td>出られそうな状況</td><td colspan="4">・電話の保留ボタンを押す
・「木村さん、株式会社△△の安田様からお電話です」</td></tr>
<tr><td rowspan="2">会議中、来客対応中など出るのが難しそうな状況</td><td rowspan="2">「申し訳ございません。ただいま木村は□□（会議、来客対応など）中です。お急ぎのご用件でしょうか」</td><td>急ぎ</td><td colspan="2">・「承知いたしました。それでは木村に替わりますので、少々お待ちください」
・電話の保留ボタンを押す
・「木村さん、株式会社△△の安田様からお電話です。お急ぎとのことです」</td></tr>
<tr><td>急がない</td><td>「申し訳ございません。木村が戻りましたら、折り返しいたしますか。それともご伝言などございましたら、私が承ります」</td><td rowspan="5">折り返しの場合
→④の「折り返しのとき」へ

伝言の場合
→④の「伝言のとき」へ</td></tr>
<tr><td>予定にはないが席にいない</td><td colspan="3">「申し訳ございません。ただいま木村は席を外しております。折り返しいたしますか。それともご伝言などございましたら、私が承ります」</td></tr>
<tr><td>休み</td><td colspan="4">「申し訳ございません。本日木村はお休みをいただいております。折り返しいたしますか。それともご伝言などございましたら、私が承ります」</td></tr>
<tr><td>外出中
（戻る予定あり）</td><td colspan="4">「申し訳ございません。ただいま木村は外出しております。〇時頃戻る予定でおりますが、戻りましたら折り返しいたしますか。それともご伝言などございましたら、私が承ります」</td></tr>
<tr><td>外出中
（戻る予定なし）</td><td colspan="4">「申し訳ございません。ただいま木村は外出しており、本日は戻らない予定です。後日折り返しいたしますか。それともご伝言などございましたら、私が承ります」</td></tr>
</table>

電話応対のメモが取れない

対策

- 専用の電話メモで、聞くべきことをわかりやすく
- 忘れっぽい場合は、ボイスレコーダーを活用しよう

事例 電話応対のメモがうまく取れない

電話に出て「〇〇さんいますか」と言われると、もうその人に引き継ぐことで頭がいっぱいになってしまう。

引き継いだ相手に「誰から?」と言われて、はじめて相手の名前をちゃんと聞いていなかったことを思い出す。

「次はちゃんと聞かなきゃ!」と思っていたけれど、今度は早口で聞き取れなかった。聞き直すのも気まずくて、わからないまま引き継いでしまった。

今度こそ、と思って次の電話。相手の名前もきちんと聞いて、「お世話になっております」と返事。メモしようと思ったら、ちゃんと聞いたはずの名前が、もう頭の中から消えてしまっていた。

原因 電話とメモという並行作業

ADHD、ASDどちらにとっても苦手な仕事になる電話応対。電話で会話するだけでもいっぱいいっぱいなのに、そこに**「書く」という並行作業が加わるとさらに難しいことになる。**

では、きちんと話の内容を聞いてから書こうとすると、今度は**「短期記憶が苦手」**という特徴が顔を出してくる。今聞いたばかりの名前が、ウソのように頭から消えてしまうこともざらにある。

取り次ぎを焦ってしまい、聞いておくべき項目を忘れてしまうことも、失敗につながる理由の1つになる。

専用の電話メモの具体例

日付

受信者

時　　分

□ 社名 の お名前 様より

□ 宛先 さん宛に電話がありました。

□ 折り返し電話をいただきたい

お客様の番号（　　　　　　　　）

□ 　月　　日（　：　）頃に

再度お電話します

□ 要件は以下の通りです

Point

1. 相手の会社名、相手の名前、宛先の名前をまずは記入する
2. 日付や自分の名前は電話を切ったあとで書き加える
3. ❶の項目だけは、メモできるまで何回でも聞き直す

選択式の電話応対メモ

電話の相手

内部

☑欄	事業所
	東京本社
	大阪支社
	神戸支社
	横浜支社

他社

☑欄	社名
	シンエイ
	名和出版
	㈲田尾制作
	C･B･C
	ミサワワークス
	山田太陽
	その他

その他

	不明

相手の名前

電話を替わる相手

営業部

☑欄	名前
	室田BD
	大沢K
	岸田K
	小沢TL
	黒田TL
	川上TL
	平野
	松岡
	菊池
	野村
	高野
	阿部

その他

	門田CEO
	カスタマー
	不明

電話を受けた時間

☑欄	時	☑欄	分
	9		0
	10		5
	11		10
	12		15
	13		20
	14		25
	15		30
	16		35
	17		40
	18		45
	19		50
	20		55

用件

☑欄	内　容
	折り返し電話が欲しい（電話番号　　　―　　　―　　　）
	メールを見てください
	FAXを見てください
	電話があったことを伝えてほしい
	また電話します
	別の社員が対応→（　　　　　　）
	伝言（以下詳細）

❶ 選択式にして自分で書き込む部分をなるべく減らす

❷「他社」の欄は個人名でも良い

❸ 項目を選択式にすることで、電話の相手に聞くべき内容をわかりやすくする

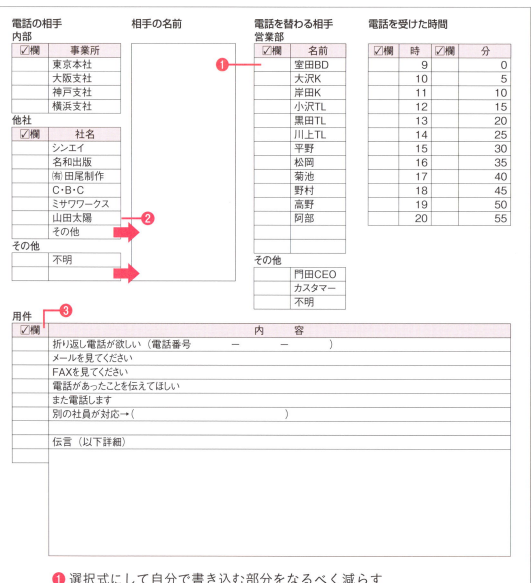

解決法 電話応対の負担を減らすツール類を活用する

専用の電話メモを用意しよう

電話応対には**あらかじめ専用の用紙を用意**しておき、手元に置いておこう。電話専用のメモ帳も販売されている。一般的な電話メモのフォーマットは、こうしたものだ。181ページに電話メモの具体例を掲げておく。

一般的な電話メモを使ってもうまくいかない場合は、項目を選択式にして自分で書き込む部分をなるべく少なくしたものを用意しよう。具体例は、前ページの通り。

この電話応対シートは、取り次ぎの内容を可能な限りチェックするだけで済むようにしたものだ。

「他社」の欄にはお得意先の会社名を入れておくが、個人名を入れてもかまわない。かかってくる可能性の高い相手を、並べておく。

項目を選択式にすることで、自分で判断しなければならないことを絞り応対の負担を減らすことができる。また、電話の相手に聞くべき内容もわかりやすくなる。

ボイスレコーダーを使って、録音しながら電話応対

ボイスレコーダーで録音しながら応対することで、聞き漏らしを防ぐ方法もある。メモを取るのが難しい場合は、この方法がおすすめだ。

ボイスレコーダーは、マイク入力端子がついたものを選ぶ。自動で録音を開始してくれる、音声感知機能があれば申し分ない。

電話を録音するためのアダプタも販売されている。受話器と本体をつなぐケーブルに接続し、ボイスレコーダーのマイク入力端子につなぐためのものだ。また、イヤホンのように耳に入れ、通話内容を直接録音するためのマイクもソニーやオリンパスなどから発売されている。どちらも、家電量販店やアマゾンなどのネット通販で購入できる。

マイク端子がついているパソコンであれば、録音のできるツールを使っても同じことができる。フリーウェアでは**「ぽけっとれこーだー」**などの定番のソフトがある。ただし、パソコンの場合は別にマイクが必要になる。

個人的には、ボイスレコーダーの活用をおすすめしたい。ボイスレコーダーは、持ち歩きできる。メモの代わりに録音を使う場合には、席を離れても使えることが有効に働くはずだ。電話応対以外にも、まさに音声メモとしてさまざまな場面で使うことができる。

相談ができない

対策

- まずは「相談はすべきもの」と認識しておく
- 相談すべきことかどうか、判断基準を作っておこう
- 相談する内容は、一度書き出して整理してみよう

事例 相談することに躊躇してしまう

「困ったことがあったら相談するように」とは言われているのだけれど、どうしても躊躇《ちゅうちょ》してしまう。

上司のAさんはいつも忙しそうで、必要なときにつかまらない。先輩のBさんは気難しい感じで、話しかけづらい。同僚のCさんは優しいけれど何度も頼ってしまって申し訳ないし、そもそも聞きたいことと担当が違う。相談は他の人の時間を奪うようで、なかなか勇気がわいてこない。

結局自分で判断してしまい、「やってほしかったことと違う。わからなかったら聞いてよ」と怒られてしまった。

原因 コミュニケーションの失敗体験が、相談を避ける思考につながる

特にASDの場合に顕著だが、発達障害があるとうまく相談できないことがある。個人的な相談ばかりでなく仕事上必要な相談や交渉まで躊躇してしまうので、それが成果に影響してしまうことも少なくない。理由を尋ねると、「ご迷惑をおかけしてしまう」という回答が多い。

発達障害があると、その振る舞いから「自分勝手」というレッテルを貼られてしまうこともあるが、実際には**非常に周囲の人の感情を気にする人が多い**。感覚で他人の感情を読み取れないから、人間関係に失敗も多くなる。そのため、他人への接触に必要以上に慎重になってしまうのだ。

また、会社に新人として入って迷いがちなのは、「自分で考えろ」と「わからなかったら質問しろ」の境界線。これは発達障害がない人さえ、判断に困ることのようだ。だから勝手な判断をして失敗してしまったり、逆に一挙手一投足で上司に判断を仰いでうるさがられたりしてしまう。「自分で考えろ」と「わからなかったら質問しろ」の板挟みになってしまった人は、そもそも「これは相談していいことなの？　自分で解決すべきことなの？」ということで悩んでしまって動けなくなってしまう。

解決法　「相談は正しい」ことと認識する

相談は仕事に必要なコミュニケーションの1つ

仕事はコミュニケーションで成り立つものであり、相談も必要な基本の1つだ。**相談はしていいもの、すべきもの**ということをまず自分の行動指針にしよう。

相談をして「そんなこと自分で考えろ」と怒られたり、冷たくあしらわれたりした経験があると、相談すること自体にトラウマを持ってしまうこともある。しかし、相談した結果の傷よりも相談しなかった結果による傷のほうが大きい。判断に迷うなら、相談するほうが良い場合が多い。

相談すべきことと自分で判断すべきことで迷うのは、発達障害の人に限らない。実際のところ、多くの人は失敗しながら学んでいるのが実情だろう。「そんなこと自分で考えろ」と何度も怒られながら、少しずつ仕事の知識を蓄え、何を相談すべきで何がすべきでないかも会得していっているのだ。

相談すべきこととすべきでないこと、どう判断すればいいのか？

自分なりに相談すべきでないことを判断するには、次ページの条件で考えてみよう。

次ページの条件にひっかからず、考えてもわからないなら相談してみよう。その上で「自分で考えろ」と言われたなら、それは「すでにあなたが持っている情報で判断できること」もしくは「あなたが自由に決めていいレベルのこと」のいずれかということだ。

相談するべきことかどうかの判断基準

●それは「ググって」わかることか

ネットで検索すればすぐに得られる知識や、マニュアルを読めばわかるソフトウェアの使い方。辞典に載っているような一般的な知識であれば、上司や先輩に聞かずに自分で調べるべきだ（ただし、自分では手に負えないような高度な知識であれば、それを伝えて素直に助けを求めるほうが良い）。

●それは自分にしかわからないことではないか

「私が作った仕事のファイル、どこにいったんでしょう？」と聞かれても、それは保存した本人にしかわからない。自分で頑張って探すか、諦めて作り直すほかはない。

●それは一度聞いたことがあることではないか

一度聞いた覚えのあることなら、自分のメモ帳を探してみよう。聞いた覚えがあるけれど、メモ帳をめくっても思い出せない、よくわからない。その場合には、聞き直すこともやむを得ない。「申し訳ありません、一度伺ったことだと思うのですが」とつけて、聞き直そう。次は繰り返さないように、しっかりメモを取っておきたい。

2つのどれなのかもわからない場合は、そこだけ教えてくれるように頼んでもいい。

相談内容を文字に書き起こして、整理してみる

うまく相談できない人は、**事前に何に困っているのか、相手にどうしてほしいのかを文章にまとめてみる**。文章に表すことで、自分で悩みを客観的に整理しやすくなる。悩みの内容によっては、自分で解決策を思いついてしまい自己解決してしまうこともある。

同じ相談内容でも、良い相談の仕方と悪い相談の仕方がある。相談するときにそれを意識することで、相手の反応も違ってくる。

良い相談とは、**何の答えを求めているのかを明確に、なるべく相手の選択肢を狭くした質問にすること**だ。相談を受ける側として一番困るのは何を聞きたいのか、ど

うして欲しいのかもよくわからない、漠然とした相談だ。相談が下手な人は、「今自分が置かれている状況」だけを説明して相手に解決を求めてしまう。

　質問なら何についての回答を求めているのか、質問を明確にする。一番良いのは、イエスかノーで回答できる質問にすることだ。

　お願いごとなら、**相手に具体的に何をしてほしいのかを明示すること**が大切になる。たとえば、風邪をひいて熱が出てしまったとする。可能なら休みたいが、仕事が立て込んだ状況であることもわかっている。とりあえず職場に連絡してお伺いを立てる場合、どのような尋ね方が良いだろうか。

　悪い例は、「風邪をひいて熱が出てしまったんですが、どうすればいいでしょうか」といった聞き方だ。上司としては「どうすればいい」という判断を委ねられ、さまざまな選択肢を想定して、あなたと相談しなくてはならなくなる。これは、聞かれる側に非常に負荷のかかる相談の仕方だ。

　では、良い例はどんな言い方になるか。それは、率直に「風邪をひいて熱が出てしまいました。よろしければ本日はお休みをいただきたいのですが、いかがでしょうか」と相談することだ。上司にとっては、「許可する」「許可しない」の2択となり、回答時の負担はかなり少なくなる。

　これは、仕事内容についての相談でも同じことだ。判断に困ることが起き、上司に相談する。このとき、言い訳とか自分への評価などを考えてしまうと、どうしても主観が混ざって説明が混乱してしまう。この場合上司にお願いしたいのは、「対応を判断して、新しい指示を出してもらう」こと。そのためには冷静に状況を説明して、「申し訳ありませんが、ご指示をお願いします」とお願いしよう。

　この場合、**事前に状況を書き出して整理しておく**と良い。自分の失敗を隠したり、言い訳をしたりしてはいけないが、変に自分で責任を被ってしまう必要もない。上司にとって必要なのは、客観的な状況説明だ。ＡＳＤを持つ人は、客観的な説明が得意な人が多い。ただし、単なる説明ではひとごとのような印象を与えてしまうので、「お手数かけてすみません」など、一言謝罪やお礼を加えるのを忘れないようにしよう。

　どうしても精神的なブレーキがかかってしまい直接相談に行けないのであれば、**メールで相談する、メモ書きを上司の机の上に置いておく**などの方法を取ってみよう。相手が忙しそうでタイミングがつかみにくい場合にも、このやり方は有効だ。ただし、急ぎの連絡や仕事の場合にはこの方法は避けて、直接伝えるようにしよう。

報連相のタイミングがわからない

対策

○フォーマットを決めて定期的に状況報告

事例

質問や報告、足りないと言われたり多過ぎと言われたり。一体いつやればいいの？

仕事が終われば終わりましたと報告、わからないことがあれば聞きに行く。自分ではこれで十分だと思っていたが、上司に「報連相が足りない」と言われてしまった。うまくいっていないときに報告すれば、良いんじゃないのか？

それならばと、今度は仕事の区切りごとに報告したり、判断が必要なところを全部聞くようにしたりすると、今度は「そこまではいらない。極端過ぎる」と怒られた。いっそのこといつ何を報告すればいいか、全部指示してほしい。ちょうど良い報連相って、一体どのくらいの頻度でやればいいの？

原因

報連相もコミュニケーションの1つ。発達障害のコミュニケーションへの苦手が出る

コミュニケーション下手は、特にASDを持つ人に多い特徴の1つだ。

報告・連絡・相談――いわゆる**「報連相」**もコミュニケーションであり、この特徴が強く反映される。

内容もさることながら、難しいのはタイミングだ。終わったときの報告、わからないときの質問などはできても、中間報告はどの区切りで行えばいいのか、なかなか判断が難しい。そもそも、中間報告の必要性さえ意識していない場合もある。

解決法 1日1回、定期的に状況報告

こうした悩みを抱える人は、仕事の管理をある程度任されている職場で働いている場合が多い。日報や週報を提出する決まりのある職場では、さほど現れてこない問題だろう。

それならば、**自分から定期報告するものと決めてしまえば良い。**仕事の流れが速い職場であれば1日1回、それほどでなければ週1と、あらかじめ上司と話して決めておくと良いだろう。

フォーマットを決めれば、文章にも悩まない

報告文が苦手で何を書けば良いのかわからない、という人には、**エクセルで時間軸式のフォーマットを作成すること**をおすすめしたい。スケジュール帳でも最近、バーチカルタイプという時間軸で記録できるものがはやっている。時間別に経過を記入していけば、文章に悩むこともない。

記録内容はやっていた仕事名、こなした数などを入れておく。記録内容で上司から指示があれば、アドバイスをもらいながら要望に添った内容にしていこう。

細かい時間は必要があれば記録しておいても良いが、基本的には**1時間ごとの枠内でやったことを書いていく。**細かい時間を思い出そうとしたりすると、そちらに意識を取られてしまうためだ。9：00の枠には9：00〜9：59までにやったこととして出社と朝礼、10：00の枠には10：00〜10：59までにやった外出・移動と記入していく。

こうした記録は、なるべくリアルタイムにつけていったほうが良い。あとで思い出す書き方では、忘れたり思い違いをしたりといったこともあるからだ。

最後の確認事項は、上司への質問や確認しておきたいこと、疑問点や不安な点などを入れておこう。緊急でなければ、確認したいことなどはここでまとめて行えばいい。

時間軸式フォーマットの具体例

	A	B
1	日付	2016/11/24(木)
2	本日の予定	☑10:00　外出 N社岸本様 ☑15:00　会議 書類作成(～12/1)
3	9:00	出社・朝礼
4	10:00	外出・移動時間
5	11:00	N社訪問　岸本様
6	12:00	N社岸本様　打合せ・昼食
7	13:00	昼食・移動時間
8	14:00	帰社・報告書作成
9	15:00	会議
10	16:00	会議
11	17:00	報告書作成・交通費処理
12	18:00	
13	確認事項	・N社発注部品の件、想定外の円安のため見積から値上げの依頼ありました。明日相談させてください

11-22　11-23　11-24

1時間ごとの枠内で記入する

リアルタイムで記入する

上司への質問や確認しておきたいことを記入する

本書内容に関するお問い合わせについて

このたびは翔泳社の書籍をお買い上げいただき、誠にありがとうございます。弊社では、読者の皆様からのお問い合わせに適切に対応させていただくため、以下のガイドラインへのご協力をお願い致しております。下記項目をお読みいただき、手順に従ってお問い合わせください。

●ご質問される前に

弊社 Web サイトの「正誤表」をご参照ください。これまでに判明した正誤や追加情報を掲載しています。

正誤表　https://www.shoeisha.co.jp/book/errata/

●ご質問方法

弊社 Web サイトの「刊行物 Q&A」をご利用ください。

刊行物 Q&A　https://www.shoeisha.co.jp/book/qa/

インターネットをご利用でない場合は、FAX または郵便にて、下記“翔泳社 愛読者サービスセンター”までお問い合わせください。電話でのご質問は、お受けしておりません。

●郵便物送付先および FAX 番号

送付先住所　〒 160-0006　東京都新宿区舟町 5
FAX 番号　03-5362-3818
宛先　(株)翔泳社 愛読者サービスセンター

●回答について

回答は、ご質問いただいた手段によってご返事申し上げます。ご質問の内容によっては、回答に数日ないしはそれ以上の期間を要する場合があります。

●ご質問に際してのご注意

本書の対象を越えるもの、記述個所を特定されないもの、また読者固有の環境に起因するご質問等にはお答えできませんので、予めご了承ください。

※本書に記載されている情報は、2017 年 4 月執筆時点のものです。
※本書に記載された商品やサービスの内容や価格、URL 等は変更される場合があります。
※本書の出版にあたっては正確な記述につとめましたが、著者や出版社などのいずれも、本書の内容に対してなんらかの保証をするものではなく、内容やサンプルに基づくいかなる運用結果に関してもいっさいの責任を負いません。
※ネットワークや情報機器を扱う方法につきましては、ご所属の団体のセキュリティポリシーに基づき担当者にご相談ください。

［著者プロフィール］

對馬 陽一郎（つしま・よういちろう）

2009年5月　特定非営利活動法人さらプロジェクト入職。発達障害のほか精神・知的・身体などさまざまな障害の人へ向けて職業訓練を行っている就労移行支援事業所「さら就労塾@ぽれぽれ」にて、パソコンや事務作業を中心とした職業訓練を担当する。

さら就労塾@ぽれぽれ　https://sarapore.jp/

［監修者プロフィール］

林 寧哲（はやし・やすあき）

精神科医。日本精神神経学会認定精神科専門医。ランディック日本橋クリニック院長。1993年9月北里大学医学部卒。北里大学耳鼻咽喉科頭頸部外科、国立相模原病院耳鼻科、国立療養所晴嵐荘病院循環器科などを経て、2003年9月福島県立医科大学医学部神経精神医学講座に入局、同大学院研究生。2004年5月東京・日本橋にランディック日本橋クリニックを開業。大人の発達障害の診断や治療を中心に活躍。休診日には、東京都内の保健センターや教育相談センターなどで相談員、スーパーバイザーとして心の悩み相談を受けるほか、発達障害についての理解を深める講演会の講師を務めている。著書に『発達障害かもしれない大人たち』（PHP研究所）がある。

装　丁・本文デザイン　小口翔平＋岩永香穂＋喜來詩織（tobufune）
イラスト　高村あゆみ
本文DTP・図版　一企画

ちょっとしたことでうまくいく
発達障害の人が上手に働くための本

2017年5月16日　初版第1刷発行
2024年2月5日　初版第11刷発行

著　者　對馬 陽一郎（つしま・よういちろう）
監　修　林 寧哲（はやし・やすあき）
発行人　佐々木 幹夫
発行所　株式会社 翔泳社（https://www.shoeisha.co.jp）
印刷・製本　株式会社 シナノ

本書へのお問い合わせについては、191ページに記載の内容をお読みください。

造本には細心の注意を払っておりますが、万一、乱丁（ページの順序違い）や落丁（ページの抜け）がございましたら、お取り替えいたします。03-5362-3705までご連絡ください。

ISBN978-4-7981-4929-5　Printed in Japan